주제별 프랑스어 생활작문

김 선 미 지음

신아사

머리말

제법 외국어로 잘 말하는 사람도 막상 글로써 생각을 정리하라고 하면 그다지 쉽지 않은 경우가 많다. 특히 프랑스어의 경우 문장의 어순뿐만 아니라 정서를 표현하는 방법이 우리와 많이 다르기 때문에 적절한 표현을 찾아서 글을 쓴다는 것은 결코 쉬운 일이 아니다. 이처럼 외국어 학습에 있어서 특히 어려운 영역이 바로 쓰기이다.

『주제별 프랑스어 생활 작문』은 주변의 일상사나 소박한 생각 또는 의견의 표현을 통해 자연스럽게 프랑스어와 친해지면서 작문할 수 있도록 만든 학습서로서, 초급을 마치고 중급으로 넘어가는 학습자나 초급과정이지만 기본문법을 이해하고 있는 학습자를 대상으로 하고 있다.

이 책은 전체 3부로 나누어져 있으며, 그 내용은 다음과 같이 구성되어 있다.

- 제1부 “일상생활 표현”에서는 우선 우리 주변에서 흔히 접하는 일상사에 관한 글을 주제별로 30개 선정하여 소개하면서, 이를 통해 자연스럽게 다양한 표현법과 단어를 익힐 수 있도록 하였다. 그런 다음 학습자들로 하여금 위의 주제와 관련된 짧은 한국어 이야기 30개를 프랑스어로 옮겨보는 연습을 부과한다. 다만 학습자들이 초·중급자임을 감안하여 전체 글을 다 쓰도록 하지 않고, 중간 중간에 비워진 빈 칸을 제시한 표현과 단어를 통해 메워가도록 하였다. 이러한 방법을 통해 학습자들이 점차 작문에 대한 자신감을 얻을 수 있도록 하려는 시도이다.

- 제2부 “생각이나 감정의 표현”에서도 역시 제1부에서와 마찬가지로 30개의 다양한 주제에 대한 글을 모델로 제시한 다음, 이와 유사한 주제들을 학습자에게 부과하여 위의 모델에서 학습한 표현과 단어들을 활용하여 자신의 생각이나 감정을 짧게 작성해보도록 하였다.

• 제3부 “기본 동사 구문”에서는 실제 작문을 하면서 학습자가 틀리기 쉬운 동사구문들의 다양한 용례와 함께 필수적으로 알아야 할 동사들을 정리하였다. 문장의 뼈대로서 프랑스어 동사는 특히 각 동사마다 요구하는 구조가 있기 때문에, 일상생활 속에서 자주 사용하는 동사들의 용례를 충분히 숙지하고 있다면 내가 원하는 문장을 쉽게 만들 수 있기 때문이다.

작문능력뿐만 아니라 독해능력, 회화능력을 함께 키울 수 있는 본서는 프랑스 교육부가 보증하고 공식적으로 발급하는 프랑스의 국가학위인 DELF(프랑스어능력 자격시험)를 준비하는데도 많은 도움이 되리라 본다.

글쓰기 특히 외국어 작문은 금방 실력이 느는 것이 아니다. 중도에 포기하지 말고 꾸준히 반복하다보면, 어느새 다양한 주제와 상황에 따른 응용력이 키워지면서 자신의 글쓰기 표현력이 한 단계 더 발전된 것을 발견하게 될 것이다. 아무쪼록 본서가 프랑스어를 공부하는 학습자들에게 작은 도움이라도 되었으면 하는 기대를 가지면서, 이 책을 기꺼이 출판해 주신 도서출판 신아사의 정현걸 사장님께 감사드린다.

지은이 김선미

차 례

머리말 • 15

I. Expression générale de la vie quotidienne 일상생활 표현

Modèle • 15

01. Que faites-vous habituellement pendant les vacances? • 15
방학동안 당신은 보통 무엇을 하세요?
02. Dans quel pays aimeriez-vous vivre? Pourquoi? • 17
당신은 어느 나라에서 살고 싶으세요? 그 이유는 무엇입니까?
03. Vous avez fait la grasse matinée aujourd'hui. Qu'est-ce que vous allez faire ensuite? • 18
당신은 오늘 늦잠을 잤습니다. 일어나서 무엇을 할 것입니까?
04. Pratiquez-vous un sport? Lequel? • 19
당신은 스포츠를 합니까? 어떤 스포츠를 합니까?
05. Vous avez fait un voyage d'une semaine à Paris. Ecrivez ce que vous avez fait, jour après jour. • 20
당신은 빠리에서 일주일간 여행을 했습니다. 당신이 한 일을 하루씩 써보세요.
06. Quel est votre animal préféré? • 21
당신이 선호하는 동물은 무엇입니까?
07. Ecrivez votre dernier voyage. • 23
당신의 마지막 여행에 대해 써보세요.
08. Quelle est votre saison préférée? Pourquoi? • 24
당신이 선호하는 계절은 무엇인가요? 왜 선호하나요?
09. Décrivez votre meilleur(e) ami(e). • 25
당신의 친한 친구에 대해 묘사해 보세요.
10. Quel objet aimeriez-vous posséder? pourquoi? Décrivez-le. • 27
당신이 가지고 싶어 하는 물건은 무엇인가요? 왜? 그것을 묘사해보세요.
11. Qu'avez-vous fait le week-end dernier? • 28
당신은 지난 주말에 무엇을 했습니까?
12. Décrivez un monument de votre ville. • 29
당신이 사는 도시의 기념(건축)물을 묘사해 보세요.
13. Ecrivez l'expérience de votre voyage. • 30
당신의 여행 경험을 써 보세요.
14. Quel pays aimeriez-vous visiter et pourquoi ? • 32
당신은 어느 나라를 방문하고 싶은가요? 그리고 그 이유가 무엇인가요?
15. Vous invitez un(e) ami(e) dans votre restaurant préféré dans le quartier. Expliquez les raisons pour lesquelles vous le préférez et indiquez le chemin pour y aller. • 33
당신은 당신이 사는 구역에서 자주 애용하는 식당에 친구 한 명을 초대합니다.
그 식당을 선호하는 이유와 그곳으로 가는 길을 설명해보세요.
16. Choisissez une personalité célèbre et décrivez- la. • 34
유명한 인물을 골라서 묘사해 보세요.

17. Ecrivez un moment où vous êtes tombé(e) en malade. • 37
당신이 아팠던 때를 써보세요.
18. Quelle est votre musique préférée? • 39
당신이 선호하는 음악은 무엇인가요?
19. Aimez-vous vous lever tard? • 40
당신은 늦게 일어나는 것을 좋아하세요?
20. Vous souvenez-vous de votre premier jouet? Décrivez-le. • 41
당신의 첫 번째 장난감을 기억하나요? 묘사해 보세요
21. Décrivez une fête de Noël chez vous? • 42
당신 집에서 있었던 크리스마스 파티에 대해 묘사해 보세요.
22. Quelle est votre meilleur souvenir d'études? Décrivez-ie. • 44
당신의 학업에서 가장 좋은 추억은 무엇인가요? 묘사해 보세요.
23. Que faites-vous le week-end? • 45
주말에 당신은 무엇을 하세요?
24. Comment s'est passé votre anniversaire? • 46
당신의 생일을 어떻게 보냈나요?
25. Faites-nous découvrir votre ville. • 47
당신이 살고 있는 도시를 묘사해 보세요.
26. Avez-vous un animal domestique? Lequel? Qui s'en occupe? • 49
당신은 애완동물이 있습니까? 어떤 동물입니까? 누가 그것을 돌봅니까?
27. Ecrivez votre meilleur souvenir. • 50
당신의 가장 좋은 추억을 써 보세요.
28. Comment préférez-vous vous habiller? • 51
당신은 어떻게 입는 것을 선호하나요?
29. Quel est votre rêve le plus cher? • 52
당신의 가장 소중한 꿈은 무엇인가요?
30. Vous faites partie d'un club de sport. Choisissez le sport que vous aimez. Racontez vos activités sportives. • 53
당신은 어떤 운동 클럽에 참여하고 있습니다. 당신이 좋아하는 운동을 고르시오. 그리고 당신의 활동에 대해서 말해보시오.

Entraînez-vous • 55
01. Qu'est-ce que vous trouvez passionnant dans votre vie actuelle? • 55
현재 생활에서 무엇이 흥미진진하다고 생각하나요?
02. Comment est votre voiture? (moto? bicyclette?) • 56
당신의 자동차(오토바이, 자전거)는 어떤가요?
03. Décrivez le métier que vous exercez ou que vous aimeriez exercer plus tard. • 58
당신이 종사하는 혹은 나중에 종사하길 원하는 직업을 묘사해 보세요.
04. Lisez-vous beaucoup? • 59
당신은 책을 많이 읽나요?
05. Dècrivez votre journée. • 60
당신의 하루를 묘사해 보세요.
06. Présentez le quartier où vous habitez. Ce quartier vous plaît-il? • 62
당신이 사는 동네를 소개하세요, 그 동네는 당신의 마음에 듭니까?

07. Comment passez-vous vos soirées en semaine? • 63
당신은 주중의 저녁시간을 어떻게 보내나요?
08. Que faites-vous habituellement le week-end? • 64
당신은 주말에 보통 무엇을 하나요?
09. Que faites-vous habituellement pendant les vacances? • 66
방학동안 당신은 보통 무엇을 하나요?
10. Parlez-vous souvent de vos problèmes à vos parents? • 67
당신은 부모님께 당신의 문제들에 대해 자주 이야기 하나요?
11. Quelle saison préférez-vous? Pourquoi? • 68
당신은 무슨 계절을 선호하나요? 왜입니까?
12. Qu'aimeriez-vous faire pendant vos prochaines vacances? • 70
당신은 다음 방학 때 무엇을 하길 원하나요?
13. Décrivez le dernier film que vous avez vu à la télévision ou au cinéma. • 71
당신이 텔레비전이나 영화관에서 가장 최근에 본 영화에 대해 묘사해 보세요.
14. Décrivez vos activités d'une journée de la semaine. • 72
주중 하루의 당신의 활동을 묘사해 보세요
15. Que faites-vous pendant vos loisirs? • 74
당신은 여가시간 동안 무엇을 하나요?
16. Aujourd'hui, c'est samedi. Ecrivez votre journée. • 75
오늘은 토요일입니다. 하루 일과를 써보세요.
17. Comment se déroule un mariage dans votre pays? • 76
당신의 나라에서는 어떻게 결혼식을 하나요?
18. Comment passez-vous vos week-ends? • 78
당신은 주말을 어떻게 보냅니까?
19. Quelles sont les choses les plus importantes dans la vie pour vous? • 79
당신에게 있어서 생애 가장 중요한 것들은 무엇인가요?
20. Quels sont vos loisirs préférés? • 80
당신이 선호하는 취미생활들은 무엇인가요?
21. Ecrivez un bon souvenir! • 81
좋은 추억 하나를 써 보세요!
22. Chez vous, quelle est la pièce dans laquelle vous aimez rester? Décrivez-la. • 83
당신의 집에서 당신이 머무르길 좋아하는 공간은 어디입니까? 묘사해보세요.
23. Regardez-vous souvent la télévision? Si oui, quelles émissions aimez-vous regarder? Si non, pourquoi? • 85
당신은 자주 텔레비전을 보나요? 그렇다면 어떤 프로를 보길 좋아하나요? 아니라면, 이유가 무엇인가요?
24. Quelle est votre meilleur souvenir? • 86
당신의 가장 좋았던 추억은 무엇입니까?
25. Aimeriez-vous vivre à la campagne? • 88
당신은 시골에서 살고 싶나요?
26. Quelle personne admirez-vous le plus? Pourquoi? • 90
당신은 어떤 사람을 가장 존경합니까? 그 이유는 무엇입니까?
27. Est-ce qu'il y a une chose que vous détestez faire? • 91
당신이 하기 싫어하는 일이 있나요?
28. Vous avez rencontré l'homme ou la femme de votre vie. Présentez-le (la). • 92
당신은 운명의 남자(여자)를 만났습니다. 그(그녀)를 소개해보세요.

29. Quel est le voyage de vos rêves? • 93
당신이 꿈에 그리던 여행은 무엇인가요?
30. Quelle est la fête la plus importante dans votre pays. • 94
당신의 나라에서 가장 중요한 축제일(명절)은 무엇입니까?

Corrigés • 96

II. Expression des idées et des sentiments 생각이나 감정표현

Modèle • 109
01. Doit-on interdire la vente de cigarette aux moins de 16 ans? • 111
16세 이하 청소년 에게 담배 파는 것을 금지해야 한다고 생각합니까?
02. Seriez-vous d'accord avec l'interdiction de la voiture en ville?112
당신은 도시에서의 자동차 이용 금지에 동의하십니까?
03. Que pensez-vous du développement d'Internet? • 114
인터넷의 발전에 대해 어떻게 생각하나요?
04. Quelle est votre opinion sur les grands événements sportifs? • 115
큰 스포츠 이벤트에 대한 당신의 견해는 무엇인가요?
05. Comment réagissez-vous à la marée noire provoquée par le naufrage d'un pétrolier? • 117
당신은 유조선의 난파로 발생한 흑조(기름띠)에 대해 어떻게 대응하겠는가?
06. Faut-il des sanctions sévères contre les automobilistes responsables d'accidents graves (Peines de prison lourdes, retrait définitif du permis, autres)? • 118
심각한 사고를 낸 자동차 운전자들에게 엄격한 처벌(무거운 실형, 운전면허증의 최종적인 취소 등)이 필요할까요?
07. Que pensez-vous du développement du tatouage et du piercing? • 119
피어싱과 타투(문신)의 발달에 대해 어떻게 생각하세요?
08. Pensez-vous qu'il est important d'apprendre des langues étrangères? • 121
외국어를 배우는 것이 중요하다고 생각합니까?
09. L'école ne devrait pas être obligatoire. • 122
학교는 의무적이지 않아도 될 것이다.
10. Pour réduire le chômage, les femmes ne devraient plus travailler. • 123
실업을 줄이기 위해서 여자들은 더 이상 일하지 말아야 할 것이다.
11. Il faut supprimer les prisons. • 124
감옥을 없애야만 한다.
12. Les nouveaux moyens de communication vont faire disparaître la lettre. • 125
새로운 의사소통 수단은 편지를 사라지게 할 것이다.
13. Il faut respecter les traditions. • 127
전통을 존중해야 한다.
14. D'après vous, quel est l'âge idéal pour se marier? • 129
당신 생각에, 결혼하기에 이상적인 나이는 무엇인가요?
15. L'essentiel n'est pas de gagner beaucoup d'argent, mais d'avoir un métier qui vous plaît. • 130
중요한 것은 돈을 많이 버는 것이 아니라, 만족하는 직업을 갖는 것이다.

16. Doit-on enseigner les langues étrangères à six ans? • 131
외국어는 6살에 가르쳐야 할까요?
17. On lit de moins en moins à cause de la télévision. • 133
사람들은 텔레비전 때문에 점점 책을 덜 읽는다.
18. Pour ou contre la chirurgie esthétique? • 134
미적 성형 수술에 대해 찬성하나요? 반대하나요?
19. Pour ou contre le permis de conduire à 16 ans? • 136
16살에게 운전면허증 주는 것을 반대하나요 찬성하나요?
20. Pour ou contre l'école obligatoire jusqu'à 16 ans? • 137
16살까지의 의무교육에 대해 찬성하나요? 반대하나요?
21. Il vaut mieux apprendre un métier que faire des études. • 138
공부하는 것 보다 일을 배우는 것이 낫다.
22. Un bon professeur donne beaucoup de liberté aux élèves. • 140
좋은 선생님은 학생들에게 많은 자유를 준다.
23. La télévision rend les gens bêtes. • 141
텔레비전은 사람들을 바보로 만든다.
24. Un bon ami dit toujours 'oui'. • 143
좋은 친구는 항상 '예'라고 말한다.
25. Il est impossible de vivre sans voiture. • 144
자동차 없이 사는 것은 불가능하다.
26. Un père ne peut jamais être un ami. • 146
아버지는 결코 친구가 될 수 없다.
27. Il faut laisser les sportifs se doper. • 147
스포츠 선수들이 약물복용 하는 것을 내버려 두어야 한다.
28. Faut-il réduire les vacances scolaires et ainsi réduire la durée des cours dans la journée? • 148
방학을 줄여 수업일수를 늘이는 대신에 하루 수업시간을 줄여야만 하는가?
29. Les coutumes héritées du passé doivent être supprimées. • 150
과거로부터 물려받은 관습은 없어져야만 한다.
30. Le confort matériel n'est pas nécessaire pour être heureux. • 151
물질적 안락은 행복해지는데 꼭 필요한 것은 아니다.

Entraînez-vous • 153
01. Que pensez-vous du système éducatif de votre pays? • 153
당신 나라의 교육 제도에 대해 어떻게 생각하십니까?
02. Si moins de femmes travaillaient, il n'y aurait pas de chômage. • 155
만약 더 적은 수의 여성들이 일을 한다면, 실업이 없을 것이다.
03. Pensez-vous qu'aujourd'hui la pollution soit un des problèmes essentiels dans le monde? • 156
오늘날 공해가 세계의 근본적인 문제 중의 하나라고 생각하나요?
04. Les gens qui abandonnent leur chien ou leur chat devraient être sévèrement punis. • 158
자기의 개나 고양이를 버리는 사람들은 엄격하게 처벌 받아야 한다.
05. L'ordinateur est une invention géniale! • 160
컴퓨터는 뛰어난 발명품이다!

06. Le téléphone portable est un objet indispensable. • 161
휴대전화는 필수적인 물건이다.
07. Aimeriez-vous que votre fils/fille se marie avec un(e) étranger(e)? • 162
당신의 아들/딸이 외국인과 결혼하는 것에 찬성하나요?
08. Dans quelques années, on ne lira plus le journal. • 164
몇 년 후에는 신문을 더 이상 읽지 않을 것이다.
09. Pensez-vous que les voyages forment la jeunesse? • 165
여행이 청소년을 성장시킨다고 생각하세요?
10. Est-ce que vous pensez qu'il faut travailler pour vivre ou vivre pour travailler? • 167
살기 위해서 일해야 한다고 생각해요 아니면 일하기 위해 살아야 한다고 생각하나요?
11. Pensez-vous que les études préparent bien à la vie active? • 168
학교 공부가 능동적인 삶(직업생활)을 잘 준비시킨다고 생각하나요?
12. Pensez-vous que les voyages à l'étranger soient nécessaires? • 170
해외여행이 꼭 필요하다고 생각하세요?
13. Que pensez-vous des salaires de certains sportifs de haut niveau? Sont-ils abusifs? • 171
몇몇 스포츠 스타들의 고액 연봉에 대해 어떻게 생각하세요? 부당한가요?
14. A votre avis, doit-on interdire la cigarette dans les lieux publics? • 172
공공장소에서 금연을 해야 한다고 생각하세요?
15. Que pensez-vous de l'influence de la télévision dans les familles? • 174
가정에서의 텔레비전의 영향에 대해 어떻게 생각하세요?
16. Faut-il voyager en groupe ou avec des amis? Qu'en pensez- vous? • 175
단체로 여행을 해야 할까요 아니면 친구들과 여행해야 할까요? 어떻게 생각하세요?
17. Internet, danger! • 176
인터넷, 위험!
18. L'homme doit travailler, la femme doit s'occuper des enfants et de la maison. • 178
남자는 일해야 하고, 여자는 아이들과 집을 돌보아야 한다.
19. Il faut interdire les animaux domestique dans les villes. • 179
도시에서 애완동물을 금지시켜야 한다.
20. L'argent ne fait pas le bonheur. • 181
돈은 행복을 만들지 않는다
21. Il faut arrêter de fabriquer des voitures. • 182
자동차 생산을 그만 두어야 한다.
22. La télévision est une mauvaise invention. • 184
텔레비전은 나쁜 발명품이다.
23. L'homme sera heureux quand il ne travaillera plus. • 185
인간은 더 이상 일하지 않을 때 행복할 것이다.
24. Il faut davantage de bus et de métros dans les villes. • 187
도시에서는 더 많은 버스와 지하철이 필요하다.
25. Il y a trop de publicité à la télévision. • 188
TV에는 광고가 너무 많다.
26. Aujourd'hui, une seul langue étrangère est utile: l'anglais. • 190
오늘날 단 하나의 외국어만 유용하다: 영어
27. Un bon professeur, c'est un professeur sévère. • 191
훌륭한 선생님은 엄격한 선생님이다.

28. La chose la plus importante dans la vie, c'est de gagner beaucoup d'argent. • 192
인생에 있어 가장 중요한 것은 돈을 많이 버는 것이다.
29. Le progrès technique détruit notre environnement. • 194
과학기술의 발달은 우리 환경을 파괴한다.
30. Vivre à la campagne est plus agréable que vivre en ville. • 196
시골생활은 도시생활 보다 더 쾌적하다.

Corrigés • 198

III. 동사구문

A로 시작하는 동사구문 • 213
B로 시작하는 동사구문 • 218
C로 시작하는 동사구문 • 219
D로 시작하는 동사구문 • 224
E로 시작하는 동사구문 • 227
F로 시작하는 동사구문 • 231
G로 시작하는 동사구문 • 233
H로 시작하는 동사구문 • 233
I로 시작하는 동사구문 • 233
J로 시작하는 동사구문 • 235
L로 시작하는 동사구문 • 235
M로 시작하는 동사구문 • 237
N로 시작하는 동사구문 • 238
O로 시작하는 동사구문 • 239
P로 시작하는 동사구문 • 241
Q로 시작하는 동사구문 • 246
R로 시작하는 동사구문 • 247
S로 시작하는 동사구문 • 253
T로 시작하는 동사구문 • 256
V로 시작하는 동사구문 • 258

I

Expression générale de la vie quotidienne

일상생활 표현

» 학습방법 «

Modèle : Modèle에서는 다양한 주제의 일상생활 작문을 30개 제시하고 있다. 표현법과 단어들을 통해 일상생활에 관한 짧은 작문을 학습해 볼 수 있다.

Entraînez-vous : 위의 모델에서 학습한 주제들을 가지고 스스로 작문해보는 연습문제이다. 제시한 한국어 문장과 표현법을 가지고, 30개의 연습문제 빈 칸을 채워가면서 작문에 대한 자신감을 얻을 수 있다.

Corrigés : 모범 답안을 통해 자신의 작문을 재확인해 볼 수 있다.

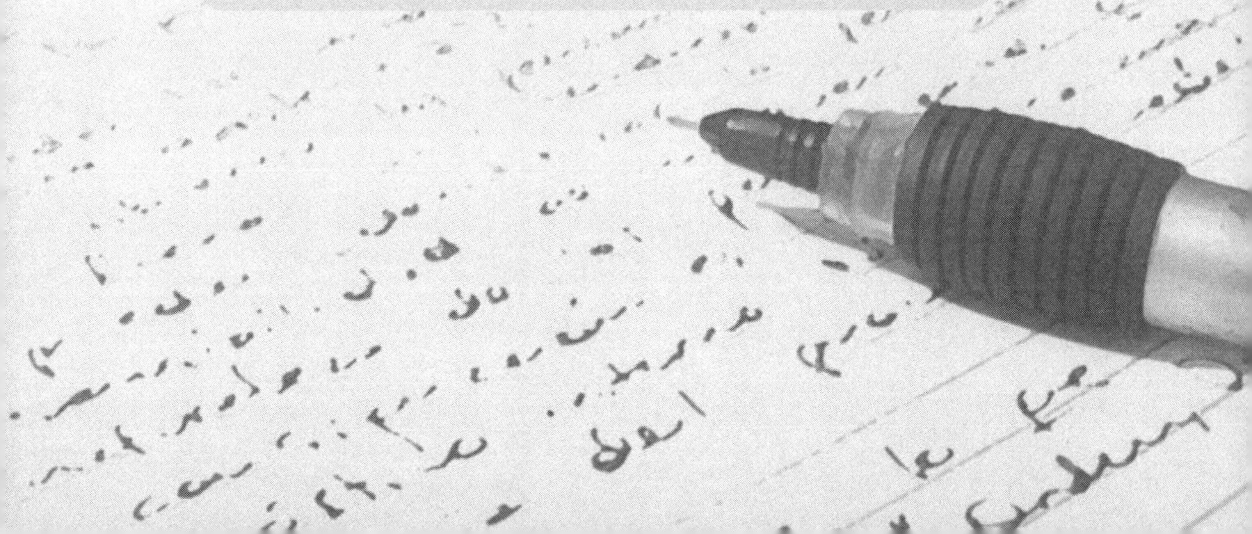

Modèle

01 Que faites-vous habituellement pendant les vacances ?
방학동안 당신은 보통 무엇을 하세요?

Tout dépend des vacances. Pour les grandes vacances d'été, j'aime bien aller chez mes parents. Comme ils habitent à quelques mètres du lac Léman, j'aime bien y aller pour lire et faire des randonnées en montagne. J'aime aussi beaucoup partir quelques semaines en voyage à l'étranger. Cette année, je suis allée au Portugal (Portugal continental et Madère), en Italie et à New-York. J'adore prendre de belles photos. Pour les vacances en cours d'année scolaire, j'en profite pour lire, avancer la préparation de mes cours, faire du shopping, aménager et faire des travaux dans mon appartement... L'hiver, j'aime bien aller skier avec mon frère.

방학에 따라 다릅니다. 여름방학에는 부모님 댁에 가는 것을 좋아합니다. 그들은 레망호수에서 불과 몇 미터 떨어진 곳에 살고 있어서, 나는 책을 읽거나 등산하러 그곳에 가는 것을 좋아합니다. 나는 또한 외국으로 몇 주 동안 여행 떠나는 것을 아주 좋아합니다. 올해는 포르투갈[대륙 포르투갈과 마디라(포르투갈령 섬)], 이탈리아, 뉴욕에 갔었습니다. 나는 예쁜 사진들을 찍는 것을 매우 좋아합니다. 학기(년)중 방학은 책을 읽고, 예습을 하고, 쇼핑하고, 내 아파트를 고치면서 보냅니다. 겨울에는 내 동생(혹은 오빠)과 스키 타러 가는 것을 좋아합니다.

단어장

dépendre de : …에 달려 있다
aller : …에 가다
le lac : 호수
aimer + inf : …하길 좋아하다
faire des randonnées : (쉬지 않고 오래 걷는) 긴 산책을 하다
partir en voyage : 여행을 떠나다
l'étranger : 외국
aller à l'etranger : 외국으로 가다
cette année : 올해
adorer + inf : …하길 매우 좋아하다
prendre une photo : 사진을 찍다
en cours de + 무관사명사 : 진행 중의
une année scolaire : 학년(도)
profiter de : …을 이용하다
avancer : 앞당기다, 빠르게 하다, 진척시키다
la préparation de mes cours : 예습
faire du shopping : 쇼핑하다
aménager : 정비(정돈)하다
faire des travaux : 공사하다
l'hiver : 겨울
skier : 스키 타다

02 Dans quel pays aimeriez-vous vivre? Pourquoi ?
당신은 어느 나라에서 살고 싶으세요? 그 이유는 무엇입니까?

J'aimerais aller vivre en France car c'est un pays riche et puissant. Il y a là-bas, beaucoup d'activités et de loisirs amusants. Il y a également des restaurants chics, beaucoup de magasins, beaucoup d'immeubles, etc. J'ai d'ailleurs toujours rêvé de travaillerdans un grand immeuble, avec un grand bureau, des employés étrangers et une secrétaire.

나는 프랑스에 살고 싶습니다. 왜냐하면 부유하고 강대한 나라이기 때문입니다. 그곳엔 많은 즐거운 일들과 여가거리가 있습니다. 또한 멋진 식당과 상점, 건물 등이 있습니다. 게다가 나는 큰 사무용 책상, 외국인 직원 그리고 개인비서와 함께 큰 건물에서 일하는 것을 항상 동경해 왔습니다.

단어장

J'aimerais + inf : …하고 싶습니다
vivre : 살다
en France : 프랑스에서
car : 왜냐하면
un pays : 나라
riche : 부유한
puissant(e) : 강한, 힘이 센
là-bas : 그곳에(서)
une activité : 활동
un loisir : 여가, (복수) 여가활동
amusant(e) : 재미있는, 즐거운
également : 또한, 역시
chic : 멋진, 근사한
un magasin : 상점
un immeuble : 건물, 빌딩
d'ailleurs : 게다가, 더군다나
rêver de + inf : …하길 동경하다
un bureau : 사무용 책상
employé(e) : 직원
secrétaire : 비서

03 Vous avez fait la grasse matinée aujourd'hui. Qu'est-ce que vous allez faire ensuite ?

당신은 오늘 늦잠을 잤습니다. 일어나서 무엇을 할 것입니까?

Et bien je commence à déjeuner, je me lave et regarde un peu la télé. Ensuite, cela dépend de mon humeur. Si j'ai envi de sortir, je vais en ville seule ou avec des amis. Je regarde un film au cinéma ou je m'installe dans un café pour lire un bouquin tranquillement. Si je suis trop fatiguée, je reste chez moi à surfer sur Internet ou lire un bon livre.

음, 나는 먼저 점심 식사부터 하고, 그 뒤 세면을 하고 TV를 잠깐 봅니다. 다음은 기분에 따라 다릅니다. 만약 내가 외출하고 싶으면 혼자서 또는 친구들과 시내에 갈 것입니다. 나는 영화관에서 영화를 보거나 혹은 커피숍에 앉아 조용히 책을 읽을 것입니다. 만일 너무 피곤할 경우에는 인터넷 서핑을 하거나 집에서 좋은 책을 읽으며 지낼 것입니다.

단어장

commencer à + inf : …을 시작하다, 착수하다
déjeuner : 점심 식사하다
se laver : (잠자리에서) 일어나다
ensuite : 그리고 나서, 곧이어
dépendre de : …달려있다
une humeur : (상황에 따른) 기분, 기질
avoir envi de + inf : …을 가지고(하고) 싶다
sortir : 밖으로 나가다, 외출하다
aller en ville : 시내에 나가다
seul(e) : 혼자인, 홀로인, 고독한
au cinéma : 영화관에
s'installer : 자리 잡다, (어떤 상태에) 빠져 있다
un bouquin : 헌책, 책
tranquillement : 고요하게, 평안하게
rester à + inf : .…해서 시간을 보내다
surfer sur Internet : 인터넷 서핑하다

04 Pratiquez-vous un sport? Lequel?
당신은 스포츠를 합니까? 어떤 스포츠를 합니까?

Je ne pratique aucun sport. Je pense souvent à m'inscrire dans un club mais je manque de motivation. Je pense à ma condition physique mais je ne prends pas le temps de pratiquer une activité physique régulièrement. Cependant il m'arrive quelque fois de consacrer une journée à une activité intense, comme aller faire du «paintball», du ski nautique... Je sais qu'il est important de garder une bonne condition physique pour bien vieillir, mais j'ai une vie assez peu équilibrée.

나는 어떤 스포츠도 하지 않습니다. 나는 클럽(스포츠 클럽)에 가입해야지 하고 자주 생각하지만 동기(의욕)가 없습니다. 나는 내 체력에 대해 생각하지만 규칙적으로 육체적 활동을 할 시간을 내지 않습니다. 그렇지만 페인트볼을 하러 가거나 수상스키를 타러 가는 것처럼 강력한 활동을 하며 하루를 할애하는 일이 가끔 있습니다. 나는 건강하게 늙기 위해서 좋은 컨디션을 유지하는 것이 중요하다는 것을 알지만 별로 균형 잡힌 생활을 하고 있지는 않습니다.

단어장

pratiquer : 실행하다, (행위, 활동을)하다
ne ~ aucun : 어떠한 …도 …않다
penser à : …에 대해 생각하다
s'inscrire : 가입하다, 등록하다
un club : 클럽
manquer de : … 이 없다, …을 갖지 않다
une motivation : 동기, 동기부여
la condition physique : 컨디션, 체력조절, 신체상태
prendre le temps de + inf : …할 시간을 가지다, 여유를 가지고 …하다
une activité physique : 육체활동
régulièrement : 규칙적으로
cependant : 그렇지만, 그렇기는 하지만
arriver à qn de + inf : …하는 일이 있다(비인칭)
quelque fois : 때때로, 가끔
consacrer : 바치다, 할애하다, 내어주다
une journée : 하루
intense : 강렬한, 대단한, 보통이 넘는

par exemple : 예를 들어
un paintball : 페인트 볼(서바이벌게임)
un ski nautique : 수상스키
savoir que+ ind : …하는 것을 알다
il est important de + inf : …하는 것은 중요하다
garder : 유지하다, 간직하다
vieillir : 늙다, 나이 먹다
équilibré(e) : 균형이 잡힌, 안정된

05 Vous avez fait un voyage d'une semaine à Paris. Ecrivez ce que vous avez fait, jour après jour.

당신은 빠리에서 일주일간 여행을 했습니다. 당신이 한 일을 하루씩 써보세요.

Le premier jour, je suis montée sur la Tour Eiffel et je me suis promenée le long des quais de la Seine. C'était très agréable. Le deuxième jour, j'ai visité le fameux musée du Louvre. C'est tellement grand qu'on ne peut pas tout visiter en une seule fois. Le jour suivant, j'ai passé du temps à Monmartre, le «vieux Paris» encore imprégné de la vie artistique d'antan. Le quatrième jour, je suis allée faire du shopping aux Champs-Elysées et dans les galeries Lafayette. J'ai acheté beaucoup de souvenirs pour ma famille et mes amis. Le cinquième jour, je suis allée me promener dans le quartier du Marais. Il y a de très belles maisons dans ce quartier. Je suis aussi allée voir l'Eglise Notre-Dame. Le sixième jour, je suis allée au musée d'Orsey et à l'Orangerie où j'ai admiré les très célèbres «Nymphéas» de Monet. Le dernier jour, je suis allée aux Buttes Chaumont, ce parc artificiel où il est très agréable de se promener.

첫째 날, 나는 에펠탑에 올라갔고, 세느강의 강변길을 산책했다. 기분이 아주 좋았다. 둘째 날, 나는 유명한 루브르 박물관에 갔다. 그곳은 매우 커서 한 번에 모두 둘러볼 수 없다. 셋째 날, 나는 몽마르트와 아직도 예전의 예술적 향기가 남아있는 vieux Paris(옛 파리)에서 시간을 보냈다. 넷째 날, 나는 샹젤리제와 갤러리 라파예트 백화점

으로 쇼핑을 하러 갔다. 나는 가족과 친구들을 위해 많은 기념품을 샀다. 다섯째 날, 나는 말레 거리로 산책을 하러 갔다. 이 구역에는 아주 예쁜 집들이 많이 있다. 나는 노트르담 성당도 보러 갔다. 여섯째 날, 나는 오르세 박물관과 오랑주리 미술관에 갔는데 거기에서 아주 유명한 모네의 <수련>을 보고 감탄했다. 마지막 날, 나는 뷔트 쇼몽 공원에 갔었는데, 이 인공공원은 산책하기에 아주 좋은 곳이다.

단어장

se promener : 산책하다
le long des quais : 강둑(부두, 방파제, 둑길, 강변도로)을 따라서
fameux(se) : 유명한, 이름 높은, 많이 언급된
tellement : 그토록, 그처럼, 매우
imprégné(e) de : 베어 든, 스며든, (사상·감정 따위에) 젖은, 영향을 받은
une seule fois : 단 한 번
passer du temps : 시간을 보내다
artistique : 예술(미술)의, 예술(미술)적인
antan (d') : 옛날의, 지나간
faire du shopping : 쇼핑하다
le souvenir : 기념, 기념품
le quartier : (도시의)구, 구역
admirer : 놀라서 보다, 감탄하다, 탄복(찬미)하다
célèbre : 유명한, 저명한
artificiel : 인공의, 인조의, 작위적인, 인위적인

06 Quel est votre animal préféré ? 당신이 선호하는 동물은 무엇입니까?

J'aime beaucoup les chats car ils sont solitaires et indépendants, contrairement aux chiens. Ils sont doux au toucher et j'aime leur ronronnement. Ils savent économiser leur énergie. Ils ont l'air de dormir toute la journée, mais ils restent très vifs pour jouer ou chasser. Ils ne sont pas dépendants de leur maître, comme le cas des chiens. J'avais des chats lorsque j'étais petit et j'apprécie toujours de prendre dans mes bras les chats de mes amis.

나는 고양이를 매우 좋아합니다. 왜냐하면 고양이들은 개들과는 반대로 혼자 있기를 좋아하고 독립적이기 때문입니다. 고양이들은 촉감이 부드럽고, 나는 고양이의 가르랑거리는 소리를 좋아합니다. 고양이들은 자신들의 기력을 아낄 줄 압니다. 그들은 하루 종일 잠을 자는 것 같아 보이지만 놀거나 사냥하는데 여전히 활발합니다. 고양이들은 개들처럼 자신들의 주인에게 의존적이지 않습니다. 나는 어렸을 때 고양이들을 가지고 있었습니다. 그리고 내 친구의 고양이를 내 팔에 안을 수 있었다는 것에 대해 늘 고맙게 생각합니다.

단어장

un chat : 고양이
car : 왜냐하면
solitaire : 홀로인, 혼자서 하는
indépendant(e) : 독립적인
contrairement à : …와 반대로
doux au toucher : 촉감이 부드러운
un ronronnement : (고양이의) 가르랑 거리는 소리
savoir + inf : …할 줄 알다
économiser : 절약하다, 아껴 쓰다
avoir l'air de + inf : …하는 것 같아 보이다, …처럼 보이다
dormir : 잠을 자다
toute la journée : 하루 종일
rester + adj : (같은 상태, 입장에)있다, 여전히 …하다
vif(ve) : 활발한, 생기 있는
jouer : 놀다
chaser : 사냥하다
dépendant(e) de : 종속된, 의존하는
maître : 주인
comme : …처럼
lorsque : …할 때, 그때
apprécier de + inf : …에 대해 고맙게 생각하다
prendre qch dans les bras : …을 양팔로 껴안다

07 Ecrivez votre dernier voyage.
당신의 마지막 여행에 대해 써보세요.

L'été dernier, je suis allé passer un mois à Tokyo pour rencontrer mes amis. C'était la troisième fois que je me rendais au Japon, un pays que j'apprécie beaucoup. Je logeais chez les parents d'une amie japonaise à Kahou, un endroit qui me permet d'accéder facilement aux différents lieux que je visite souvent. J'ai rencontré beaucoup d'amis et j'ai fait aussi plusieurs rencontres toujours agréables. La cuisine est également tout à fait à mon goût.

지난 여름, 나는 친구들을 만나기 위해 도쿄에서 한 달을 보내러 갔습니다. 내가 매우 높이 평가하는 일본, 그곳에 간 것은 세 번째였습니다. 나는 한 일본여자 친구의 부모님 집에서 묵었습니다. 그곳은 카후인데, 카후는 내가 자주 관광하려는 여러 장소에 쉽게 접근할 수 있게 해주는 곳입니다. 나는 많은 친구들을 만났고 또한 언제나 유쾌한 몇몇 만남도 가졌습니다. 음식 역시 내 입맛에 딱 맞았습니다.

단어장

l'été dernier : 지난 여름
aller passer un mois : 한 달을 보내러 가다
rencontrer : 만나다, 마주치다
c'ést la troisième fois que +ind : …한 것은 세 번째이다
se rendre + 장소 : 가다, 이르다
un pays : 나라, 국가
apprécier : 높이 평가하다, 존중하다
se loger : 묵다, 숙박하다
un endroit : 장소, 곳
permettre à qn de + inf : …에게 …하는 것을 가능하게 하다, 할 수 있게 하다
accéder à : …에 이르다, 접근하다
facilement : 쉽게, 용이하게
le lieu : 장소, 지역, 고장
visiter : 방문하다, 여행하다
la rencontre : 만남, 상봉
agréable : 마음에 드는, 기분 좋은, 유쾌한
la cuisine : 요리, 주방
également : 역시, 마찬가지로

tout à fait : 완전히, 대단히, 매우
le goût : 입맛, 기호, 스타일

08 Quelle est votre saison préférée ? Pourquoi ?
당신이 선호하는 계절은 무엇인가요 ? 왜 선호하나요 ?

J'aime toutes les saisons car elles ont toutes leurs particularités et leurs charmes. Cependant, si je devais en choisir une seule, je pense que je préférerais l'été car cette saison est synonyme de vacances. L'année scolaire en France commence en septembre et s'achève en juin. L'été est donc en même temps une fin (un aboutissement) et un début (nouvelle année). De plus, les filles sont plus belles durant l'été. Même si je supporte mal la chaleur, j'ai un meilleur moral pendant l'été grâce au soleil. Les journées sont plus longues, donc je peux en profiter. J'ai l'impression que je peux faire plus de choses pendant la journée d'été.

나는 모든 계절을 좋아합니다. 왜냐하면 그것들은 모두 나름대로의 특징과 매력을 가지고 있기 때문입니다. 그렇지만 그 중에서 단 하나를 선택해야 한다면, 여름을 선호한다고 말할 수 있습니다. 왜냐하면 이 계절은 방학을 의미하기 때문입니다. 프랑스에서는 학기가 9월에 시작해서 6월에 끝납니다. 따라서 여름은 끝인 동시에 시작입니다. 게다가 여자들은 여름 동안 더 아름답습니다. 비록 나는 더위를 잘 못 견디지만 햇빛 덕분에 컨디션이 좋습니다. 낮이 길기 때문에, 그 긴 낮을 이용할 수 있습니다. 여름 한나절에 더 많은 것들을 할 수 있을 것 같은 느낌이 듭니다.

단어장

une saison : 계절
une particularité : 특성, 특징
un charme : 매력

cependant : 그렇지만
choisir : 선택하다, 고르다
seul(e) : 유일한, 단 하나의
penser que + ind : …라고 생각하다
préférer : 선호하다
être synonyme de : 같은 뜻의, 마찬가지의
une année scolaire : 학년
s'achever : 끝나다
en même temps : 동시에
une fin : 끝
un aboutissement : 끝, 결말, 성과
un début : 시작
de plus : 게다가, 더군다나
même si + ind : …가 …하다 할지라도, 비록 …하지만
supporter mal : 잘 견디지 못하다
la chaleur : 열기
un moral : 의기, 사기
meilleur(e) : 더 좋은
grâce à : …덕분에, 덕택에
une journée : 하루
long(ue) : 긴
profiter : 이용하다
avoir l'impression que + ind : …라는 느낌을 가지다, …하는 것 같다
plus de : 더 많은

09 Décrivez votre meilleur(e) ami(e).
당신의 친한 친구에 대해 묘사해 보세요.

J'ai rencontré mon meilleur ami à l'école maternelle. C'est mon plus ancien et plus proche ami. Nous avons fait notre scolarité ensemble jusqu'au baccalauréat, et nous habitons toujours dans la même ville. Il a toujours été là pour moi lorsque j'avais besoin de lui et je suis également toujours là pour lui. Je pense que je conserverai cette relation jusqu'à ma mort. Même si on ne se voit pas très souvent, on est toujours prêt à se répondre et à s'entraider en cas de besoin.

나는 유치원에서 가장 친한 친구를 만났다. 그는 나의 가장 오래되고 가까운 친구다. 우리는 바칼로레아까지 (고등학교까지) 학교를 함께 다녔고, 항상 같은 도시에 살고 있다. 그는 내가 그를 필요로 할 때 나를 위해 항상 그곳에 있어주었고 나도 마찬가지로 그를 위해 항상 옆에 있어준다. 나는 이 관계를 죽을 때 까지 유지할 것이다. 비록 우리가 아주 자주 보지는 못할지라도 우리는 필요할 경우에 서로 돕고, 서로 응해줄 준비가 항상 되어 있다.

단어장

meilleur(e) : 더 좋은, 더 선량한, 더 나은(bon의 우등비교)
rencontrer : 만나다
une école maternelle : 유치원
ancien(ne) : 오래된
proche : 가까운, 친한
une scolarité : 통학, 재학
jusqu'à : …까지
la même ville : 같은 도시
lorsque + ind : …할 때
avoir besoin de : …를 필요로 하다
également : 역시, 마찬가지로
penser que + ind : …·라고 생각하다
conserver : 유지하다, 보존하다
une relation : 관계
même si + ind : 비록 …일지라도
se voir : 서로 만나다
souvent : 자주
être prêt(e) à + inf : …할 준비가 되어있는, …할 각오가 되어있는
se répondre : 서로 어울리다, 대칭을 이루다
s'entraider : 서로 돕다
en cas de + 무관사명사 : …의 경우에
un besoin : 필요, 요구

10 Quel objet aimeriez-vous posséder ? pourquoi ? Décrivez-le.
당신이 가지고 싶어하는 물건은 무엇인가요 ? 왜 ? 그것을 묘사해보세요.

J'aimerais une baguette longue, souple, en bois avec des objets porte-bonheur à l'intérieur (par exemple des fleurs, des plumes d'oiseaux, des pierres avec des vertus apaisantes...) C'est un objet imaginaire. En fait, je n'aimerais pas posséder un objet qui existe vraiment. Je n'ai besoin de rien de particulier. Le plus important reste bien les «objets» du cœur et de l'esprit, ceux que l'on peut donner et partager avec les autres êtres humains. Avoir une baguette magique serait la métaphore de ces liens d'amour et de paix retrouvées dans l'harmonie. C'est utopique, mais l'idée me séduit.

나는 행운을 가져다주는 물건들 (예를 들어 꽃, 새의 깃털, 진정 효과가 있는 돌...)을 그 속에 담고 있는 길고 유연한 나무로 된 지팡이를 갖고 싶다. 그것은 상상의 물건이다. 사실 나는 실제로 존재하는 물건을 소유하고 싶지 않다. 나는 특별한 어떤 것도(아무 것도) 필요하지 않다. 가장 중요한 것은 마음과 정신의 물건들, 다른 사람들과 함께 나누고 전해줄 수 있는 물건이다. 마술지팡이를 가진다는 것은 조화로움 속에서 찾아낸 평화와 사랑의 끈이라는 은유일 것이다. 이것은 비현실적이다. 그러나 이런 공상은 내 마음을 사로잡는다.

단어장

une baguette : (가는) 막대기
long(ue) : 긴
souple : 유연한
en bois : 나무로 된
un porte-bonheur : 부적, 행운의 상징
à l'intérieur : 내부에, 안에
par exemple : 예를 들어
une plume d'oiseau : 새의 깃털
une pierre : 돌
une vertu : 효과, 효능
apaisant(e) : 진정시키는
un objet : 물건

imaginaire : 상상의
en fait : 사실은
posséder : 소유하다
exister : 존재하다
vraiment : 정말로, 실제로
avoir besoin de : …를 필요로 하다
rien de particulier : 특별한 아무것도
le plus important : 가장 중요한
un esprit : 영혼, 정신
ceux : 그것들 (남성명사복수)
partager avec qn : …와 나누다
les autres êtres humains : 다른 사람들
la métaphore : 은유
un lien : 관계, 유대
une paix : 평화
une harmonie : 조화, 균형, 일치
une idée : 생각, 상상, 공상
séduire : …의 마음을 사로잡다, 매혹시키다

11 Qu'avez-vous fait le week-end dernier ?
당신은 지난 주말에 무엇을 했습니까?

Et bien, je me suis levée tôt le samedi matin pour mon cours de dessin qui commence à 10 heures et finit vers 11 heures 30. J'ai déjeuné avec quelques amis dans un petit restaurant. Nous sommes ensuite allés prendre un café et je suis rentrée chez moi. Vers 17 heures 30, je suis partie faire les courses comme à mon habitude. Le lendemain, je me suis levée assez tard et j'ai déjeuné. Ensuite je suis restée tranquillement chez moi à travailler et à regarder la télé.

나는 10시에 시작해서 11시 30분 쯤에 끝나는 데생 수업을 위해 토요일 아침 일찍 일어났습니다. 그리고 나는 친구들과 작은 식당에서 점심 식사를 했습니다. 그런 다음, 우리는 커피를 마시러 갔다가, 나는 귀가했습니다. 오후 5시 30분쯤에 평소처럼 장을 보러 나갔습니다. 다음날은 다소 늦게 일어나서 점심 식사를 했습니다. 그리고 집에서 공부하고 TV를 보면서 조용히 지냈습니다.

단어장

se lever : 일어나다
tôt : 일찍
le cours de dessin : 데생수업
commencer à +시간 : …시에 시작하다
finir : 끝내다
vers+시간 : …시경에, 쯤에
déjeuner : 점심식사를 하다
ensuite : 그리고(나서)
aller prendre un café : 커피를 마시러 가다
rentrer chez moi : 나의 집에 돌아오다, 귀가하다
partir +inf : …하러 떠나다
faire les courses : 장을 보다
comme à mon habitude : 평소처럼
le lendemain : 다음날(에)
assez tard : 꽤 늦게
tranquillement : 조용히
rester à + inf : 줄곧 …하고 있다, …해서 시간을 보내다

12 Décrivez un monument de votre ville.
당신이 사는 도시의 기념(건축)물을 묘사해 보세요.

La ville dans laquelle j'habite est une ancienne ville fortifiée par Vauban. La ville était donc entourée d'une enceinte de pierres et, sur un des sommets de la ville Vauban a construit une citadelle. C'est une sorte de forteresse qui est toujours présente aujourd'hui. Elle est très visitée par les touristes mais aussi par les habitants. Elle renferme un zoo ainsi qu'un parc. C'est donc un endroit très agréable qui offre diverses activités. J'apprécie les monuments anciens.

내가 사는 도시는 보방에 의해 요새화된 오래된 도시이다. 도시는 돌로 된 성벽으로 둘러싸여 있었고 도시의 높은 정상 중 하나 위에 보방은 성채를 지었다. 이것은 지금도 여전히 존재하는 요새의 한 종류이다. 관광객들뿐만 아니라 주민들도 이 성채를 많이 방문한다. 성채는 공원과 동물원을 포함하고 있다. 따라서 이곳은 다양한 활동을 제공하는 매우 유쾌한 장소이다. 나는 오래된 기념물들을 높이 평가한다.

단어장

Vauban (1633-1707) : 루이 14세 때 장군. 프랑스의 여러 도시에 성곽을 지은 것으로 유명함.
habiter dans : …에 살다
ancien(ne) : 오래된
fortifié(e) : 요새화 된
entouré(e) de : …로 둘러싸인
une enceinte : 울타리, 성벽, 성곽
une pierre : 돌
un des sommets de la ville : 도시의 꼭대기 중 하나
construire : 건축하다
une citadelle : 요새, 성채
une sorte de + 무관사명사 : 일종의…
une forteresse : 요새, 성채
présente : 존재하는, 있는
visiter : 방문하다, 관광하다
tourist : 관광객
mais aussi : 게다가
habitant(e) : 주민
renfermer : 포함하다, 지니다
un zoo : 동물원
ainsi que : 그리고, 또, 및
un endroit : 장소
agréable : 기분 좋은, 유쾌한
offrir : 제공하다
divers(e) : 다양한
une activité : 활동
apprécier : 높이 평가하다
un monument ancien : 오래된 기념(건출)물, 유적

13 Ecrivez l'expérience de votre voyage.
당신의 여행 경험을 써 보세요.

J'ai voyagé pour la première pois de ma vie quand j'avais 16 ans. Nous avions fait un voyage scolaire à Rome. C'était très intéressant d'être dans cette ville dont nous étudions la civilisation. Nous logions dans une auberge de jeunesse près du Vatican. Nous avons passé une semaine formidable à visiter les monuments historiques, les musées et manger des bonnes pâtes et pizzas et de délicieuses glaces. Ça m'a donné le goût du voyage. Deux ans plus tard, j'ai fait un voyage de fin d'études secondaires avec deux amies de ma classe. Nous sommes allées en Grèce. J'ai surtout aimé les îles qui sont magnifiques et la nature. Nous avons pris le bateau pour aller d'île en île. C'était la première fois que je prenais le bateau. J'ai eu un peu le mal de mer, mais je garde un très bon souvenir de ce voyage.

나는 16살 때 내 생애 처음으로 여행을 했다. 우리는 로마로 수학여행을 갔다. 우리가 그 문화를 공부했던 도시에 있다는 것이 아주 흥미로웠다. 우리는 바티칸 근처의 유스호스텔에 묵었다. 우리는 역사적인 건축물들, 박물관들을 방문하고 맛있는 파스타와 피자, 아이스크림을 먹으면서 멋진 일주일을 보냈다. 그것은 내게 여행의 묘미를 느끼게 해 주었다. 2년 후, 나는 우리 반 친구 두 명과 고등학교 졸업 여행을 갔다. 우리는 그리스로 갔다. 나는 특히 환상적인 섬과 자연을 좋아하였다. 우리는 이 섬 저 섬으로 가기 위해 배를 탔다. 내가 배를 탄 것은 그것이 처음이었다. 나는 약간의 배멀미가 있었지만, 이 여행에서 아주 좋은 추억을 간직하고 있다.

단어장

scolaire : 학교의, 학교 교육의
c'est intéressant de + inf : …하는 것은 흥미로운 일이다
la civilisation : 문명, 개화, 문화
loger : 묵다, 숙박하다
l'auberge de jeunesse : 유스호스텔
formidable : 기막힌, 아주 좋은
passer le temps à + inf : …하면서 (시간을) 보내다
monument : 기념(건축)물, 유적, (역사적·공공적 가치가 있는) 대건축물
la pâte : 밀가루 반죽, [복수] 면류, 국수, 반죽 상태의 것
la glace : 얼음, 빙판, [복수] 얼음덩어리, 아이스크림
les études secondaires : 중등교육
c'est la première fois que + ind : …한 것은 처음이다
prendre le bateau : 배를 타다
d'île en île : 이 섬 저 섬으로
le mal de mer : 배멀미
le souvenir : 추억, 회상, 기념, 기념품

14 Quel pays aimeriez-vous visiter et pourquoi ?
당신은 어느 나라를 방문하고 싶은가요? 그리고 그 이유가 무엇인가요?

Je pense que j'aimerais visiter la Chine car ce pays présente de nombreux aspects, aussi bien socialement que géographiquement. On peut y voir la nature à l'état presque sauvage ainsi que les plus grandes mégapoles mondiales. C'est un pays très dynamique économiquement, et qui a aussi une culture et une histoire très riches et intéressantes. J'ai quelques amis chinois qui m'ont déjà invité à aller découvrir leur pays, et je pense que je vais le faire un jour.

나는 중국을 방문하고 싶다. 왜냐하면 그 나라는 지리적으로도 사회적으로도 다양한 모습을 보이기 때문이다. 그곳에서는 거의 야생인 상태의 자연을 볼 수 있고, 또한 세계적인 가장 큰 메갈로폴리스(거대도시)도 볼 수 있다. 그 나라는 경제적으로 역동적이고 또한 매우 흥미롭고 풍부한 역사와 문화도 가진 나라이다. 나는 몇몇 중국친구가 있는데 그들은 나에게 벌써 자신들의 나라를 구경하러 올 것을 권유했고, 나는 언제가 그렇게 할 것이라고 생각한다.

단어장

penser que + ind : …라고 생각하다
visiter : 방문하다, 관광하다
le pays : 나라
présenter : 보이다, 나타내다
nombreux(se) : 수많은
un aspect : 모습, 외관
aussi bien ~ que : …와 마찬가지로, …도 …도
géographiquement : 지리적으로
la nature à l'état + 형용사 : …한 상태의 자연
presque : 거의
savage : 야생의
ainsi que : 그리고, 또, 및
les plus grandes mégapoles : 가장 큰 메가폴리스(인공도시들의 집합인 거대도시)
mondial(e) : 세계의, 세계적인
dynamique : 역동적인, 동태의
économiquement : 경제적으로
une culture : 문화

intéressant(e) : 흥미로운
inviter qn à + inf : …를 …하는데 초대하다, 청하다, 권유하다
découvrir : 발견하다, 찾아내다, 알아차리다
un jour : 언젠가

15 Vous invitez un(e) ami(e) dans votre restaurant préféré dans le quartier. Expliquez les raisons pour lesquelles vous le préférez et indiquez le chemin pour y aller.

당신은 당신이 사는 구역에서 자주 애용하는 식당에 친구 한 명을 초대합니다. 그 식당을 선호하는 이유와 그곳으로 가는 길을 설명해보세요.

C'est un restaurant simple. J'aime y aller car les employés sont sympathiques et gentils. La nourriture est bien préparée et délicieuse. D'ailleurs, la plupart des clients sont polis et respectables. Le restaurant n'est ni trop bruyant, ni trop calme. L'intérieur est assez bien aménagé et les toilettes sont propres. Le restaurant est près de la gare. Il faut d'abord tourner à droite en sortant de celle-ci, continuer tout droit, puis tourner à gauche au premier feu. Une grande rue qui descend se présente alors, il faut la descendre et prendre la deuxième à droite. Le restaurant se trouve au bout de cette rue.

그곳은 수수한 식당입니다. 나는 그곳에 가는 것을 좋아합니다. 왜냐하면 점원들이 다정하고 친절하기 때문입니다. 음식들은 잘 갖추어져 있고 맛있습니다. 게다가 손님들 대부분은 예절바르고 점잖습니다. 식당은 아주 시끄럽지도 않고 아주 조용하지도 않습니다. 내부는 꽤 잘 정돈되어 있으며 화장실도 깨끗합니다. 그 식당은 기차역 근처에 있습니다. 우선, 역을 빠져나와 오른쪽으로 돌아서 직진한 다음, 첫 번째 신호등에서 좌회전해야 합니다. 경사진 큰길이 보이는데 그 길을 따라 쭉 내려가야 하며, 오른쪽 두 번째 길로 꺾어져야 합니다. 식당은 그 길 끝에 있습니다.

단어장

employé(e) : 직원

sympathique : 호감이가는, 마음에 드는
gentil(le) : 친절한
la nourriture : 음식
préparé(e) : 준비된
délicieux(se) : 맛있는
d'ailleurs : 게다가, 더군다나
la plupart de + 복수명사 : 대부분의, 대개의
client(e) : 손님
poli(e) : 공손한, 예의바른
respectable : 존경할만한, 훌륭한
ne ~ ni ~ ni : …도 …도 아니다
bruyant(e) : 소란스러운, 시끄러운
calme : 조용한
un intérieur : 내부
aménagé(e) : 정돈된, 정비된
propre : 깨끗한
près de : …가까이에
la gare : 역
Il faut + inf : …해야만 한다
tourner à droite : 오른쪽으로 돌다
sortir de : …에서 나가다
continuer tout droit : 계속 직진한다
tourner à gauche au premier feu : 첫 번째 신호등에서 왼쪽으로 돌다
descendre : 내려가다
se présenter : 모습을 나타내다
prendre la deuxième à droite : 두 번째 골목에서 오른쪽으로 가다(꺾다)
se trouver : 있다, 존재하다
au bout de : …끝에

16 Choisissez une personalité célèbre et décrivez-la.
유명한 인물을 골라서 묘사해 보세요.

Si j'avais à décrire un homme célèbre, je choisirais François-René de Chateaubriand. C'est un très célèbre écrivain français du 19e siècle. Je le considère comme l'un des plus grands auteurs de la littérature mondiale de tous les temps. Je l'admire notamment pour ses Mémoires d'Outre-Tombe. Cette œuvre est inclassable, unique, saisissante, singulière, magique. Elle retrace l'histoire de sa vie mêlée à l'Histoire de France entre 1768 et 1848. Le style est magnifique - on surnomme d'ailleurs Chateaubriand «L'Enchanteur». Je trouve son écriture puissante, absolument bouleversante par sa musicalité, sa finesse.

Cet auteur a en outre eu une vie absolument hors du commun : il a beaucoup voyagé (Angleterre, Allemagne, Espagne, USA, Egypte, Tunisie, Israël, Syrie, Turquie, Grèce, République tchèque etc.) Il a été soldat, a fallit mourir sous la Révolution française, puis en exil à Londres il a été journaliste et écrivain. Enfin il a été ambassadeur de France dans les grandes capitales européennes, Pair de France, ministre des Affaires Etrangères. Sa vie et son œuvre sont absolument admirables et exaltantes.

내가 만약 유명한 한 사람을 묘사해야 한다면, 나는 프랑수아 레네 드 샤또브리앙을 선택할 것이다. 그는 19세기의 매우 유명한 프랑스 작가이다. 나는 그를 전 시대에 걸쳐 세계적으로 가장 위대한 문학 작가들 중 한 명으로 여긴다. 나는 특히 그의 "무덤 저편의 추억"이라는 작품으로 그를 찬미한다. 그 작품은 분류할 수 없고, 독특하고, 강렬하고, 특이하고, 매혹적이다. 이 작품은 1768년에서 1848년 사이 프랑스의 역사와 함께 한 그의 삶을 서술한다. 문체는 매우 아름답다 –사람들은 게다가 샤또브리앙을 "마법사"라고 부른다. 나는 그의 문체가 그의 음악성과 섬세함에 의해 강렬하고 아주 충격적이라고 생각한다.

게다가 이 작가는 완전히 비범한 인생을 살았다. 그는 여행을 많이 했다(영국, 독일, 스페인, 미국, 이집트, 튀니지, 이스라엘, 시리아, 터키, 그리스, 체코공화국 등). 그는 군인이었고 프랑스혁명으로 죽을뻔 하기도 했다. 그리고 런던으로 망명한 그는 기자와 작가가 되었다. 그는 결국 유럽의 큰 도시에서 프랑스 대사, 프랑스 귀족원 의원, 외무부 장관을 지냈다. 그의 삶과 작품은 완전히 감탄할 만하고 열정적이다.

단어장

avoir à + inf : …해야 한다
décrire : 묘사하다

célèbre : 유명한
écrivain : 작가
considérer qn comme : …을 …로 여기다, 간주하다
l'un des plus grands auteurs : 가장 위대한 작가들 중 한명
la littérature mondiale : 세계적인 문학
tous les temps : 모든 시대
admirer : 감탄하다, 탄복(찬미)하다
notamment : 특히
une œuvre : 작품
inclassable : 분류할 수 없는
unique : 독특한, 독자적인
saisissant(e) : 강렬한, 인상적인
singulier(ère) : 특이한
retracer : 회상시키다, 되새겨 이야기하다, 서술하다
mêlé(e) à : 섞인
entre + 시간 et + 시간 : …와 …사이에
magnifique : 멋진, 매우 아름다운
surnommer qn qch : …를 …로 부르다
d'ailleurs : 게다가, 더군다나
enchanteur : 마법사, 매혹적인 사람
trouver qch + 속사: …을 …라고 생각하다
une écriture : 문체
puissant(e) : 강한, 강력한
absolument : 절대적으로 , 꼭 (형용사와 함께)완전히
bouleversant(e) : 아주 놀라운, 충격적인, 엄청난, 기막힌
la musicalité : 음악성
la finesse : 섬세함, 정밀함
en outre : 게다가, 그리고 또
hors du commun : 보통 이상의, 뛰어난, 비범한
un soldat : 군인, 병사
faillir + inf : 자칫 …할 뻔하다
mourir : 죽다
sous : …에 의해, …의 영향으로
la Révolution française : 프랑스 혁명(1789)
en exil : 추방, 유배, 망명
pair de France : 프랑스 귀족원 의원
ministre des Affaires Etrangères : 외무부 장관
exaltant(e) : 흥분시키는, 열광케 하는, 흥미를 유발시키는

17 Ecrivez un moment où vous êtes tombé(e) en malade.
당신이 아팠던 때를 써보세요.

Il y a une semaine, quand je suis rentré(e) de l'Université, je me sentais fatigué(e). J'avais mal à la tête, aux jambes, à la gorge, au ventre, enfin partout. J'avais une grande envie de dormir et j'ai beaucoup souffert au point d'avoir des sueurs froides et des frissons. J'ai pris ma température : j'avais 38,5°. J'avais beaucoup de fièvre. Ce n'était pas un petit rhume. J'avais la grippe. J'étais trop malade pour aller chez le docteur. C'est pour ça que j'ai seulement pris de l'aspirine et des médicaments anti-douleur. Et puis, je me suis endormi(e) tout de suite. Après 12 heures de sommeil, la fièvre est retombée, bien que je tousse un peu. Je me sentais encore très fatigué(e) et faible. C'est pourquoi je me suis encore reposé(e) pendant une journée. Enfin, le troisième jour, je me sentais beaucoup mieux et j'étais presque guéri(e).

일주일 전, 나는 학교에서 돌아오자 피곤함을 느꼈습니다. 머리와 다리, 목, 배 등 여기저기 다 아팠습니다. 나는 잠을 자고 싶은 마음이 강했고, 식은땀을 흘리며 오한이 날 정도로 정말로 고통스러웠습니다. 나는 체온을 재보았습니다. 38.5도였습니다. 나는 열이 많이 났습니다. 이것은 가벼운 감기가 아니었습니다. 독감이었습니다. 너무 아파서 병원에 가지도 못했습니다. 그래서 나는 아스피린과 진통제를 복용하기만 했습니다. 그리고 곧 잠이 들었습니다. 12시간의 수면 이후, 약간의 기침이 있었지만 열은 내렸습니다. 나는 여전히 피곤했고 녹초가 된 상태였습니다. 그래서 나는 하루를 더 쉬었습니다. 마침내 3일째 되는 날 나는 기분이 훨씬 상쾌해진 것을 느꼈고, 거의 완쾌되었습니다.

단어장

il y a + 시간표현 : …전에
une semaine : 주, 1주간
rentrer de : …에서 돌아오다
se sentir + 형용사 : (느낌, 기분이) …하다
avoir mal à + 신체명사 : …가 아프다
la tête : 머리

une jambe : 다리
la gorge : 목
le ventre : 배
partout : 여기저기
avoir une grande envie de + inf : …하길 매우 원하다
souffrir : 고통받다
au point de + inf : …하기 까지, …할 정도로
une sueur froide : 식은 땀
un frisson : 떨림, 오한
prendre ma température : 내 체온을 재다
avoir de la fièvre : 열이 있다
un rhume : 감기
la grippe : 독감
être malade : 아프다
c'est pour ça que + ind : 그렇기 때문에 …가 …하다
seulement : 단지, 오직
prendre des médicaments anti-douleur : 진통제를 먹다
s'endormir : 잠이 들다
un sommeil : 잠
retomber : 다시 내리다
bien que + sub : …임에도 불구하고
tousser : 기침하다
faible : 약한
c'est pourquoi : 그래서
se reposer : 휴식을 취하다
une journée : 하루
se sentir mieux : 기분이 나아지다
guéri(e) : 나은

18 Quelle est votre musique préférée?
당신이 선호하는 음악은 무엇인가요?

J'aime beaucoup le rock car c'est une musique pleine d'énergie. C'est une musique de révolte contre le système, contre beaucoup de choses jugées stupides. Le vrai rock n'est pas ce que beaucoup de gens croient. Il y a énormément de groupes classés rock qui sont en fait des groupes de pop. Des guitares électriques ne suffisent pas à définir le rock. Mais de nos jours, les producteurs et les maisons de distribution jouent sur les mots pour faire vendre leurs "produits". La musique est trop souvent envisagée sous un angle mercantile.

나는 록음악을 매우 좋아한다. 왜냐하면 에너지가 넘치는 음악이기 때문이다. 록은 제도와 많은 어리석은 편견들에 저항하는 음악이다. 진짜 록음악은 많은 사람들이 생각하는 그런 음악이 아니다. 실제로는 팝그룹인데 록으로 분류된 그룹이 엄청나게 많다. 전자기타가 록을 정의하기에 충분하지 않다. 그러나 요즘에는 제작자들과 음반기 회사들이 그들의 제품을 팔려고 말장난을(애매한 표현을 구사) 한다. 흔히 음악을 상업적 관점에서만 바라본다.

단어장

le rock : 록 (음악)
plein(e) de + 무관사명사 : 가득한, 충만한
une révolte : 저항, 반항
contre : …에 대항하여
le système : 체제, 제도
jugé(e) : 판단된
stupide : 어리석은
croire : 믿다, 생각하다
énormement : 엄청나게, 막대하게
classé(e) : 분류된
en fait : 사실은
une guitare électrique : 전자기타
suffire à + inf : …하기에 충분하다
de nos jours : 요즘에
producteur(trice) : 제작자, 프로듀서

la maison de distribution : 음반기획사, 배급사
jouer sur les mot : 애매한 표현을 구사하다
faire + inf : …하게 하다
vendre : 팔다
un produit : 제품
envisager : 고려하다, 생각하다
un angle : 각, 각도, 관점, 입장
mercantile : 탐욕스러운, 돈벌이주의의

19 Aimez-vous vous lever tard ? 당신은 늦게 일어나는 것을 좋아하세요?

J'aime me coucher tard donc je me lève également tard le week-end. Mais je n'aime pas me réveiller tard car j'ai l'impression que la journée est déjà à moitié finie. Cela dit, je n'aime pas me lever tôt non plus. Je n'aime pas le réveil. Je suis de mauvaise humeur au réveil. Me lever tard me donne l'impression d'être paresseux, et c'est désagréable. De plus, si je me lève tard, je ne pourrai pas me coucher tôt le soir même.

나는 늦게 잠자리에 드는 것을 좋아한다. 그래서 마찬가지로 주말에 늦게 일어난다. 그렇지만 나는 늦게 잠자리에서 깨는 것은 좋아하지 않는다. 왜냐하면 하루가 벌써 반은 끝난 것 같은 느낌이 들기 때문이다. 이렇게 말하지만, 나는 일찍 일어나는 것 역시 좋아하지 않는다. 나는 잠에서 깨어나는 것을 좋아하지 않는다. 나는 잠에서 깰 때 기분이 나쁘다. 늦게 일어난다는 것은 나에게 게으른 인상을 주고 불쾌하다. 게다가 만약 내가 늦게 일어나면, 나는 그날 저녁에 일찍 잘 수 없을 것이다.

단어장

aimer + inf : …하는 것을 좋아하다
se coucher : 잠자리에 들다, (침대)에 눕다, 자다
tard : 늦게
se lever : 일어나다
également : 마찬가지로, 역시

se réveiller : 깨다
avoir l'impression que + ind : …하는 느낌을 가지다, …하는 것 같다
la journée : 하루
à moitié : 반쯤
effectivement : 실제로, 실질적으로, 확실히, 정말로, 그렇게
cela dit : 그렇게 말하고 나서, 그런데
tôt : 일찍
non plus : …도 아니다
le réveil : 기상, 잠을 깨기
être de mauvaise humeur : 기분이 나쁘다
donner à qn l'impression de ~ : …에게 …라는 느낌을 주다
paresseux(se) : 게으른
désagréable : 불쾌한
de plus : 게다가
le soir même : 그날 저녁에

20 Vous souvenez-vous de votre premier jouet ? Décrivez-le.
당신의 첫 번째 장난감을 기억하나요 ? 묘사해 보세요

Mon premier jouet était une boîte de LEGO, le fameux jeu de construction. Je m'amusais souvent avec ces petites briques pour créer des objets, réels ou imaginaires. J'aime beaucoup les activités faisant appel à l'imagination. J'avais la possibilité de créer moi-même mes propres jouets avec celui-ci. J'ai par la suite eu d'autres jouets LEGO et je me suis amusé à les combiner pour créer toujours plus d'objets. Je les ai utilisés très longtemps, et je les ai toujours.

내 첫 번째 장난감은 유명한 건축 놀이인 레고박스였다. 나는 상상의 또는 실제의 사물을 만들어내기 위해 그 작은 벽돌들을 가지고 자주 놀았다. 나는 상상력을 필요로 하는 활동을 매우 좋아한다. 나는 이 장난감으로 내 자신의 장난감들을 만들 수 있었다. 그 후에 나는 다른 레고 장난감들을 가졌다. 그리고 나는 항상 더 많은 사물을 만들어 내기 위해 그것들을 조립하며 놀았다. 나는 그것들을 아주 오랫동안 사용했고, 지금도 그것을 가지고 있다.

단어장

un jouet : 장난감
une boîte de LEGO : 레고박스
fameux(se) : 유명한
une construction : 건축, 건설
s'amuser avec : …를 가지고 놀다
une brique : 벽돌, 벽돌 모양의 것
créer : 만들다, 창조하다
un objets : 물체, 사물, 물건
réel(le) : 실제의
imaginaire : 상상의
une activité : 활동
faire appel à + qch : …에 호소하다, …의 도움을 청하다
une imagination : 상상력
avoir la possibilité de + inf : …할 수 있다
moi-même : 나 자신, 스스로
par la suite : 그 다음에, 그 후에
s'amuser à + inf : …하면서 재미있게 놀다
combiner : 조합하다, 결합하다
plus de + 무관사명사 : 더 많은
utiliser : 사용하다, 이용하다
longtemps : 오랫동안

21 Décrivez une fête de Noël chez vous.
당신 집에서 있었던 크리스마스 파티에 대해 묘사해 보세요.

C'était pour le réveillon. J'avais invité ma famille et pleins d'amis. Malgré le froid, ils étaient tous venus. Nous avons d'abord beaucoup discuté avant de dîner, vers 8 heures du soir. Moi et quelques amis avions préparé une dinde avec des pommes de terre farcies. Il y avait également de la salade pour accompagner. Un ami s'était chargé d'acheter les boissons ainsi que le champagne. La famille avait préparé des gâteaux. Après avoir bien mangé, nous avons dansé et joué à des jeux jusqu'à tard dans la nuit. Le temps passa vite jusqu'à minuit et on se souhaita un joyeux Noël. Puis les invités sont repartis chez eux.

크리스마스 이브였습니다. 나는 가족과 많은 친구들을 초대했습니다. 추위에도 불구하고 모두 왔습니다. 우리는 저녁식사 전, 8시경까지 많은 얘기를 나눴습니다. 나와 몇몇 친구들은 감자로 속을 채운 칠면조 고기를 준비했습니다. 또한 그것과 함께 먹을 샐러드도 있었습니다. 한 친구는 음료수와 샴페인을 사오기로 했습니다. 가족들은 케이크를 준비했습니다. 맛있게 식사를 한 후에, 우리는 밤늦게까지 춤을 추고 놀이를 했습니다. 시간이 자정까지 빨리 흘렀고, 우리는 서로에게 크리스마스 인사를 했습니다. 그리고 나서, 손님들은 각자 집으로 돌아갔습니다.

단어장

le réveillon : 크리스마스 이브 만찬
inviter : 초대하다, 초청하다
plein(e) de + 무관사명사 : 많은, 가득한
malgré : …에도 불구하고
le froid : 추위
d'abord : 우선, 먼저
discuter : 이야기 나누다
avant de + inf : …하기 전에
vers + 시간 : …시 경에, 쯤에
préparer : 준비하다
une dinde avec des pommes de terre farcies : 감자로 속을 채운 칠면조 고기
également : 역시, 마찬가지로
accompagner : 동반하다, 곁들이다
se charger de + inf : (일을) 맡다
une boisson : 음료수
ainsi que : 그리고, 및, 또
un gâteau[x] : 케익
jouer à des jeux : 놀이를 하다
jusqu'à : …까지
Le temps passa vite. : 시간은 빨리 지나간다.
minuit : 자정
se souhaiter un joyeux Noël : 서로에게 크리스마스 인사를 하다
les invités : 손님
repartir : 되돌아가다

22 Quelle est votre meilleur souvenir d'études ? Décrivez-ie.
당신의 학업에서 가장 좋은 추억은 무엇인가요 ? 묘사해 보세요

Je crois que c'est le jour où j'ai obtenu mon baccalauréat scientifique avec mention très bien. J'étais très fière d'avoir aussi bien réussi et d'être la première fille du lycée. J'étais très fière aussi pour mes parents et mes grands-parents. Ils ont tous fait des carrières scientifiques et je voulais leur prouver que je pouvais réussir également en mathématique, physique, chimie et biologie. J'étais très heureuse car j'étais très stressée durant la semaine d'épreuves et je craignais de ne pas réussir aussi bien que je l'aurais voulu. Le jour des résultats a donc été une délivrance et une grande joie.

과학 바깔로레아(프랑스 대학 입학 자격시험)를 매우 우수한 성적으로 합격한 날인 것 같다. 나는 무사히 합격한 것과 그리고 학교에서 일등을 한 것에 매우 자랑스러웠다. 나는 또한 부모님과 조부모님에게 있어서도 매우 자랑스러웠다. 그들 모두는 과학 관련 경력을 가지고 있었고 나는 그들에게 나 역시 수학, 물리, 화학, 생물에서 합격할 수 있다는 것을 증명해 보이고 싶었다. 나는 시험주간 동안 스트레스를 많이 받았고, 내가 원하던 만큼 성공하지 못할까봐 걱정했기 때문에 매우 기뻤다. 그래서 결과 발표 날은 해방감과 커다란 기쁨의 날이었다.

단어장

Je crois que : …라고 생각하다
obtenir : 획득하다, 얻다, 따내다
scientifique : 자연과학의
une mention très bien : 평점 매우 우수 (20점 만점에서 18…20점 획득)
être fier(ère) de + inf : …하는 것이 자랑스럽다
réussir : 성공하다, 합격하다
un lycée : 고등학교
tous : 모두
des carrières scientifiques : 과학적 이력, 경력
prouver : 증명하다, 입증하다
également : 역시, 마찬가지로
une mathématique : 수학
une physique : 물리학

une chimie : 화학
une biologie :생물학
heureux(se) : 행복한
stresser : 스트레스를 일으키다
durant : …동안
la semaine d'épreuves : 시험주간
craindre de + inf : …할 것을 무서워하다, 두려워하다
aussi bien que : …와 마찬가지로, …도 …도, …만큼 잘
un résultat : 결과, 성과
une délivrance : 해방(감)
une joie : 기쁨

23 Que faites-vous le week-end ?
주말에 당신은 무엇을 하세요 ?

D'habitude, le week-end je rencontre des amis ou je sors. J'invite régulièrement des amis à diner chez moi le vendredi ou le samedi soir. Je vais aussi occasionnellement au cinéma. Parfois, je vais rendre visite à des amis habitant d'autres villes. Ou alors je vais chez mes parents. Je vais aussi parfois assister à des concerts. Je profite également du week-end pour me reposer : je fais la grasse matinée le dimanche et aussi le samedi quand cela est possible.

보통, 주말에 나는 친구들을 만나거나 외출한다. 나는 정기적으로 매주 금요일이나 토요일 저녁에 친구들을 집으로 저녁식사 초대를 한다. 나는 또한 때때로 영화관에 간다. 가끔 나는 다른 도시에 사는 친구들을 방문한다. 아니면 부모님댁에 간다. 나는 또한 가끔 콘서트를 관람한다. 나는 주말에는 휴식을 취한다. 나는 일요일 마다 늦잠을 자고 가능할 때는 토요일에도 늦잠을 잔다.

단어장

d'habitude : 평소에(는), 언제나, 보통
rencontrer : 만나다
sortir : 외출하다

inviter qn à + inf : …를 …하는데 초대하다
régulièrement : 규칙적으로, 정기적으로
occasionnellement : 때때로
le cinéma : 영화
parfois : 가끔
rendre visite à qn : …의 집을 방문하다
assister à : …에 출석하다, 참석하다
profiter de : …을 이용하다
également : 역시, 마찬가지로
se reposer : 휴식을 취하다
faire la grasse matinée : 낮잠을 자다
possible : 가능한

24 Comment s'est passé votre anniversaire ?
당신의 생일을 어떻게 보냈나요 ?

Je n'ai rien fait pour mon anniversaire car je n'aime pas les fêtes imposées et surtout pas celles qui marquent le temps qui passe. Je n'aime pas le fait de devoir être joyeux le 25 décembre ou le jour de son propre anniversaire pour le simple fait que ce jour est "spécial". Pour moi, être joyeux n'est pas lié à une date, mais à une humeur, à un état d'esprit. J'ai "fêté" mon anniversaire avec ma famille car c'est un peu comme une tradition pour eux et surtout une occasion de se retrouver.

나는 내 생일을 위해서 아무것도 하지 않았다. 왜냐하면 나는 의무적인 축하파티를 좋아하지 않기 때문이다. 그리고 특히 지나가는 시간을 강조하는 축하파티를 싫어한다. 나는 12월 25일에 기뻐해야만 하는 행위나 생일이 특별하다라는 단순한 이유로 생일날을 좋아하지 않는다. 나에게 있어서 기쁘다라는 것은 날짜와 관련 있지 않고 기분과 정신 상태와 관련 있다. 나는 내 생일을 가족과 함께 축하하였다. 왜냐하면 그것은 그들에게는 전통 같은 것이고, 특히 서로 다시 만나는 기회가 되기 때문이다.

단어장

ne ~ rien : 아무것도 …아니다
un anniversaire : 생일
une fête : 축하연, 축제
imposé(e) : 의무적인, 강제된
marquer : (에)표시를 하다, 흔적을 남기다, 강조하다
le temps qui passe : 흘러가는 시간
le fait de + inf : …하는 행위, 행동
joyeux(se) : 즐거운, 기쁜, 유쾌한
le fait que + ind : …한다는 사실
pour moi : 나에게 있어서
lié à : …에 묶인, 관계가 깊은
une date : 날짜
une humeur : 기분
un état d'esprit : 정신상태
fêter : 축하하다, 축하연을 열다
une occasion de + inf : …하는 계기, 구실, 기회
se retrouver : 서로 다시 만나다, 재회하다

25 Faites-nous découvrir votre ville.
당신이 살고 있는 도시를 묘사해 보세요.

Je vis dans une petite ville très agréable. Il y a beaucoup de parcs où les enfants viennent jouer. Les personnes âgées peuvent s'y reposer et les gens qui travaillent toute la journée enfermés dans un bureau viennent s'y détendre. Il y a quelques restaurants, un cinéma, deux pharmacies, deux boulangeries, une boucherie, trois épiceries et un seul supermarché. Le vendredi, il y a un marché sur la place de l'église. L'église est très belle. Ses vitraux sont de véritables œuvres d'art. Il y a aussi une bibliothèque publique et un centre pour personnes âgées. Il n'y a pas d'hôpital mais un petit centre médical pour les premiers soins. Il y a une école maternelle, primaire et secondaire. Il y a quelques rues piétonnes bordées de cerisiers du Japon.

나는 아주 쾌적한 작은 마을에 산다. 거기에는 아이들이 놀러 오는 공원들이 아주 많이 있다. 노인들은 거기에서 휴식을 취하기도 하고, 사무실에 갇혀서 하루 종일 일하는 사람들은 쉬기 위해서 그곳에 온다. 거기에는 몇몇 식당과 극장, 두 곳의 약국, 두 곳의 빵집, 정육점, 세 곳의 식료품점 그리고 슈퍼마켓이 하나 있다. 금요일마다 교회의 광장에서 장이 열린다. 교회는 아주 아름답다. 그 곳의 스테인드글라스는 진정한 예술작품이다. 거기에는 공립 도서관과 노인들을 위한 경로당도 있다. 병원은 없지만 응급처치를 위한 작은 의료시설이 있다. 마을에는 유치원, 초등학교, 중・고등학교가 있다. 그곳에는 벚꽃나무들로 둘러싸인 보행로가 있다.

단어장

les personnes âgées : 노인들
se reposer : 쉬다, 휴식을 취하다, 일을 하지 않다
toute la journée : 하루 종일
enfermé(e) : 유폐된, 갇힌, (어떤 상태에) 빠져 있는
se détendre : 풀어지다, 느슨해지다, 몸을 편안하게 하다
la pharmacie : 약국, 약방, 조제실
la boulangerie : 제빵, 빵 장사, 빵가게
la boucherie : 도살장, 푸줏간, 정육점
l'épicerie : 향신료 판매 식료품점, (보존 가능한) 식료품
le supermarché : 슈퍼마켓
l'église : 교회
vitrail(aux) : 채색 유리 (성당의) 그림 유리창, 스테인드글라스
véritable : 실제의, 사실상의, 가짜가 아닌
l'œuvre d'art : 예술 작품
le centre médical : 의료 시설
les premiers soins : 응급 일차 진료
l'école maternelle / primaire / secondaire : 유치원/ 초등학교/ 중・고등학교
la rue piétonne : 보행로, 인도
bordé(e) de : …로 가장자리를 두른(꾸민)

26 Avez-vous un animal domestique ? Lequel ? Qui s'en occupe ?
당신은 애완동물이 있습니까? 어떤 동물입니까? 누가 그것을 돌봅니까?

J'ai un chat siamois qui s'appelle Panpan et va bientôt avoir 12 ans. Les siamois sont des chats très indépendants. Je lui donne tous les matins un bol de croquettes pour chats et le soir un peu de viande fraîche. Il mange aussi les restes de la viande que je cuisine pour moi. Le vétérinaire m'a dit que ce n'était pas très bon pour lui mais il semble en bonne santé et il adore ça. Il boit essentiellement de l'eau et je lui donne parfois du lait. Il aime dormir sur mes genoux quand je regarde la télévision ou quand je lis dans le canapé. Il n'aime pas quand j'invite des amis. Il va se cacher sous mon lit dès qu'ils arrivent et en sort dès qu'ils sont partis.

나는 판판이라는 이름의 샴고양이 한 마리가 있고 그는 곧 12살이 된다. 샴고양이들은 매우 독립적이다. 나는 그에게 매일 아침 고양이용 크로켓 한 그릇을 주고 저녁에는 약간의 생고기를 준다. 그는 내가 요리하고 남은 고기도 먹는다. 수의사가 내게 그것은 그를 위해 썩 좋은 것은 아니라고 말했지만 고양이는 건강한 것 같고 그것을 좋아하는 것 같다. 그는 주로 물을 마시는데 나는 그에게 종종 우유를 준다. 그는 내가 텔레비전을 보거나 소파에서 책을 읽을 때, 내 무릎에서 자는 것을 좋아한다. 그는 내가 친구들을 초대하는 것을 좋아하지 않는다. 그는 친구들이 도착하자마자 내 침대 밑으로 숨고, 그들이 떠나면 바로 거기에서 나온다.

단어장

un chat siamois : 샴고양이
indépendant(e) : 독립적인, 예속되지 않은, 자유로운, 자립적인
un bol de croquettes : 크로켓 한 그릇
frais (fraîche) : 싱싱한, 신선한
le reste : (의) 나머지, 다른 사람(것), 그 밖의 것
le vétérinaire : 수의(獸醫)사
sembler : …인 것 같다, …처럼 보이다
en bonne santé : 건강한, 건강 상태가 양호한
essentiellement : 본질적으로, 본래, 무엇보다도
le genoux : 무릎
se cacher : 숨다, 은신하다, (을) 피하다

27 Ecrivez votre meilleur souvenir.
당신의 가장 좋은 추억을 써 보세요.

J'ai beaucoup de bons souvenirs mais je pense que le meilleur a été mon voyage en Thaïlande. J'y suis allée avec ma meilleure amie. Cela faisait des années que nous rêvions de faire ce voyage. Nous avons pris l'avion pour Bangkok où nous avons passé quelques jours avant d'aller à Sukhotai, une très ancienne capitale. Nous sommes ensuite allées encore plus dans le nord du pays où nous avons visité Chiang Mai et avons fait une randonnée dans les montagnes près de la frontière birmane. Nous avons beaucoup aimé la nourriture et apprécié la gentillesse et le sourire des gens. C'était un voyage extraordinaire.

나는 많은 좋은 추억들을 가지고 있지만 가장 좋았던 추억은 태국으로의 여행이었다. 나는 나의 가장 친한 친구와 태국으로 떠났다. 우리는 몇 년 전부터 이 여행을 꿈꿨었다. 우리는 방콕행 비행기를 탔고, 아주 오래된 수도인 수코타이로 가기 전에 거기에서 며칠을 보냈다. 그리고 나서 우리는 그 나라의 북쪽으로 좀 더 갔고, 거기에서 우리는 치앙마이를 방문했고, 버마 국경 근처에 있는 산들을 걸었다. 우리는 그곳의 음식들을 매우 좋아했고, 사람들의 친절과 미소를 높이 평가했다. 그것은 정말 특별한 여행이었다.

단어장

le souvenir : 추억, 회상, 기념, 기념품
rêver de + inf : …을 열망하다, …하길 바라다, …하길 동경하다
prendre l'avion : 비행기를 타다
le nord : 북, 북쪽
la randonnée : (쉬지 않고 오래 걷는) 긴 나들이, 긴 산책
frontière : 경계, 국경
la gentillesse : 상냥함, 호의, 친절, 친절한 행동(말)
le sourire : 미소, 조소
extraordinaire : 특별한, 비상의, 놀라운

28 Comment préférez-vous vous habiller?
당신은 어떻게 입는 것을 선호하나요?

Je ne m'intéresse pas du tout à la mode. J'achète des vêtements quand j'en ai besoin. Et je les achète en fonction de mes goûts, pas du goût des autres. J'aime bien porter un jean ou un treillis(pantalon militaire). Je porte souvent un sweat-shirt par dessus un T-shirt, avec des chaussures type Adidas ou AllStar. Je n'ai pas le look des gens de mon âge. Mais cela n'est pas une de mes préoccupations. Si mon look me plaît, alors je suis prêt à sortir dans la rue.

나는 유행에 전혀 관심이 없다. 나는 내가 필요할 때 옷들을 산다. 그리고 다른 사람들의 취향이 아닌 내 취향에 따라 옷을 산다. 나는 청바지나 즈크(군인바지)를 즐겨 입는다. 나는 아디다스 또는 올스타 타입의 신발과 함께 스웨트-셔츠를 티셔츠 위에 받쳐서 자주 입는다. 나는 내 또래 사람들의 차림새로 입지 않는다. 그렇지만 그것은 내가 관심을 갖는 것 중 하나는 아니다. 만약 내 차림새가 내 마음에 든다면 나는 밖으로 나갈 준비가 된 것이다.

단어장

s'intéresser à : …에 흥미를 느끼다, 관심이 있다
pas du tout : 전혀
la mode : 유행
un vêtement : 옷
avoir besoin de : …를 필요로 하다
en fonction de : …와 관련하여, …에 따라
le goût : 취향
aimer+inf : …하는 것을 좋아하다
porter un jean : 청바지를 입다
un treillis : 군사 훈련복, 전투복
dessus : …위에
des chaussures : 신발
un type : 유형, 타입
le look : 모습, 외향
un âge : 나이
une préoccupation : 걱정, 염려, 관심(사)
plaire à qn : …의 마음에 들다
prêt(e) à +inf : …할 준비가 되어있다
sortir : 나가다, 외출하다

29 Quel est votre rêve le plus cher ?
당신의 가장 소중한 꿈은 무엇인가요?

Mon rêve le plus cher serait de trouver la réponse à la question que je me pose souvent. La question la plus importante de toutes : pourquoi ça existe? Je veux dire pourquoi est-ce que les choses, les planètes, le soleil, la galaxie, l'univers existent. Bien entendu, cette question n'aura sans doute pas de réponse avant ma mort. Elle n'en aura peut-être d'ailleurs jamais car nous sommes dans cette réalité, donc nous ne pouvons pas avoir de regard extérieur qui nous permettrait d'esquisser une réponse.

나의 가장 소중한 꿈은 내가 내 자신에게 자주 제기하는 질문에 답을 찾는 것일 것이다. 모든 물음들 중에서 가장 중요한 물음은 왜 존재하는가이다. 다시 말해서 왜 사물, 혹성, 태양, 은하, 우주가 당연히 존재하는가이다. 이 물음은 아마도 내가 죽을 때까지 답이 없을 것이다. 아마도 끝내 답이 없을 것이다. 왜냐하면 우리는 이 현실세계에 있기 때문이고, 그래서 답의 윤곽을 잡을 수 있게 해주는 객관적 시각을 가질 수 없기 때문이다.

단어장

un rêve : 꿈
le plus cher : 가장 소중한
la réponse : 대답
la question que je me pose : 내 자신에게 제기하는 문제
pourquoi ça existe? : 왜 그것이 존재하는가?
une planète : 혹성, 유성, 별자리
le soleil : 해
la galaxie : 은하
un univers : 세계, 지구전체
exister : 존재하다
bien entendu : 당연히, 물론
sans doute : 아마도
la mort : 죽음
peut-être : 아마도
d'ailleurs : 게다가

la réalité : 현실
un regard extérieur : 외부의 시선
permettre à qn de + inf : …에게 …하는 것을 허락하다
esquisser : 초벌을 그리다, 소묘하다

30 Vous faites partie d'un club de sport. Choisissez le sport que vous aimez. Racontez vos activités sportives.

당신은 어떤 운동 클럽에 참여하고 있습니다. 당신이 좋아하는 운동을 고르세요. 그리고 당신의 활동에 대해 말해보세요.

Je fais partie d'un club de basket-ball. Nous sommes très soudés dans l'équipe et nous devons l'être car s'il y avait une embrouille, ce ne serait pas très bien pour l'esprit d'équipe et pour les matchs. Notre entraîneur était un ancien joueur de basket. Il est assez exigeant mais sympathique malgré tout. Nous avons un entraînement tous les matins de 7 heures à 10 heures sauf le samedi et le dimanche. Nous nous échauffons d'abord, puis l'entraîneur nous réunit pour nous parler des défauts que nous avons pendant les matchs. Puis, nous nous entraînons sur des exercices pour améliorer nos points faibles. Ensuite, nous faisons deux équipes et nous faisons de petits matchs.

나는 농구 클럽의 회원입니다. 우리는 팀끼리 결속이 잘 되어 있으며, 또 그럴 수밖에 없습니다. 왜냐하면 서로 다툼이 있으면 그것은 팀웍과 경기에 좋지 않기 때문이죠. 우리 코치는 예전에 농구 선수였습니다. 그는 꽤 까다로운 편이지만 그럼에도 불구하고 상냥합니다. 우리는 토요일과 일요일을 제외한 매일 아침 7시 10분에 훈련을 합니다. 우리는 먼저 몸을 풀고, 그 다음 코치는 우리를 집합시켜서 경기 중에 범했던 우리들의 실수들에 대해 언급합니다. 그리고 우리는 우리의 약점을 없애기 위해 반복적인 연습을 통한 훈련을 합니다. 그리고 나서, 우리는 두개의 팀을 만들어서 간단한 경기를 합니다.

단어장

faire partie de : 참여하다, 참가하다
un club de basket-ball : 농구클럽
soudé(e) : 결합된, 결속된
une équipe : 팀
car : 왜냐하면
une embrouille : 혼란, 분규, 뒤죽박죽
un esprit d'équipe : 단결심, 단체정신
les matchs : 경기
entraîneur : 코치
un ancien joueur de basket : 예전 농구 선수
exigeant(e) : 까다로운, 요구가 많은, 엄격한
malgré tout : 그래도 역시, 어쨌든, 누가 뭐라고 해도
un entraînement : 훈련
tous les matins : 매일 아침
de 시간 à 시간 :…시 부터…시 까지
sauf : …를 제외하고
s'échauffer d'abord : 우선 준비운동을 하다, 몸을 풀다
réunir : 집합시키다
parler des défauts : 실수에 대해 이야기 하다
entraîner : 훈련시키다, 단련시키다
améliorer : 향상시키다
nos points faibles : 결점
ensuite : 그리고 나서
faire deux équipes : 두 개의 팀을 만들다

Entraînez-vous

01 Qu'est-ce que vous trouvez passionnant dans votre vie actuelle ?
현재 생활에서 무엇이 흥미진진하다고 생각하나요?

이야기를 만들자

현재의 내 생활에서, 내 학업이 흥미진진하다고 생각한다. 왜냐하면 그것은 내게 지적인 시각을 많이 열어 주었고 여러 가지 사물에 대해 가졌던 관점들을 재검토 할 수 있게 해주기 때문이다. 나는 특히 공부하는 것을 좋아한다. 왜냐하면 교수님의 말씀을 듣는 것은 아주 교육적이기 때문이다. 지적 풍부함은 나에게 매우 중요하다. 그래서 나는 항상 기꺼이 학교에 간다.

표현을 참고하자

actuel(le) : 현재의
trouver qch + 속사 : (을) …(한 상태에서) 발견하다
passionnant(e) : 열광시키는, 감동시키는, 아주 재미있는
ouvrir : 열다
une perspective : 전망, 관점, 시각
intellectuel(le) : 지적인, 지성적인
permettre à qn de + inf : …에게 …하는 것을 허락하다
remettre qch en question : …을 다시 문제 삼다, …을 재검토하다

le point de vue : 관점
différent(e) : 여러가지
particulièrement : 특별히, 특히, 유달리
le fait de + inf : …한다는 사실
instructif(ve) : 교육적인, 교훈적인
la richesse intellectuelle : 지적 풍부함
c'est ~ que : 강조요법
avec plaisir : 기꺼이, 즐겁게
se rendre à : …에 가다

문장을 완성해보자

Dans ma vie actuelle, ...
....
.... que je pouvais avoir sur différentes choses. J'aime particulièrement étudier car ....
.... La richesse intellectuelle est très importante pour moi. ....

02 Comment est votre voiture ? (moto ? bicyclette ?)
당신의 자동차(오토바이, 자전거)는 어떤가요 ?

이야기를 만들자

나는 자동차가 없다. 왜냐하면 그것이 필요하지 않기 때문이다. 나는 내 대학교에서 걸어서 약 15분 거리, 도심(중심가)에서 5분 거리에 산다. 게다가 나는 학생이다. 그래서 나는 자동차를 사고 이용할 수 있는 돈이 없다. 더군다나 나는 가능한 한 적게 (환경을) 오염시키려 노력한다. 자동차는 온실효과를 가져오는 많은 가스를 방출한다. 나는 같은 이유로 오토바이 역시 가지고 있지 않다. 그리고 밖에다 두면 절도나 훼손의 위험이 있기 때문에 자전거도 가지고 있지 않다.

표현을 참고하자

avoir besoin de : … 을 필요로 하다

environ : 약, 대략
J'habite à environ 15 minutes à pied. : 걸어서 15분 거리에 산다.
le centre-ville : 도심, 중심가
de plus : 게다가, 더군다나
utiliser : 이용하다
en plus : 게다가, 더군다나
essayer de + inf : …하려 애쓰다, 노력하다
polluer : 오염시키다
le moins possible : 가능한 한 적게
émettre : (소리, 빛, 열 단위를) 발하다, 내다
l'effet de serre : 온실 효과
non plus : …도 또한 (…이 아니다)
les mêmes raisons : 같은 이유로
le risque de vol : 도둑질, 절도 위험
la détérioration : 훼손, 손상
laisser : 내버려두다, 놓아두다
à l'extérieur : 외부에, 밖에

문장을 완성해보자

Je n'ai pas de voiture car ....
.... et à 5 minutes du centre-ville.
De plus, je suis étudiant. ....
....
.... Je n'ai pas non plus de moto pour les mêmes raisons et je n'ai pas de bicyclette parce qu'
....

03 Décrivez le métier que vous exercez ou que vous aimeriez exercer plus tard.

당신이 종사하는 혹은 나중에 종사하길 원하는 직업을 묘사해 보세요.

이야기를 만들자

나중에 나는 프랑스 문화와 언어를 외국 학습자들에게 가르치기 위해서 외국어 선생님, 특히 프랑스어 선생님이 되고 싶다. 나는 나의 한국친구들의 나라를 방문하여 그곳의 초중고 학생들과 대학생들이 규율을 잘 준수하며 공부하고 있는 것을 볼 때까지는 가르치는 일을 하리라 생각해 보지 않았다. 내게 있어 프랑스에서 가르치는 것은 불가능하다. 왜냐하면 대학교에서 조차도 조용히 시키느라 시간을 보내야 하기 때문이다. 그렇지만 배우고 싶어 하는 사람들에게 가르치는 것은 하나의 기쁨이다.

표현을 참고하자

plus tard : 나중에, 후일, 후에
souhaiter + inf : …하길 바라다, 원하다
devenir : …되다
particulièrement : 특히, 특별히
afin de + inf : …하기 위해서
enseigner qch à qn : …를 …에게 가르치다
apprenant(e) : 학습자, 배우는 사람
jusqu' à ce que + ind : …할 때까지
la discipline : 규율, 생활규범
faire preuve de qch : (감정, 능력, 성질 따위를)나타내다, 보여주다
Il est impossible de + inf : …하는 것이 불가능하다
pour moi : 나에게 있어서
il faut + inf :…해야만 한다
passer son temps à demander le calme : 조용히 하라고 하면서 시간을 보내다
même : …마저도, …까지도
c'est un plaisir de + inf : …하는 것은 기쁨이다
avoir envie de + inf : …하길 원하다, …하고 싶어 하다
apprendre : 배우다

문장을 완성하자

Plus tard, ...

....

.... Je ne pensais pas enseigner jusqu' à ce que je visite le pays de mes amis coréens et que je vois la discipline dont font preuve les élèves et les étudiants. ....
.... car il faut passer son temps à demander le calme même à l'université. Mais ....
....

04 Lisez-vous beaucoup ?
당신은 책을 많이 읽나요?

이야기를 만들자

나는 책읽기를 매우 좋아하지만 그것을 할 시간을 자주 내지 못한다. 나는 대개 공상과학소설이나 과학책을 읽는다. 나는 또한 영화, 비디오게임 등의 여러 가지 잡지를 읽는다. 나는 아주 드물게 만화를 읽는다. 내겐 책을 집어 드는 것보다 텔레비전을 켜는 것이 더 쉽다. 나는 곧잘 DVD 영화를 보거나 아니면 책 읽는 대신에 인터넷(항해)을 한다. 나는 또한 영화비평을 인터넷에서 가끔 읽는다. 비록 내가 책읽기를 좋아하지만 나는 삼십분 이상 그것을 할 수 없다. 나는 지루해지고 빨리 피곤해진다.

표현을 참고하자

prendre le temps de + inf : …할 시간을 내다, 여유롭게 …하다
un roman de science-fiction : 공상과학 소설
un ouvrage scientifique : 과학책, 텍스트
la plupart du temps : 대게, 거의 언제나
un magazine de cinéma : 영화 잡지
le jeu(x) vidéo : 비디오 게임
rarement : 드물게
une bande dessinée : 만화
Il m'est facile de + inf : …하는 것이 나에게는 쉽다
allumer la télévision : 텔레비전을 켜다
prendre un livre : 책을 집어 들다
naviguer sur Internet : 인터넷을 (항해)하다
au lieu de + inf : …하는 대신에
des critiques de films : 영화 비평

de temps en temps : 가끔, 때때로
même si + ind : 비록 …하더라도
tout de même : 그래도, 그렇지만
plus de + 시간 : …시간 이상
s'ennuyer : 지루하다, (에) 싫증나다
se fatiguer : 지치다, 진력나다

문장을 완성해보자

J'aime beaucoup lire mais .... Je lis des romans de science-fiction ou des magazines de cinéma, jeux vidéo... .... Je regarde facilement un film en DVD ou alors .... Je lis aussi des critiques de films sur Internet de temps en temps. .... Je m'ennuie et me fatigue vite.

05 Décrivez votre journée
당신의 하루를 묘사해 보세요.

이야기를 만들자

아침 6시에 침대에서 빠져나옵니다. 먼저 샤워를 하고 그러고 나서 옷을 차려입습니다. 그 다음 아침식사를 준비합니다. 아침 식사를 끝내고 나면 7시 반입니다. 7시 45분에 나는 학교에 가기 위해 지하철을 탑니다. 수업은 9시에 시작합니다. 12시에서 14시까지 휴식을 취합니다. 그 시간에 나는 친구들과 대학식당에서 점심을 먹습니다. 저녁 18시에 학교에서 나옵니다. 나는 집에 가기 전에 장을 봅니다. 20시 이후 부터 나는 텔레비전에서 뉴스와 영화를 봅니다. 그리고 영화가 끝나면 잠자리에 듭니다. 대략 23시경입니다.

표현을 참고하자

le matin : 아침(마다)

sortir du lit : 침대에서 나오다
d'abord : 우선, 먼저
prendre une douche : 샤워하다
faire la toilette : 화장하다
se préparer : 준비하다
moi-même : 나 자신, 나 스스로
le petit déjeuner : 아침식사
à huit heures moins le quart : 8시 15분 전
prendre le métro : 지하철을 타다
se rendre à : …에 가다
le cours : 수업, 강좌
commencer : 시작하다
la pause : 휴식
de ~ à : …부터 …까지
déjeuner : 점심식사 하다
quitter : 떠나다
faire les courses : 장을 보다
avant de + inf : …하기 전에
à partir de : …(로)부터
les infos : 뉴스
ensuite : 그리고(나서)
se coucher : 잠자리에 들다
terminer : 끝내다, 끝마치다
à peu près : 거의, 대략

●◇ 문장을 완성해보자

Le matin, je sors du lit à six heures. .... Puis, je me prépare moi-même mon petit déjeuner. ....
À huit heures moins le quart, je prends le métro pour me rendre à l'université. .... Je fais une pause de douze heures à quatorze heures : .... Le soir, je quitte l'université à dix-huit heures.
Après dix-huit heures, ...
À partir de vingt heures, je regarde les infos puis un film à la télé.
Ensuite, ... Il est alors à peu près 23 heures.

06 Présentez le quartier où vous habitez. Ce quartier vous plaît-il ?
당신이 사는 동네를 소개해 보세요, 그 동네는 당신의 마음에 듭니까?

이야기를 만들자

나는 바깔로레아(프랑스 대학 입학 자격시험)를 따기 전 2년 동안 내가 공부한 고등학교 바로 맞은 편에서 산다. 우리 동네는 도심 바로 옆에 위치해 있고 특별한 것은 없다. 정확하게 말해서 동네는 아니다. 단지 도심의 외곽이다. 내가 아는 유일한 동네 사람들은 나와 같은 건물에 살고 있는 이웃들과 대학생들이다. 이 동네는 내 마음에 든다. 왜냐하면 도심에 가깝지만 아주 조용하기 때문이다. 중심가의 소음공해와 지루함은 없다. 게다가 이 동네는 도심 위로 불쑥 솟아 있다. 그래서 주변의 경치 쪽으로 전망이 아주 좋다.

표현을 참고하자

juste en face de : 바로 맞은편에
un lycée : 고등학교
une obtention : 취득, 획득
le quartier : 구역, 가, 지구
être situé(e) : 위치해 있다
à côté de : …의 옆에
le centre-ville : 도심, 시 중심가
Il n'a rien de spécial. : 특별한 것이 없다.
à proprement parler : 엄밀하게 (정확히) 말하자면
simplement : 단지, 오직
la périphérie du centre-ville : 도심의 외곽, 주변
connaître : 알다
voisin(e) : 이웃
un immeuble : 건물
convenir à qn : …의 상황(처지)에 맞다, …에게 유익하다, …의 마음에 들다
proche de qch : …에서 가까운
calme : 조용한
un ennui : 권태, 지루함
les nuisances sonores : 소음공해
de plus : 게다가
surplomber : (의) 위로 불쑥 나와 있다
une belle vue sur : …쪽으로 전망, 조망
le paysage alentour : 주변 경치

문장을 완성해보자

.... dans lequel j'ai étudié pendant deux années avant l'obtention de mon baccalauréat. .... Ce n'est pas à proprement parler un quartier. C'est simplement la périphérie du centre-ville. .... et les étudiants qui habitent dans le même immeuble que moi. .... __________________ mais beaucoup plus calme. Je n'ai pas les ennuis et les nuisances sonores du centre. De plus, ... donc j'ai une belle vue sur le paysage alentour.

07 Comment passez-vous vos soirées en semaine ?

당신은 주중의 저녁시간을 어떻게 보내나요?

이야기를 만들자

주중에 나는 피곤할 때는 집에 머물러서 영화를 보거나 또는 책을 읽는다. 그렇지 않으면 나는 영화관이나 콘서트에 가기 위해 친구에게 전화를 하고, 시간이 되는 사람을 못 찾으면 집에 머물러서 온라인 게임을 하기 위해 인터넷을 한다. 나는 보통 자정이나 새벽1시에 잠자리에 든다. 나는 인터넷을 하는 동안 DVD를 보는 것을 좋아한다. 나는 8시경에 식사를 준비한다.

표현을 참고하자

pendant : …동안
rester : 머물다
ou alors : 아니면
sinon : 아니면, 그렇지 않으면
aller au cinéma : 영화관에 가다
un concert : 콘서트, 음악회
si je ne trouve personne de disponible : 내가 시간이 되는 사람을 못 찾는다면

se mettre sur internet : 인터넷을 하다
faire du jeu en réseau : 온라인 게임을 하다
se coucher : 잠자리에 들다
en général : 보통, 일반적으로
vers minuit : 자정 경에, 쯤에
pendant que : …하는 동안
préparer : 준비하다
le repas : 식사

문장을 완성해보자

Pendant la semaine, ...
.... ou alors je lis. Sinon, je téléphone à mes amis pour aller au cinéma ou à un concert, et ....
.... et je me mets sur internet pour faire du jeu en réseau.
....
.... Je prépare mon repas vers 20 heures.

08 Que faites-vous habituellement le week-end?
당신은 주말에 보통 무엇을 하나요?

이야기를 만들자

나는 대개의 경우 일한다. 나는 2007년 10월에 문학 박사학위를 취득했다. 나는 엄청난 양의 독서와 보고문을 써야 했다. 나는 현재 새로운 논문을 준비하며 연구활동을 계속하고 있다. 내가 이 연구를 진척시키기 위해 약간의 시간을 내는 때는 주말이다. 나는 또한 대학교 수업을 준비한다. 이 모든 것은 시간이 많이 걸린다. 나는 내 학생들을 최선으로 도울 수 있기를 바란다. 그리고 나는 그들이 모든 어려움에도 불구하고 프랑스어를 배우는 데 기쁨을 느끼고, 학습에 있어 진전이 있도록 돕기 위해 많은 시간을 그들에게 할애한다.

표현을 참고하자

le plus souvent : 대체로, 대개의 경우

soutenir mon doctorat : 박사학위를 취득하다
demander à qn qch : …를 …에게 요구하다
énorme : 엄청난
une lecture : 독서
une rédaction : 작성, 집필, 작문
poursuivre : 계속하다
actuellement : 현재
une recherche : 연구활동
préparer : 준비하다
un article : 논문
un peu de temps : 약간의 시간
avancer : 진척시키다
des travaux : 연구
également : 역시, 마찬가지로
un cours : 수업
Cela me prend beaucoup de temps. : 그것은 내게 시간이 많이 걸린다.
souhaiter + inf : …하는 것을 바라다
aider au mieux mes étudiants : 학생들을 최선으로 돕다
consacrer qch à qn : …을 …에게 바치다, 할애하다
aider qn à + inf : …가 …하는 것을 돕다
évoluer : 변화하다, 진전되다
un apprentissage : 입문수업, 학습
prendre du plaisir à + inf : …하는데 기쁨을 느끼다
apprendre : 배우다
malgré : …에도 불구하고
une difficulté : 어려움

문장을 완성해보자

Le plus souvent, je travaille. J'ai soutenu mon doctorat de littérature française en octobre 2007 et ....

.... Je poursuis actuellement mes recherches en préparant de nouveaux articles. ....

.... Je prépare également mes cours pour l'université. ....

....

.... et à prendre du plaisir à apprendre la langue française, malgré toutes ses difficultés.

09 Que faites-vous habituellement pendant les vacances ?
방학동안 당신은 보통 무엇을 하나요?

이야기를 만들자

방학 동안, 나는 매일 늦잠을 잔다. 보통 매우 늦게 잠자리에 든다(새벽 4시나 5시). 나는 특히 날씨가 안 좋으면 컴퓨터 앞에서 많은 시간을 보낸다. 나는 그 밖의 시간에는 매우 바쁜 친구들을 만나기 위해 방학을 이용한다. 또한 시간이 없어 할 수 없었던 것들을 하기 위해 방학을 이용한다. 예컨대 학업을 위해 몇몇 유용한 책들을 읽는 것, 그렇지 않으면 나는 멀리 있는 친구들을 방문한다.

표현을 참고하자

faire la grasse matinée : 늦잠자다
tous les jours : 매일
se coucher : 잠자리에 들다
généralement : 일반적으로
tard : 늦은
passer beaucoup de temps : 많은 시간을 보내다
un ordinateur : 컴퓨터
surtout : 특히
Il fait mauvais temps. : 날씨가 좋지 않다.
profiter de : …을 이용하다
rencontrer les amis : 친구들을 만나다
occupé(e) : 바쁜
le reste du temps : 나머지 시간, 그 밖의 시간에는
également : 역시, 마찬가지로
avoir le temps de + inf : …할 시간이 있다
comme : …처럼 …와 같이, (예시) 등등의, 따위의
certain : (복수) 몇몇
inutile : 쓸데없는, 무익한
sinon : 그렇지 않으면
rendre visite à : …를 방문하다
éloigné(e) : (시, 공간적) 먼, 멀리 떨어진, (관계) 먼

문장을 완성해보자

Pendant les vacances, ...
Je me couche généralement très tard (4 ou 5 heures du matin). Je

passe beaucoup de temps sur mon ordinateur, surtout ....
....
.... J'en profite également pour faire les choses que je n'ai pas le temps de faire comme lire certains livres utiles pour mes études. Sinon, ...

10 Parlez-vous souvent de vos problèmes à vos parents?
당신은 부모님께 당신의 문제들에 대해 자주 이야기 하나요?

이야기를 만들자

나는 결코 내 문제들에 대해 부모님과 이야기 하지 않는다. 왜냐하면 나는 그렇게 하라는 교육을 받은 적이 없기 때문이다. 나의 가족 내에서 의사소통은 어렵다. 게다가 나는 내가 문제가 있을 때 부모님이 나를 도울 수 있으리라 생각하지 않는다. 만약 내가 누군가에게 말해야 한다면, 나는 내 친구들에게 말하는 것을 선호한다. 나는 부모님들을 자주 보지 못한다. 내가 부모님 집에서 더 이상 살지 않은지 10년 되었다. 그래서 그들은(부모님) 나를 도울 수 있을 만큼 충분히 나를 알지 못한다.

표현을 참고하자

ne ~ jamais : 결코…않다
parler de : …에 대해 이야기 하다
un problème : 문제
car : 왜냐하면
l'éducation : 교육
inviter qn à qch + inf : …을 …에 이끌다, 유도하다
la communication : 의사소통
difficile : 어려운
au sein de ma famille : 가족 한 가운데에, 가족 내에서
de plus : 게다가
une idée : 생각
aider qn : …를 돕다
lorsque + ind : …할 때
préférer + inf : …하는 것을 선호하다
cela fait dix ans que +ind : …한지 10년이 되었다.

ne ~ plus : 더 이상 …않다
assez pour + inf : …할 만큼 충분히 …하다

문장을 완성해보자

.... car je n'ai pas eu une éducation qui m'y invite. .... De plus, je n'ai pas dans l'idée que mes parents peuvent m'aider lorsque j'ai un problème. .... Je ne vois pas mes parents très souvent. .... donc ils ne me connaissent plus assez pour pouvoir m'aider.

11 Quelle saison préférez-vous ? Pourquoi ?
당신은 어떤 계절을 선호하나요? 그 이유는 무엇입니까?

이야기를 만들자

모든 계절은 매력이 있다. 그러나 선택해야 한다면, 나는 여름이라고 말할 것이다. 나는 온화함, 바람의 향기, 거리의 사람들, 편안한 축제의 분위기 등으로 여름의 저녁을 매우 좋아한다. 여름에는 분위기 속에서 느낄 수 있는 기쁨이 있다고 생각한다. 많은 것을 할 수 있다 : 산책, 친구들 만나기, 야외 영화관 가기, 피크닉, 테라스나 정원에서 손님을 초대한 성대한 식사, 바비큐 등. 또한 더 가볍게 옷을 입을 수 있고, 예쁜 원피스(드레스)를 입고 해변에 가는 것도 유쾌하다.

표현을 참고하자

la saison : 계절
un charme : 매력
l'été : 여름
le soir : 저녁, 밤
une douceur : 온화함, 부드러움
une odeur de l'air : 바람의 향기, 내음

dehors : 밖의
une ambiance festive : 축제 분위기
détendu(e) : 느슨해진, 풀린
une joie : 기쁨
perceptible : 지각할 수 있는, 이해할 수 있는
une atmosphère : 환경, 분위기
plein de : 많은, 가득한
se promener : 산책하다
rencontrer : 만나다
le cinéma en plein air : 야외영화관
pique-niquer : 피크닉을 하다, 야외로 소풍가 식사하다
pique-nique : 소풍
un repas convivial : 손님 초대 식사
c'est agréable de + inf : …하는 것은 유쾌하다, 즐겁다
s'habiller plus légèrement : 더 가볍게 옷을 입다
mettre de jolies robes : 예쁜 원피스(드레스)를 입다
la plage : 해변

문장을 완성해보자

Toutes les saisons ont leur charme, mais si je devais choisir, ... pour leur douceur, l'odeur de l'air, les gens dehors, l'ambiance festive, détendue... Je trouve qu'il y a une joie perceptible dans l'atmosphère, en été. ...., pique-niquer, faire de grands repas conviviaux dans le jardin ou sur la terrasse, des barbecues... ...., de mettre de jolies robes et .... !

12 Qu'aimeriez-vous faire pendant vos prochaines vacances ?
당신은 다음 방학 때 무엇을 하길 원하나요?

이야기를 만들자

휴식 취하기! 크리스마스 방학이기 때문에, 나는 가족들을 다시 만나고 성탄절을 함께 보낼 수 있어서 매우 기쁠 것이다. 우선 크리스마스 선물 사는 것을 끝내기 위해 쇼핑을 하고 싶다. 아직 선물들이 부족하다. 나는 이 기간에 큰 상점 안에서 마지막 순간에 물건을 사는 것을 좋아하지 않는다. 그러나 방학 때까지 학교에 일이 많이 있어서, 나는 선택권이 없을 것이다. 가족의 집을 꾸미고 크리스마스와 이브 만찬의 식단을 준비하는 것은 기쁨일 것이다. 나는 또한 책을 읽고 싶다. 왜냐하면 나는 읽고 싶은 여러 가지 신작 소설책이 많이 있기 때문이다.

표현을 참고하자

se reposer : 쉬다, 휴식을 취하다
comme +ind : (원인, 이유) …이므로, …이니까
Je suis très heureuse de + inf : 나는 …하는 것이 매우 기쁘다
retrouver : 다시 찾다, …을 다시 보다, 재회하다
fêter : 축하하다, 축하연을 열다
tout d'abord : 우선, 앞서, 먼저
faire les boutiques : 상점들을 돌아다니다
terminer : 끝마치다
un achat : 매입, 구입, 구매
Il me manque qch : 나에게…가 없다, 부족하다
un cadeau : 선물
à la dernière minute : 마지막 순간에
à cette période : 그 기간에
jusqu'à : …까지
le choix : 선택, 선정, 선택권
Ce sera un plaisir de +inf : …하는 기쁨일 것이다
décorer : 꾸미다
la maison familiale : 가족의 집
préparer les menus de Noël : 크리스마스 식단(메뉴)을 준비하다
le Réveillon : 크리스마스 이브 파티(크리스마스 전날 먹는 만찬)
également : 역시, 마찬가지로
un roman : 소설
découvrir : 발견하다, 찾아내다, 알아차리다

문장을 완성해보자

Me reposer! Comme ce sont les vacances de Noël, ...

.... Je veux tout d'abord aller faire les boutiques pour terminer mes achats de Noël. ....
Je n'aime pas acheter à la dernière minute dans les grands magasins à cette période de l'année, mais là, ...

.... et de préparer les menus de Noël et du Réveillon. Je veux également lire car ....

....

13 Décrivez le dernier film que vous avez vu à la télévision ou au cinéma.

당신이 텔레비전이나 영화관에서 가장 최근에 본 영화에 대해 묘사해 보세요.

이야기를 만들자

그것은 교통사고로 부모님을 잃고 승려인 삼촌과 함께 사는 한 작은 소녀의 이야기이다. 그녀는 병원에서 수혈로 인해 에이즈에 걸렸다. 그녀는 학교에서 한 작은 소년을 만나고 그들은 친한 친구가 된다. 청소년이 된 그들은 서로 사랑에 빠지지만 그녀는 갑자기 사라지고 그는 매우 슬퍼한다. 어느 날, 그녀가 다시 나타난다. 그는 그녀의 곁에 계속 남고 싶어 하지만 그녀가 병에 걸려 죽게 된다는 것을 알게 된다. 영화의 마지막에, 그녀는 죽지만 그녀는 그에게 자기가 그를 사랑했었고, 불행해하지 말고 자기를 보내달라고 말한다.

표현을 참고하자

perdre : (재산 · 소유물 따위를) 잃다, (사람을) 잃다, 사별하다
moine bouddhiste : (불교의) 중, 승려
attraper : 잡다, 체포하다, (병 따위에) 걸리다
le sida : 후천성 면역 결핍증, 에이즈
à cause de : …때문에 …을 참작하여

la transfusion sanguine : 수혈
adolescent : 청소년
tomber amoureux l'un de l'autre : 서로 사랑에 빠지다
disparaître : 사라지다, 떠나다, 숨다, 몸을 감추다
subitement : 급작스레, 돌연히, 느닷없이
réapparaître : 다시 나타나다
mourir : 죽다, 시들다, 지다
laisser + inf : …하게 하다, …하게 내버려 두다

문장을 완성해보자

....
.... et vit avec son oncle qui est moine bouddhiste. Elle a attrapé le sida à cause d'une transfusion sanguine à l'hôpital.
....
Adolescents, ..., mais elle disparaît subitement et .... Un jour, elle réapparaît. .... mais découvre qu'elle est malade et va bientôt mourir. .... mais elle lui dit qu'elle l'aime, qu'il ne doit pas être malheureux et doit la laisser partir.

14 Décrivez vos activités d'une journée de la semaine.
당신의 주중 하루의 활동을 묘사해 보세요.

이야기를 만들자

주중에 나는 일찍 일어난다, 아침 6시30분 쯤. 나는 아침을 먹고 샤워를 하고 옷을 입고 학교(대학교)에 간다. 수업이 끝나면 걸어서 집으로 돌아온다. 집에 도착해서, 나는 크로와상 같은 무언가를 먹고 텔레비전을 켠다. 나는 7시나 7시 30분쯤에 저녁을 준비하기 시작한다. 텔레비전을 보면서 저녁을 먹고 그리고 나서 공부를 하거나 아니면 컴퓨터게임을 한다. 나는 자정쯤에 잠자리에 든다.

I. Expression générale de la vie quotidienne

표현을 참고하자

se lever tôt : 일찍 일어나다
environ : 약, 대략
prendre mon petit déjeuner : (나의) 아침식사를 하다
prendre une douche : 샤워를 하다
s'habiller : 옷을 (갈아) 입다
se rendre à : …에 가다
lorsque :… 할때
terminer : 끝내다, 마치다
rentrer chez moi : 내 집에 돌아오다
à pied : 걸어서
comme : …처럼, …와 같은
allumer la télévision : 텔레비전을 켜다
commencer à +inf : …하기 시작하다
préparer : 준비하다
vers + 시간 : …시경, …시쯤
ensuite : 그리고 나서, 곧 이어
jouer sur l'ordinateur : 컴퓨터를 가지고 놀다
se couche : 잠자리에 들다
minuit : 자정

문장을 완성해보자

Pendant la semaine, ………………………, environ 6 heures 30 du matin. Je prends mon petit déjeuner, je prends une douche, ……………………… ……………………… ………………………. Arrivé chez moi, je mange quelque chose comme un croissant et ……………………… ………………………. Je mange en regardant la télévision et ensuite j'étudie ou alors je joue sur l'ordinateur. ……………………… ……………………….

15 Que faites-vous pendant vos loisirs ?
당신은 여가시간 동안 무엇을 하나요 ?

이야기를 만들자

내 여가시간 동안, 나는 혼자 비디오 게임을 하고 독서를 하고 영화관에 간다. 나는 때때로 친구들을 그들 집이나 바(술집)에서 만난다. 나는 록이나 하드코어 콘서트를 보러 간다. 나는 또한 곰곰이 생각하고 내 관심을 끄는 주제들에 대해 알아보는 것을 좋아한다. 나는 가끔 운동을 하는데 특히 날씨가 좋으면, 예를 들어 친구들과 숲에서 페인트볼(서바이벌게임) 게임을 한다. 나는 프랑스와 세계에서 일어나는 시사문제를 알기 위해서 신문을 많이 읽는다. 나는 또한 윈도우 쇼핑을 하러 시내로 산책 나가거나 자연의 고요함과 평안을 만끽하러 시골에 가는 것을 좋아한다.

표현을 참고하자

des loisirs : 여가활동, 취미
pratiquer : 실행하다, 실시하다
le jeu vidéo : 비디오 게임
seul(e) : 홀로
la lecture : 독서
un bar : 바, 술집
un concert de rock ou de hardcore : 록이나 하드코어(음악) 콘서트
réfléchir : 숙고하다, 곰곰이 생각하다
se renseigner sur : …에 관해 문의(조회)하다
se tenir à cœur : 마음에 걸리다, 관심을 끌다
parfois : 가끔
le paintball : 페인트볼(서바이벌게임)
en forêt : 숲에서
les journaux : 신문
se tenir au courant de qch : (돌아가는) 형편을 알다 (파악하다)
actualité : 시사문제, 당대의 관심사
se balader en ville : 시내(도심)에서 산책하다(돌아다니다)
faire du lèche-vitrines : 윈도우 쇼핑을 하다
la campagne : 시골
profiter de : …을 이용하다
le calme : 고요, 평정, 평안
le silence de la nature : 자연의 침묵, 고요함

문장을 완성해보자

Pendant mes loisirs, ...
.... Je vais parfois rencontrer des amis chez eux ou dans un bar. Je vais voir des concerts de rock ou de hardcore. .... et me renseigner sur des sujets qui me tiennent à cœur. ....
.... Par exemple, le «paintball», avec des amis, en forêt. ....
....
.... pour faire du lèche-vitrines ou à la campagne, pour profiter du calme et du silence de la nature.

16 Aujourd'hui, c'est samedi. Ecrivez votre journée.
오늘은 토요일입니다. 하루 일과를 써보세요.

이야기를 만들자

오늘 나는 늦게 일어났다. 나는 주중의 일로 피곤해 있었다. 나는 슈퍼마켓에 장을 보러 나가기 전에 기분 좋게 목욕을 했다. 거기에는 사람들이 아주 많았다. 나는 정오에 Hélène과 식사하러 갈 약속이 있었다. 그녀는 나에게 자기의 휴가 계획을 얘기했고, 함께 일본으로 떠나자는 제안을 했다. 우리는 일본에 관한 책을 사기 위해 서점에 들렀다. 우리는 이미 작년에 함께 태국을 여행한 적이 있었고 나는 그녀와 함께 다시 여행을 떠날 수 있다는 생각에 기뻤다. 오후에 나는 아파트를 청소하고, 빨래를 했다. 저녁에 나는 남동생의 집에 갔다. 그는 한 달 전부터 아빠가 되었고, 그의 아이는 아주 귀엽다.

표현을 참고하자

tard : 늦게, 나중에, 후에
fatigué(e) de qch : …로 지친, …로 피곤한
prendre un bon bain : 목욕을 하다
avant de + inf : …하기 전에
faire des courses : 쇼핑하다, 장을 보다
énormément : 엄청나게, 막대하게, 많게
parler à qn de qch : …에게 …에 대해 말하다

proposer à qn : …에게 제안하다
la librairie : 서점
l'année passée : 작년
se rejouir : 기뻐하다, 즐거워하다, 즐기다, 놀다
repartir en voyage avec qn : …와 여행을 다시 떠나다
nettoyer : 깨끗이 하다, 청소하다, (그릇·장소 따위를) 비우다
faire les lessives : 빨래하다
depuis : (시간) …이래로, …전부터
mignon(ne) : 귀여운, 사랑스러운, 예쁜

문장을 완성해보자

Aujourd'hui, je me suis levée tard. J'étais fatiguée de ma semaine de travail. .... Il y avait énormément de monde. .... Elle m'a parlé de ses projets de vacances et m'a proposé qu'on parte ensemble au Japon. .... Nous avons déjà voyagé ensemble en Thaïlande l'année passée et .... L'après-midi, ... Le soir, je suis allée chez mon frère. Il est papa depuis 1 mois et ....

17 Comment se déroule un mariage dans votre pays ? 당신의 나라에서는 어떻게 결혼식을 하나요?

이야기를 만들자

나의 나라는 기독교 국가입니다. 가톨릭 결혼식은 교회에서 일반적으로 토요일에 행해집니다. 그 전에 행정적인 결혼식이 증인과 함께 시청에서 있습니다. 교회(에서 식을 치루고 난) 다음에, 신랑과 신부는 사진을 찍으러 사진사와 함께 공원으로 갑니다. 그리고 나서 사람들은 가족들과 함께 그리고 가끔은 신랑 신부의 친구들과 함께 큰 홀에서 (파티장) 파티를 하며 식사 합니다. 파티는 일요일 저녁까지 이어집니다. 신혼여행 동안에는, 손님들이 신랑, 신부를 찾아서 그들을 깨우고 전통놀이에 참여하도록 하는데, 이것이 전통입니다.

표현을 참고하자

le pays : 나라
chrétien : 기독교의
un mariage catholique : 가톨릭 결혼식
se faire : 이루어지다, 만들어지다
une église : 교회, 성당
généralement : 일반적으로
avant cela : 그 전에
le mariage administratif : 행정적 결혼식
la mairie : 시청
le témoin : 증인
les mariés : 신랑신부, 결혼하는 부부
faire des photos : 사진 찍다
un photographe : 사진사
ensuite : 그리고 나서, 곧이어
faire la fête : 한바탕 어울려 놀다, 파티를 하다
parfois : 가끔
se prolonger : 연장되다, 길어지다
jusqu'à : …까지
pendant : …동안
la nuit de noces : 신혼여행
les invités : 손님
réveiller : 깨우다
faire+inf : …하게 하다
participer à : …에 참여하다, 참가하다
un jeu[x] : 놀이

문장을 완성해보자

Mon pays est chrétien. ……………………………………………………………… ……………………………………………. Avant cela, il y a le mariage administratif à la mairie avec les témoins. ……………………………………………………………… ……………………………………………………………… et ensuite, ………………………………………… ……………………………………………………………… (salle des fêtes), avec les familles et parfois les amis des deux mariés. ………………………………………… ……………………………………………………………… . Pendant la nuit de noces, la tradition veut que les invités cherchent les mariés et aillent les réveiller et les faire participer à des jeux "traditionnels".

18 Comment passez-vous vos week-ends ?
당신은 주말을 어떻게 보냅니까?

이야기를 만들자

내게 있어, 주말은 토요일 정오에서야 시작됩니다. 왜냐하면 나는 매주 토요일 오전에 일을 하기 때문입니다. 그래서 보통 나는 오후에 시장을 봅니다. 이 시간 때가 가장 적절한 시간은 아닙니다. 왜냐하면 대형할인점에 사람이 너무 많기 때문입니다. 하지만 별다른 수가 없습니다. 내가 외출하기 좋아하는 때는 오히려 저녁입니다. 나는 친구들과 함께 영화관이나 극장에 갑니다. 그 전날 저녁에 외출하지 않은 날은 일요일 아침에 집 근처 공원에서 조깅을 합니다. 오후 시간은 조용히 보냅니다. 독서, 텔레비전 시청, 정원 가꾸기 또는 가족들과 여러 놀이들을 합니다. 결국 나는 아주 전형적인 주말을 보낸다고 생각합니다.

표현을 참고하자

pour moi : 나에게 있어서
seulement : 단지, 오직
tous les samedis matin : 매주 토요일 아침
en général : 일반적으로, 대개, 보통
faire des courses : 장을 보다
le meilleur moment : 가장 좋은 순간, 가장 적절한 시간
car : 왜냐하면
trop de + 무관사명사 : 지나치게 많은, 너무 많은
les supermarchés : 슈퍼마켓
Je n'ai pas le choix. : 선택의 여지가 없다, 별다른 수 없다.
c'est ~ que : (강조용법) …하는 것은…이다
plutôt : 오히려
préférer + inf : …하는 것을 선호하다
la veille : 전날
faire du jogging : 조깅하다
près de : …가까이에
tranquille : 고요한, 평온한, 조용한
la lecture : 독서
un jardinage : 정원 가꾸기
un jeu de société : (여러 사람이 하는) 실내게임
finalement : 마침내, 결국
je crois que : …라고 생각하다
passer des week-ends : 주말을 보내다

문장을 완성해보자

Pour moi, ... parce que je travaille tous les samedis matin. Alors, en général, ... Ce n'est pas le meilleur moment car ....

....

C'est plutôt le soir que je préfère sortir. .... Quand je ne suis pas sorti(e) la veille, je fais du jogging dans un parc près de chez moi, le dimanche matin. .... ou jeux de société avec ma famille. Finalement, ... !

19 Quelles sont les choses les plus importantes dans la vie pour vous ?

당신에게 있어서 생애 가장 중요한 것들은 무엇인가요?

이야기를 만들자

나의 삶에서 가장 중요한 것은 존경이다. 왜냐하면 존경 없이는 사회생활을 할 수가 없기 때문이다. 관용 또한 중요하다. 왜냐하면 관용 없이는 마찬가지로 현재 사회에서 살아갈 수 없기 때문이다. 규율, 같은 이유이다. 그러나 가장 중요한 것은 다른 사람들, 다른 생물체, 자연, 인생, 연장자에 대한 존경이다. 아무것도 존경하지 않는 사람은 존경할 만하지 못하다.

표현을 참고하자

pour moi : 나에게 있어서
les choses les plus importantes : 가장 중요한 것들
le respect : 존경, 경건함
car : 왜냐하면
sans + 명사 : …없이, … 없는
vivre en société : 사회생활을 하다
la tolérance : 관용
également : 역시, 마찬가지로

actuel(le) : 현재의, 오늘날의
la discipline : 규율
la même raison : 같은 이유
êtres vivants : 생물
la nature : 자연
la vie : 생명, 목숨, 인생
aînés : 연장자, 선배
respecter : 존경하다
respectable : 존경할만한
être respecté(e) : 존경받는

문장을 완성해보자

Pour moi, ...
...., la tolérance car sans tolérance, on ne peut également pas vivre dans la société actuelle et la discipline, pour la même raison. Mais ....
...., des autres êtres vivants, de la nature, de la vie, de nos aînés...
....

20 Quels sont vos loisirs préférés ?
당신이 선호하는 여가 활동은 무엇인가요?

이야기를 만들자

나는 자주 인터넷에서 역할놀이를 한다. 나는 7년 전에 시작해서 지금은 팬이다. 나는 이 놀이를 통해서 세계 각지의 다양한 나라 출신의 많은 흥미 있는 사람들을 만났다. 나는 그래서 그것에 매우 만족한다. 나는 또한 판타지 소설이나 과학적 특징이 있는 책을 읽는 것을 좋아한다. 나는 다른 스타일의 많은 음악을 듣는다. 나는 또한 내게 매우 중요한 주제들에 대해 사색하는 것을 좋아한다.

표현을 참고하자

jouer à : (놀이, 게임, 경기를) 하다

le jeu de rôle : 역할놀이
commencer : 시작하다
il y a + 시간 : …전에
rester + 속사 : (같은 상태, 입장에) 있다, 여전히…하다
fan : 팬, 열광자
rencontrer : 만나다
intéressant(e) : 흥미로운, 관심을 끄는
originaire de :…에서 태어난
multiples pays : 다양한 나라
à travers : 가로질러, 너머로, 통하여, 사이에
par l'intermédiaire de : …을 주선으로, …을 통해서
être content(e) de : …에 만족하다
un roman : 소설
fantastique : 환상적인, 상상의
à caractère + 형용사 : …의 특징이 있는
les styles différents : 상이한(다른) 양식, 스타일
réfléchir sur : …을 검토(연구)하다
se tenir à cœur : 매우 중요하다, 마음에 걸려 있다

문장을 완성해보자

....

.... et je suis resté fan. ....
intéressantes originaires de multiples pays à travers le monde par l'intermédiaire de ce jeu. .... J'aime aussi lire des romans fantastiques ou des livres à caractère scientifique. ....
....
....

21 Ecrivez un bon souvenir !
좋은 추억 하나를 써 보세요!

이야기를 만들자

모험삼아 올 여름에 우리는 할아버지, 아버지, 동생과 함께 현기증이 나지만 감동적인 산길을 넘으며 (적어도 떨어지거나, 발을 헛딛을까봐 걱정하는 나는 매우 현실적이고 신중

하다) 알프스 산맥을 등반 했다. 나는 산을 기어 올라가는 것이 기뻤다. (등반하기 쉬운 작은 산길도 있었다.) 그리고 정상 가까이에서 전혀 거칠지 않은 여러 마리의 어린 야생염소를 보는 것이 기뻤다. 나는 동물을 매우 좋아한다. 그리고 그때 해가 막 떠올랐다. 우리는 멀리 몽블랑, 스위스의 발레주, 레만호수를 보았다. 매우 아름다웠다. 그것은 좋은 추억이고 강렬하고 감동적인 아름다운 순간이다.

표현을 참고하자

au hasard : 무턱대고, 되는대로, 모험삼아
cet été : 올 여름
faire une grande randonnée : (쉬지 않고 오래 걷는) 긴 산책을 하다
les Alpes : 알프스산맥
un passage vertigineux : 현기증을 일으키는, 정신을 어지럽히는 횡단, 넘기(바다, 산)
impressionnant : 인상적인, 감동적인
du moins : 적어도
craindre de+inf : …하는 것을 걱정하다
tomber : 떨어지다, 넘어지다
faire un faux-pas : 발을 헛디디다
réaliste : 현실주의자
prudent(e) : 신중한, 사려 깊은
être heureux(se) de + inf : …하는 것이 기쁘다
grimper : (기어)오르다
une escalade : 등반, 등정
près de : …가까이에
le sommet : 정상
un bouquetin : 야생염소
adorer : 매우 좋아하다
le soleil : 해
venir de+inf : 방금 …하다
se lever : (해, 달 따위가) 뜨다
au loin : 멀리, 먼 곳에
le lac : 호수
magnifique : 멋진, 아주 아름다운, 찬란한
farouche : 야생의, 거친, 사나운
pour un sou : 전혀
un souvenir : 추억
un moment intense : 강렬한 순간
émouvant(e) : 감동시키는, 감동적인, 마음을 움직이는

문장을 완성해보자

Au hasard, ...

.... avec des passages vertigineux et un peu impressionnants (pour moi du moins, qui craint de tomber, de faire un faux-pas... et qui suis très réaliste et prudente). .... (il y avait des petits passages d'escalade faciles) .... plusieurs jeunes bouquetins pas farouches pour un sou. .... et là, ... On voyait le Mont-Blanc au loin, le Valais suisse et le lac Léman. C'était magnifique. ....

....

22 Chez vous, quelle est la pièce dans laquelle vous aimez rester ? Décrivez-la.

당신의 집에서 당신이 머무르길 좋아하는 공간은 어디입니까? 묘사해 보세요.

이야기를 만들자

내가 가장 머물고 싶어 하는 곳은 두 말 할 것 없이 내 방입니다. 내 방은 아주 작지도 아주 크지도 않습니다. 출입문 오른쪽에 컴퓨터가 놓여 있는 탁자 하나가 있고, 책장과 벽장이 있습니다. 벽장 맞은편에는 장롱이 있고 벽장 오른쪽으로 책상이 있습니다. 서랍장도 있습니다. 책상 맞은편에는 라디에이터 가까이에 벽에 붙여놓은 침대와 침대 머리맡 소탁자가 있습니다. 내 방에는 발코니도 있습니다. 내 방은 여러 사진과 포스터 그리고 그림들로 꾸며져 있습니다.

표현을 참고하자

la pièce : 방
aimer rester : 머무는 것을 좋아하다
le plus : 최상급
sans hésiter : 망설임 없이, 주저하지 않고

ne ~ ni ~ ni : …도 …도 아니다
à droite de : …의 오른쪽에
un ordinateur : 컴퓨터
une bibliothèque : 책장, 서가
un placard : 벽장, 붙박이 장
en face de : …의 맞은편에, 앞에
se trouver : (비인칭) 있다, 존재하다
une armoire : 장롱, 옷장
le bureau : (사무용) 책상
une commode: 서랍장
aligné(e) : 줄지어 있는
contre : …곁에, …에 접근하여
près de : … 가까이(에서)
le radiateur : 라디에이터, 난방기
une table de nuit : 머리맡 탁자
également : 역시, 마찬가지로
un balcon : 발코니
décoré(e) de : …으로 장식된
une image : 사진, 영상
un dessin : 그림

문장을 완성해보자

La pièce dans laquelle j'aime rester le plus est sans hésiter ma chambre. .... À droite de la porte, il y a une table avec mon ordinateur, une bibliothèque et mon placard. .... Il y a aussi une commode. En face de mon bureau, ... et une table de nuit. J'ai également un balcon. ....

23 Regardez-vous souvent la télévision? Si oui, quelles émissions aimez-vous regarder ? Si non, pourquoi ?

당신은 자주 텔레비전을 보나요 ? 그렇다면 어떤 프로를 보길 좋아하나요 ? 아니라면, 이유가 무엇인가요?

이야기를 만들자

나는 실제로 텔레비전을 보지는 않지만 자주 켠다. 그것은 내가 인터넷을 하는 동안에 무엇인가 내 옆에 있다는 느낌을 준다. 무엇인가 흥미로운 것이 들릴 때 나는 귀를 쫑긋 세워 TV를 본다. 나는 대부분의 프로그램은 재미없다고 생각한다. 그러나 몇몇 토론이나 르포는 매우 흥미롭고 교훈적이다. 내가 즐겨 보는 시사문제에 대한 토론인 일일 프로그램이 있다. 금융위기의 영향 혹은 자연보호나 미국대선일 수 있다. 그런 종류의 프로그램은 흥미롭다.

표현을 참고하자

allumer la télévision : 텔레비전을 켜다
sans+inf : …함이 없이
vraiment : 정말로
donner à qn qch : …에게…을 주다, 제공하다
une présence : 존재, 있음
pendant que : …하는 동안
tendre : (근육을) 긴장시키다, 빼어들다, (목을) 내밀다
une oreille : 귀
lorsque : …할 때
quelque chose d'intéressant : 흥미로운 무언가
Je trouve que : …라고 생각하다
la plupart de + 복수명사 : 대부분의, 대다수의, 거의 모두의
une émission : 방송, 프로그램
dénué(e) de qch : …이 없는 결핍된
un intérêt : 흥미, 재미, 호기심
certain(e) : (복수) 몇몇
un débat : 토론, 토의
un reportage : 르포, 탐방기사, 현지(현장)보도
intéressant(e) : 흥미로운
instructif(ve) : 교육적인, 교훈적인
quotidien(ne) : 매일의, 나날의, 일상의
justement : 바로, 마침
un sujet d'actualité : 시사문제

cela peut être ~ : …일 수도 있다, …일 것 같다
aussi bien ~ que : …와 마찬가지로, …도…도
une conséquence de la crise financière : 금융위기의 결과, 영향
une écologie : 생태학, 자연보호
une élection : 선출, 선거
ce genre de : 이러한 종류의
intéresser à qn :…를 흥미롭게(흥미를 갖게) 하다

문장을 완성해보자

....
Cela me donne une présence pendant que je suis sur Internet. Je tends une oreille et ....
.... mais ....
.... Il y une émission quotidienne que j'aime regarder et qui est justement un débat sur un sujet d'actualité. Cela peut être aussi bien les conséquences de la crise financière que l'écologie ou les élections américaines. ....
....

24 Quelle est votre meilleur souvenir ?
당신의 가장 좋았던 추억은 무엇입니까?

이야기를 만들자

물론, 좋은 추억들이 많이 있지만 가장 좋았던 추억은 중학교에 다니던 때 했던 영국 여행이었다. 어느 일요일 아침, 아주 일찍 나와 동급생들과 선생님들은 관광버스에 올라탔다. 우리는 몇 시간 동안 길을 달렸고 배를 타고 영국 해안으로 갔다. 긴 여정에도 불구하고 우리는 아주 재미있었다. 현지에 도착하자, 우리는 체류기간 동안 우리의 숙박을 맡아 주게 될 가족들로부터 환대를 받았다. 다음날, 우리는 그 지역 및 박물관을 방문했다. 셋째 날, 우리는 런던으로 떠났다! 우리는 아주 인상적인 빅벤을 보았고 사진을 많이 찍었다. 그리고 나서 우리는 런던의 몇몇 거리들을 돌아다녔다. 우리는 또한 기념품 몇 개를 샀고 우리를 숙박시켜주는 가족이 있는 브라이튼으로 되돌아왔다. 넷째 날, 우리는 헤스팅스를

방문했다. 그곳은 아름다운 곳이었다. 그리고 마지막 날, 우리는 브라이튼의 다른 박물관을 방문했고 짐을 꾸려서 집으로 되돌아왔다.

표현을 참고하자

le souvenir : 기억, 추억, 기념, 기념품
je pense que + ind : 나는 …라고 생각한다
le meilleur : 가장 나은, 가장 좋은
mon voyage en Angleterre : 영국으로의 여행
alors que :…할 때, …인데 비해
le collège : 중학교
camarade : 급우, 동료
prendre un car : 관광버스를 타다
très tôt : 아주 일찍
faire plusieurs heures de route : 몇 시간 장거리 여행하다
embarquer : 배 (기차, 비행기)에 타다
rejoindre : (어떤 장소로) 가다, 돌아가다(오다)
la côte anglaise : 영국의 해안, 연안
malgré : …에도 불구하고, …을 무릅쓰고
le long trajet : 긴 도정, 코스
s'amuser : 즐기다, 재미보다, 놀다
sur place : 현장에서, 그 자리에서
accueillir : 접대하다, 맞이하다, 데리러 나오다
loger : 묵다, 숙박하다
le séjour : 체류 체재
le lendemain : 다음날, 이튿날
la région : 지방, 지역, 일대
ainsi que : 그리고 또, 및
un musée : 박물관
impressionnant(e) : 인상적인, 감동적인
prendre des photos : 사진을 찍다
plein de : 많은, 풍부한, 가득한
ensuite : 그리고 나서, 곧이어
parcourir : 두루 돌아다니다
également : 역시, 마찬가지로
revenir : 다시 돌아오다
le dernier jour : 마지막 날
refaire : 다시 하다, 다시 되풀이 하다
des bagages : (여행객의) 짐, 가방

문장을 완성해보자

Et bien .... mais je pense que le meilleur a été mon voyage en Angleterre alors que j'étais encore au collège. Moi, ... très tôt un dimanche matin. .... et avons embarqué sur un bateau pour rejoindre la côte anglaise. .... Une fois sur place, nous avons été accueillis par les familles qui devaient nous loger pendant le séjour. .... Le troisième jour, ...! Nous avons vu le Big Ben qui est très impressionnant et .... Ensuite .... puis nous sommes revenus dans la région de Brighton où habitaient les familles qui nous logeaient. Le 4ème jour, nous avons visité la région de Hastings .... Et enfin, le dernier jour, nous avons visité un autre musée de Brighton et nous avons refait nos bagages et ....

25 Aimeriez-vous vivre à la campagne ?
당신은 시골에서 살고 싶나요 ?

이야기를 만들자

사실, 나는 시골에서 왔다. 내 부모님은 그곳에서 사신다. 나는 고등학교 졸업 후 공부를 계속하기 위해 도시로 왔다. 나는 시골의 내 부모님 집에서 주말을 보내는 것을 좋아한다. 왜냐하면 그곳은 매우 조용하고 공기가 맑고 사람들은 덜 스트레스를 받기 때문이다. 그러나 그 대신, 할 일이 많이 없다. 상점, 영화관, 오락공간이 별로 없다. 나는 만약 무엇인가 할 시간적 여유가 있다면 시골에서의 삶이 더 바람직하고 생각하고, 서비스의 풍부함과 신속함을 필요로 한다면 도시에서의 삶이 더 적합하다고 생각한다.

표현을 참고하자

en fait : 사실은
venir de : …로부터 오다
la campagne : 시골
continuer : 계속하다
le lycée : 고등학교
aimer+inf : …하길 좋아하다
passer le week-end : 주말을 보내다
calme : 조용한
un air : 공기
pur(e) : 맑은, 순수한
moins : 덜
stressé(e) : 스트레스 쌓인, 스트레스 받은
en contrepartie : 그 대신, 그 대가로
Il n'y a pas beaucoup de choses à faire. : 할 일이 없다.
le cinéma : 영화관
un lieu[x] de distractions : 오락공간 (기분전환, 소일거리, 오락을 위한 장소)
Je pense que : …라고 생각하다
préférable : 더 나은, 더 바람직한
avoir le temps de +inf : …할 시간이 있다
indiqué(e) : 적절한, 적합한, 추천된
avoir besoin de + 명사 : …를 필요로 하다
une rapidité : 빠름, 신속함
une abondance : 풍부함, 풍성함

문장을 완성해보자

En fait, ... Mes parents y habitent. .... J'aime passer le week-end chez mes parents à la campagne car .... Mais en contrepartie, ... Je pense que la vie à la campagne est préférable si on a le temps de faire les choses et ....

26 Quelle personne admirez-vous le plus ? Pourquoi ?
당신은 어떤 사람을 가장 존경합니까? 그 이유는 무엇입니까?

이야기를 만들자

내가 가장 존경하는 사람은 내 친구입니다. 그녀는 많은 시간을 할애해야 하는 직업을 가지고 있으며, 자주 찾아봐야 하는 어머니도 있습니다. 아침마다 그녀는 직장으로 가서 19시 30분까지 일을 합니다. 하지만 그녀는 정오에서 15시 사이에 교외에 살고 있는 어머니를 돌보러 가기 위해 자리를 비워야 합니다. 그녀는 아주 분주한 일과를 보내지만 일과를 아주 잘 관리하며, 나는 그것이 아주 존경할 만하다고 생각합니다.

표현을 참고하자

admirer : 감탄하다, 탄복하다, 찬미하다
un boulot : (구어)일, 일자리
consacrer qch à qch : …을 …에 바치다
rendre visite à : …를 방문하다
partir à : …로 떠나다
s'absenter : (자리를) 비우다, 잠시 떠나다
entre + 시간 et + 시간 : …시에서…시 사이에
s'occuper de + qn : …를 돌보다
en dehors de : …의 밖에(으로), …을 제외하면
un emploi du temps : 시간표, 일과, 시간계획
chargé(e) : 일이 많은(분주한)
gérer : 관리하다, 대처하다
trouver qch + 속사 : …을 …라고 생각하다
admirable : 감탄할 만한, 놀라운

문장을 완성해보자

....

.... et une mère à qui elle doit souvent rendre visite. Le matin, ... Mais elle doit s'absenter entre midi et 15 heures pour aller s'occuper de sa mère qui habite en dehors de la ville. ....

....

27 Est-ce qu'il y a une chose que vous détestez faire?
당신은 하기 싫어하는 것이 있나요?

이야기를 만들자

내가 정말로 하기 싫어하는 일은 아무것도 없다. 내가 동기 없이 하는 그러나 (집안 청소나 설거지처럼) 해야만 하는 몇몇 일은 있다. 그러나 나는 그것을 하기 싫어하지는 않는다. 그런 종류의 일들을 하는데 가끔 동기(유발)가 필요할 수는 있다. 그런데 나는 욕실 청소를 별로 좋아하지 않는 것은 사실이다. 나는 사람들 앞에서 말하는 것을 좋아하지 않는다. 왜냐하면 나는 소심하기 때문이다. 나는 주의를 내게로 이끄는 것을 싫어한다. 나는 모두가 나를 쳐다보면 얼굴이 빨리 붉어진다. 그리고 내가 우스꽝스럽게 느껴진다.

표현을 참고하자

ne ~ rien : 아무것도…아니다
détester + inf : …하는 것을 싫어하다
certain(e)s + 복수명사 : 몇몇
sans motivation : 동기 없이
comme : …처럼
le ménage : 집안청소
la vaisselle : 설겆이
parfois : 가끔
Cela peut être : (가능성, 개연성, 짐작) …일 수도 있다, …일 것 같다
même : …조차, …까지도, …마저
motivant : 동기가 되는
cela dit : 그렇게 말하고 나서, 그런데
il est vrai que : …하는 것은 사실이다
la salle de bains : 욕실
parler en public : 사람들 앞에서 말하다
timide : 소심한, 수줍은, 내성적인
attirer l'attention sur : 주위를 …으로 이끌다
rougir : (부끄러움 따위로) 낯이 붉히다, 얼굴이 상기되다
rapidement : 빨리, 순식간에, 급속도로
se sentir + 속사 : (자신이) …라고 느끼다
ridicule : 우스꽝스러운, 바보 같은

문장을 완성해보자

Il n'y a rien que je déteste vraiment faire. ....

.... Mais je ne déteste pas le faire et cela peut parfois même être motivant de faire ce genre de choses. Cela dit, ...

.... , car je suis timide. ....

.... Je rougis rapidement ....

....

28 Vous avez rencontré l'homme ou la femme de votre vie. Présentez-le (la).

당신은 운명의 남자(여자)를 만났습니다. 그(그녀)를 소개해보세요.

이야기를 만들자

질르는 30살이다. 그의 키는 1m 85이고, 밤색 머리카락과 눈 그리고 아주 멋진 미소를 지녔다. 그는 엔지니어이고 그의 학업 막바지에 연수를 했던 회사에서 계속 일하고 있다. 그는 책을 읽는 것과 여행하는 것을 좋아한다. 영화관에 자주 가지는 않지만 집에서 영화 보는 것을 좋아한다. 그는 요즘 미술수업을 듣고 있고, 내게 모델이 되어주길 부탁했다. 그는 아직도 그의 부모님과 같이 살고 있고, 가정을 이루기 위해 운명의 여자를 만나기를 기다리고 있다. 그는 아이들을 무척 좋아하고, 적어도 아이를 셋은 갖기를 원한다. 그는 32세의 형과 35세의 누나가 있는데 두 사람 모두 결혼했다.

표현을 참고하자

châtain : 밤색의
marron : 밤, 밤색, 밤색의
magnifique : 매우 아름다운, 멋진, 굉장한, 훌륭한
un sourire : 미소, 조소
une entreprise : 기업, 회사
le stage : 실습(기간), 연수(기간)
à la fin de ses études : 학업 말에
suivre : (강의 등을) 수강하다, 시청하다

pour le moment : 지금으로서는, 당장은
un cours de peinture : 미술 수업, 그리기 수업
demander à qn de + inf : …에게 …하도록 요구하다, 부탁하다, 당부하다
vivre : 살다, 생활하다, 삶을 영위하다, 생계를 꾸리다
fonder : 창설(설립)하다, 근거(토대)를 두다
au moins : 적어도, 어쨌든
marié(e) : 결혼한, 기혼의

문장을 완성해보자

Gilles a 30 ans. ……………………, a des cheveux châtains, ……………………………………………………. …………………… et travaille toujours dans l'entreprise dans laquelle il a fait son stage à la fin de ses études. ……………………………………. Il ne va pas souvent au cinéma mais aime regarder des films à la maison. ……… et attend de rencontrer la femme de sa vie pour fonder une famille. Il adore les enfants et aimerait en avoir au moins trois. ……………………………………………………………………………………….

29 Quel est le voyage de vos rêves ?
당신이 꿈에 그리던 여행은 무엇인가요 ?

이야기를 만들자

어릴 적부터, 나는 콜럼버스 발견 이전의 문명에 사로잡혔다. 특히 잉카문명. 나는 "태양소년 에스테반(원제: 신비로운 황금도시)"이라는 제목의 애니메이션을 보는 것을 아주 좋아했고 에르제의 만화인 "탱탱과 태양의 신전" 읽기를 매우 좋아했다. 그래서 나의 꿈에 그리던 여행, 그것은 페루일 것이다. 나는 특히 마추픽추 유적도시를 잉카의 길을 따라 걸어서 찾아가보고 싶다. 산 한복판에 있는 이 신성한 잉카 도시는 완전히 찬란하다.

표현을 참고하자

depuis : …부터, 이래로

une enfance : 유년기, 어린 시절
fasciner : 사로잡다, 홀리다
les civilisations précolombiennes : 콜롬버스 발견 이전의 문명
notamment : 특히
adorer +inf : …하길 매우 좋아하다
un dessin animé : 애니메이션
intitulé(e) : 제목이 붙은
la bande dessinée : 만화
le rêve : 꿈
particulièrement : 특히, 특별히
découvrir : 발견하다, 찾아내다, 알아차리다
le site : 위치, 지역
à pied : 걸어서
sacré(e) : 신성한, 성스러운, 종교적인
en plein(e) : …의 한복판에
absolument : 절대적으로, 꼭, (형용사와) 완전히
superbe : 화려한, 멋진, 찬란한, 아주 좋은

문장을 완성해보자

Depuis mon enfance, ...

....

.... *Les Mystérieuses Cités d'Or* et lire la bande dessinée d'Hergé, *Tintin et le Temple du Soleil*. .... J'aimerais particulièrement découvrir le site du Machu Picchu en y arrivant à pied par le Chemin de l'Inca. Ce site inca sacré, en pleine montagne est absolument superbe.

30 Quelle est la fête la plus importante dans votre pays ?
당신의 나라에서 가장 중요한 축제일(명절)은 무엇입니까 ?

이야기를 만들자

우리나라에서 가장 중요한 축제일은 7월 14일, 왕의 독재를 대표하던 바스티유 감옥 습격의 날이다. 이 날짜는 프랑스혁명의 시작을 의미한다. 이 시기는 구체제의 종말과 입헌

군주제의 출현 그리고 첫 번째 공화정의 출현을 의미한다. 이 혁명은 왕의 절대주의와 계급사회 그리고 모든 특권들을 끝내게 했다. 혁명은 법 앞에서 모든 시민의 평등과 기본적인 자유들 그리고 국가의 주권을 선포하였다.

표현을 참고하자

la fête : 축제일, 명절, 기념일
la plus importante : 가장 중요한
le jour de la prise de la Bastille : 바스티유 감옥을 탈취한 날
représenter : 대표하다
un arbitraire royal : 왕의 독재
la date : 날짜
le moment : 때, 시기
marquer : 가리키다, 나타내다, 표시하다
la fin de l'Ancien Régime : 구체제의 끝 (종말)
le passage à une monarchie constitutionnelle : 입헌군주제의 출현
la première république : 제1공화정
la révolution : 혁명
un absolutisme royal : 왕의 절대주의
la société d'ordres : 계급사회
un privilège : 특권
proclamer : 선언하다, 선포하다
une égalité : 평등
citoyen(ne) : 시민, 국민
la loi : 법
la liberté : 자유
fondamental(e) : 기본적인
la souveraineté de la Nation : 국가 주권

문장을 완성해보자

.... jour de la prise de la Bastille, qui représentait l'arbitraire royal. .... Ce moment marque la fin de l'Ancien Régime et le passage à une monarchie constitutionnelle, puis à la première république. Cette révolution a mis fin à l'absolutisme royal, à la société d'ordres et à tous les privilèges. ....
....
....

Corrigés

01 Qu'est-ce que vous trouvez passionnant dans votre vie actuelle ?

현재 당신 생활에서 무엇이 흥미진진하다고 생각하나요 ?

Dans ma vie actuelle, **je trouve mes études passionnantes car elles m'ouvrent beaucoup de perspectives intellectuelles et me permettent de remettre en question les points de vue** que je pouvais avoir sur différentes choses. J'aime particulièrement étudier car **le fait d'écouter un professeur est très instructif**. La richesse intellectuelle est très importante pour moi. **C'est donc toujours avec plaisir que je me rends à l'université.**

02 Comment est votre voiture ? (moto ? bicyclette ?)

당신의 자동차(오토바이, 자전거)는 어떤가요 ?

Je n'ai pas de voiture car je **n'en ai pas besoin. J'habite à environ 15 minutes à pied de mon université** et à 5 minutes du centre-ville. De plus, je suis étudiant. Je n'ai donc pas l'argent pour acheter et utiliser une voiture. En plus, j'essaie de polluer le moins possible, et une voiture émet beaucoup de gaz à effet de serre. Je n'ai pas non plus de moto pour les mêmes raisons et je n'ai pas de bicyclette parce qu'il y a beaucoup de risques de vol ou de détériorations si je la laisse à l'extérieur.

03 Décrivez le métier que vous exercez ou que vous aimeriez exercer plus tard.
당신이 종사하는 혹은 나중에 종사하길 원하는 직업을 묘사해 보세요.

Plus tard, **je souhaite devenir professeur de langue étrangère, plus particulièrement de français afin d'enseigner la langue et la culture française à des apprenants étrangers.** Je ne pensais pas enseigner jusqu'à ce que je visite le pays de mes amis coréens et que je vois la discipline dont font preuve les élèves et les étudiants. **Il est pour moi impossible d'enseigner en France** car il faut passer son temps à demander le calme même à l'université. Mais **c'est un plaisir d'enseigner à des gens qui ont envie d'apprendre.**

04 Lisez-vous beaucoup ?
당신은 책을 많이 읽나요 ?

J'aime beaucoup lire **mais je ne prends pas souvent le temps de le faire**. Je lis des romans de science-fiction ou des ouvrages scientifiques la plupart du temps. Je lis aussi différents magazines de cinéma, jeux vidéo... **Je lis très rarement des bandes dessinées. Il m'est plus facile d'allumer la télévision que de prendre un livre**. Je regarde facilement un film en DVD ou alors **je navigue sur Internet au lieu de lire**. Je lis aussi des critiques de films sur Internet, de temps en temps. **Même si j'aime lire, je ne peux pas le faire plus de trente minutes**. Je m'ennuie et me fatigue vite.

05 Décrivez votre journée.
당신의 하루를 묘사해 보세요

Le matin, je sors du lit à six heures. **D'abord, je prends une douche et ensuite, je fais ma toilette**. Puis, je me prépare moi-même mon petit déjeuner. **Quand je finis mon petit déjeuner, il est sept heures et demie**. À huit heures moins le quart, je prends le métro pour me rendre à l'université. **Mes cours commencent à neuf heures**. Je fais une pause de douze heures à quatorze heures : **je déjeune au restaurant avec mes amis**. Le soir, je quitte l'université à dix-huit heures. Après dix-huit heures, **je fais les courses avant de rentrer chez moi**. À partir de vingt heures, je regarde les infos puis un film à la télé. Ensuite, **je me couche quand le film est terminé**. Il est alors à peu près 23 heures.

06 Présentez le quartier où vous habitez. Ce quartier vous plaît-il ?
당신이 사는 동네를 소개해 보세요. 그 동네는 당신의 마음에 듭니까?

J'habite juste en face du lycée dans lequel j'ai étudié pendant deux années avant l'obtention de mon baccalauréat. **Mon quartier est situé juste à côté du centre-ville et il n'a rien de spécial**. Ce n'est pas à proprement parler un quartier. C'est simplement la périphérie du centre-ville. **Les seules personnes de mon quartier que je connaisse sont les voisins** et les étudiants qui habitent dans le même immeuble que moi. **Ce quartier me convient car il est proche du centre-ville** mais beaucoup plus calme. Je n'ai pas les ennuis et les nuisances sonores du centre. De plus, **ce quartier surplombe le centre-ville** donc j'ai une belle vue sur le paysage alentour.

07 Comment passez-vous vos soirées en semaine ?
당신은 주중의 저녁시간을 어떻게 보내나요?

Pendant la semaine, **si je suis fatigué, je reste chez moi et je regarde**

un film, ou alors je lis. Sinon, je téléphone à mes amis pour aller au cinéma ou à un concert, et **si je ne trouve personne de disponible, je reste chez moi** et je me mets sur internet pour faire du jeu en réseau. **Je me couche en général vers minuit ou une heure du matin. J'aime regarder un DVD pendant que je suis sur Internet**. Je prépare mon repas vers 20 heures.

08 Que faites-vous habituellement le week-end ?
당신은 주말에 보통 무엇을 하나요 ?

Le plus souvent, je travaille. J'ai soutenu mon doctorat de littérature française en octobre 2007 et **cela m'a demandé un énorme travail de lecture et de rédaction**. Je poursuis actuellement mes recherches en préparant de nouveaux articles. **C'est le week-end que je trouve un peu de temps pour avancer ces travaux**. Je prépare également mes cours pour l'université. **Tout cela me prend beaucoup de temps. Je souhaite aider au mieux mes étudiants et je leur consacre beaucoup de temps pour les aider à évoluer dans leur apprentissage** et à prendre du plaisir à apprendre la langue française, malgré toutes ses difficultés.

09 Que faites-vous habituellement pendant les vacances ?
방학동안 당신은 보통 무엇을 하나요 ?

Pendant les vacances, **je fais la grasse matinée tous les jours**. Je me couche généralement très tard (4 ou 5 heures du matin). Je passe beaucoup de temps sur mon ordinateur surtout **s'il fait mauvais temps. Je profite des vacances pour rencontrer les amis qui sont trop occupés le reste du temps**. J'en profite également pour faire les choses que je n'ai pas le temps de faire comme lire certains livres utiles pour mes études. Sinon, **je rends visite à des amis éloignés**.

10 Parlez-vous souvent de vos problèmes à vos parents ?
당신은 부모님께 당신의 문제들에 대해 자주 이야기 하나요 ?

Je ne parle jamais de mes problèmes avec mes parents car je n'ai pas eu une éducation qui m'y invite. **La communication est très difficile au sein de ma famille**. De plus, je n'ai pas dans l'idée que mes parents peuvent m'aider lorsque j'ai un problème. **Si je dois parler à quelqu'un, je préfère parler à mes amis**. Je ne vois pas mes parents très souvent. **Cela fait dix ans que je n'habite plus chez eux**, donc ils ne me connaissent plus assez pour pouvoir m'aider.

11 Quelle saison préférez-vous ? Pourquoi ?
당신은 어떤 계절을 선호하나요 ? 그 이유는 무엇입니까 ?

Toutes les saisons ont leur charme, mais si je devrais choisir, **je dirais l'été. J'aime beaucoup les soirs d'été** pour leur douceur, l'odeur de l'air, les gens dehors, l'ambiance festive, détendue... Je trouve qu'il y a une joie perceptible dans l'atmosphère, en été. **On peut faire plein de choses : se promener, rencontrer des amis, aller au cinéma en plein air, pique-niquer**, faire de grands repas conviviaux dans le jardin ou sur la terrasse, des barbecues... **C'est agréable aussi de pouvoir s'habiller plus légèrement**, de mettre de jolies robes et **d'aller à la plage**!

12 Qu'aimeriez-vous faire pendant vos prochaines vacances ?
당신은 다음 방학때 무엇을 하길 원하나요 ?

Me reposer! Comme ce sont les vacances de Noël, **je serai très heureuse de retrouver ma famille et de pouvoir fêter Noël tous ensemble**. Je veux tout d'abord aller faire les boutiques pour terminer mes achats de Noël. **Il me manque encore quelques cadeaux**. Je n'aime pas acheter à la dernière minute dans les grands magasins à cette période de l'année, mais là,

comme je vais encore avoir beaucoup de travail à l'université jusqu'aux vacances, je n'aurai pas le choix! Ce sera un plaisir de décorer la maison familiale et de préparer les menus de Noël et du Réveillon. Je veux églement lire a **j'ai plusieurs nouveaux romans que je voudrais découvrir**.

13 Décrivez le dernier film que vous avez vu à la télévision ou au cinéma.

당신이 텔레비전이나 영화관에서 가장 최근에 본 영화에 대해 묘사해 보세요.

C'est l'histoire d'une petite fille qui a perdu ses parents dans un accident de voiture et vit avec son oncle qui est moine bouddhiste. Elle a attrapé le sida à cause d'une transfusion sanguine à l'hôpital. **Elle rencontre un petit garçon à l'école et ils deviennent très amis**. Adolescents, **ils tombent amoureux l'un de l'autre**, mais elle disparaît subitement et il est très triste. Un jour, elle réapparaît. **Il veut rester avec elle pour toujours** mais découvre qu'elle est malade et va bientôt mourir. **A la fin du film, la jeune fille meurt** mais elle lui dit qu'elle l'aime, qu'il ne doit pas être malheureux et doit la laisser partir.

14 Décrivez vos activités d'une journée de la semaine.

당신의 주중의 하루 활동을 묘사해 보세요.

Pendant la semaine, **je me lève tôt**, environ 6 heures 30 du matin. Je prends mon petit déjeuner, je prends une douche, **je m'habille et je me rends à l'université. Lorsque mes cours sont terminés, je rentre chez moi à pied**. Arrivé chez moi, je mange quelque chose comme un croissant et **j'allume la télévision. Je commence à préparer mon dîner vers 19 heures ou 19 heures 30**. Je mange en regardant la télévision et ensuite j'étudie ou alors je joue sur l'ordinateur. Finalement **je me couche vers minuit**.

15 Que faites-vous pendant vos loisirs ?
당신은 여가시간 동안 무엇을 하나요?

Pendant mes loisirs, **je joue seul à des jeux vidéo, je lis, je vais au cinéma...** Je vais parfois rencontrer des amis chez eux ou dans un bar. Je vais voir des concerts de rock ou de hardcore. **J'aime aussi réfléchir** et me renseigner sur des sujets qui me tiennent à cœur. **Je pratique parfois du sport, surtout s'il fait beau temps**. Par exemple, le «paintball», avec des amis, en forêt. **Je lis beaucoup les journaux pour me tenir au courant de l'actualité en France et dans le monde. J'aime aussi aller me balader en ville** pour faire du lèche-vitrines ou à la campagne pour profiter du calme et du silence de la nature.

16 Aujourd'hui, c'est samedi. Ecrivez votre journée.
오늘은 토요일입니다. 하루일과를 써보세요.

Aujourd'hui, je me suis levée tard. J'étais fatiguée de ma semaine de travail. **J'ai pris un bon bain avant de sortir faire les courses au supermarché**. Il y avait énormément de monde. **J'avais rendez-vous à midi pour aller manger avec Hélène.** Elle m'a parlé de ses projets de vacances et m'a proposé qu'on parte ensemble au Japon. **Nous sommes passées par la librairie pour acheter un livre sur le Japon**. Nous avons déjà voyagé ensemble en Thaïlande l'année passée et **je me rejouis à l'idée de pouvoir repartir en voyage avec elle**. L'après-midi, **j'ai nettoyé mon appartement et ai fait la lessive**. Le soir, je suis allée chez mon frère. Il est papa depuis 1 mois et **son bébé est très mignon**.

17 Comment se déroule un mariage dans votre pays ?
당신의 나라에서는 어떻게 결혼식을 하나요 ?

Mon pays est chrétien. **Un mariage catholique se fait à l'église, généralement**

le samedi. Avant cela, il y a le mariage administratif à la mairie avec les témoins. **Après l'église, les mariés vont dans un parc pour faire des photos avec un photographe** et ensuite, **on va manger et faire la fête dans une grande salle** (salle des fêtes) avec les familles et parfois les amis des deux mariés. **La fête se prolonge jusqu'au dimanche soir**. Pendant la nuit de noces, la tradition veut que les invités cherchent les mariés et aillent les réveiller et les faire participer à des jeux "traditionnels".

18 Comment passez-vous vos week-ends ?
당신은 주말을 어떻게 보냅니까?

Pour moi, **le week-end commence seulement le samedi à midi** parce que je travaille tous les samedis matin. Alors, en général, **je fais les courses l'après-midi**. Ce n'est pas le meilleur moment car **il y a trop de monde dans les supermarchés mais je n'ai pas le choix**. C'est plutôt le soir que je préfère sortir. **Je vais au cinéma ou au théâtre avec des amis**. Quand je ne suis pas sorti(e) la veille, je fais du jogging dans un parc près de chez moi, le dimanche matin. **L'après-midi est tranquille : lecture, télévision, jardinage** ou jeux de société avec ma famille. Finalement, je crois que je passe des week-ends très classiques !

19 Quelles sont les choses les plus importantes dans la vie pour vous ?
당신에게 있어서 생애 가장 중요한 것들은 무엇인가요?

Pour moi, **les choses les plus importantes dans la vie sont: le respect car sans respect, on ne peut pas vivre en société**, la tolérance car sans tolérance, on ne peut également pas vivre dans la société actuelle et la discipline pour la même raison. Mais **le plus important est le respect des autres gens**, des autres êtres vivants, de la nature, de la vie, de nos aînés...**Une personne qui ne respecte rien n'est pas respectable.**

20 Quels sont vos loisirs préférés ?
당신이 선호하는 여가 활동은 무엇인가요 ?

Je joue souvent à des jeux de rôle sur Internet. J'ai commencé il y a sept ans et je suis resté fan. J'ai rencontré beaucoup de personnes intéressantes originaires de multiples pays à travers le monde par l'intermédiaire de ce jeu. J'en suis donc très content. J'aime aussi lire des romans fantastiques ou des livres à caractère scientifique. J'écoute beaucoup de musique de styles différents. J'aime également réfléchir sur des sujets qui me tiennent à cœur.

21 Ecrivez un bon souvenir !
좋은 추억 하나를 써 보세요 !

Au hasard, **cet été, nous avons fait avec mon grand-père, mon père et mon frère une grande randonnée dans les Alpes** avec des passages vertigineux et un peu impressionnants (pour moi du moins, qui craint de tomber, de faire un faux-pas… et qui suis très réaliste et prudente). **J'ai été heureuse de grimper** (il y avait des petits passages d'escalade faciles) **et de voir près du sommet** plusieurs jeunes bouquetins pas farouches pour un sou. **J'adore les animaux** et là, **le soleil venait de se lever.** On voyait le Mont-Blanc au loin, le Valais suisse et le lac Léman. C'était magnifique. **C'est un bon souvenir, un bon moment intense et émouvant**.

22 Chez vous, quelle est la pièce dans laquelle vous aimez rester ? Décrivez-la.
당신의 집에서 당신이 머무르길 좋아하는 공간은 어디입니까? 묘사해 보세요.

La pièce dans laquelle j'aime rester le plus est sans hésiter ma chambre. **Elle n'est ni trop petite ni trop grande**. À droite de la porte, il y a une table avec mon ordinateur, une bibliothèque et mon placard. **En face du placard, il se trouve mon armoire et à droite mon bureau**. Il y a aussi une commode. En face de mon bureau, **il y a mon lit aligné contre le mur qui est près du radiateur** et une table de nuit. J'ai également un balcon. **Ma chambre est assez décorée de photos, d'images et de dessins**.

23 Regardez-vous souvent la télévision ? Si oui, quelles émissions aimez-vous regarder ? Si non, pourquoi ?

당신은 자주 텔레비전을 보나요? 그렇다면 어떤 프로를 보길 좋아하나요? 아니라면, 이유가 무엇인가요?

J'allume souvent la télévision mais sans la regarder vraiment. Cela me donne une présence pendant que je suis sur Internet. Je tends une oreille et **lorsque j'entends quelque chose d'intéressant, je regarde. Je trouve que la plupart des émissions sont dénuées d'intérêt** mais **certains débats ou reportages sont très intéressants et instructifs.** Il y une émission quotidienne que j'aime regarder et qui est justement un débat sur un sujet d'actualité. Cela peut être aussi bien les conséquences de la crise financière que l'écologie ou les élections américaines. **Ce genre d'émission m'intéresse beaucoup**.

24 Quelle est votre meilleur souvenir ?

당신이 가장 좋았던 추억은 무엇입니까?

Et bien j'**ai beaucoup de bons souvenirs** mais je pense que le meilleur a été mon voyage en Angleterre alors que j'étais encore au collège. Moi, **d'autres camarades et nos professeurs avons pris un car** très tôt un dimanche matin. **Nous avons fait plusieurs heures de route** et avons embarqué sur un bateau pour rejoindre la côte anglaise. **Malgré le long trajet, nous nous amusions bien**. Une fois sur place, nous avons été accueillis par les familles qui devaient nous loger pendant le séjour. **Le lendemain, nous avons visité la région ainsi qu'un musée**. Le troisième jour, **nous sommes partis à Londres**! Nous avons vu le Big Ben qui est très impressionnant et **nous avons pris plein de photos**. Ensuite **nous avons parcouru quelques rues de Londres. Nous avons également acheté quelques souvenir**s puis nous sommes revenus dans la région de Brighton où habitaient les familles qui nous logeaient. Le 4ème jour, nous avons visité la région de Hastings qui est **une belle région**. Et enfin, le dernier jour, nous avons visité un autre musée de Brighton et nous avons refait nos bagages et **nous sommes revenus chez nous**.

25 Aimeriez-vous vivre à la campagne ?
당신은 시골에서 살고 싶나요?

En fait, **je viens de la campagne**. Mes parents y habitent. **Je suis venu en ville pour continuer mes études après le lycée**. J'aime passer le week-end chez mes parents à la campagne car **c'est très calme, l'air est pur et les gens sont moins stressés**. Mais en contrepartie, **il n'y a pas beaucoup de choses à faire, pas beaucoup de magasins, cinémas, lieux de distractions**...Je pense que la vie à la campagne est préférable si on a le temps de faire les choses et **la vie en ville est plus indiquée si on a besoin de rapidité et d'abondance de services**.

26 Quelle personne admirez-vous le plus ? Pourquoi ?
당신은 어떤 사람을 가장 존경합니까? 그 이유는 무엇입니까?

La personne que j'admire le plus est une amie à moi. Elle a un boulot auquel elle doit consacrer beaucoup de temps et une mère à qui elle doit souvent rendre visite. Le matin, **elle part à son boulot pour y travailler jusqu'à 19 heures 30**. Mais elle doit s'absenter entre midi et 15 heures pour aller s'occuper de sa mère qui habite en dehors de la ville. **Elle a un emploi du temps très chargé mais elle le gère très bien et je trouve cela admirable.**

27 Est-ce qu'il y a une chose que vous détestez faire ?
당신은 하기 싫어하는 것이 있나요?

Il n'y a rien que je déteste vraiment faire. **Il y a certaines choses que je fais sans motivation mais qui doivent être faites comme le ménage ou la vaisselle.** Mais je ne déteste pas le faire et cela peut parfois même être motivant de faire ce genre de choses. Cela dit, **il est vrai que je n'aime pas beaucoup faire le ménage dans la salle de bains. Je n'aime pas parler en public** car je suis timide. **Je n'aime pas attirer l'attention sur moi.** Je rougis rapidement **si tout le monde me regarde**, et **je me sens ridicule.**

28 Vous avez rencontré l'homme ou la femme de votre vie. Présentez-le (la).
당신은 운명의 남자(여자)를 만났습니다. 그(그녀)를 소개해보세요.

Gilles a 30 ans. **Il mesure 1m 85**, a des cheveux châtains, **des yeux marron et un magnifique sourire. Il est ingénieur** et travaille toujours dans l'entreprise dans laquelle il a fait son stage à la fin de ses études. **Il aime lire et voyager.** Il ne va pas souvent au cinéma mais aime regarder des films à la maison. **Il suit pour le moment des cours de peinture** et **m'a demandé d'être son modèle. Il vit encore chez ses parents** et attend de rencontrer la femme de sa vie pour fonder une famille. Il adore les enfants et aimerait en avoir au moins trois. **Il a un frère de 32 ans et une sœur de 35 ans qui sont tous les deux mariés.**

29 Quel est le voyage de vos rêves ?
당신이 꿈에 그리던 여행은 무엇인가요?

Depuis mon enfance, je **suis fascinée par les civilisations précolombiennes, notamment la civilisation inca. J'adorais regarder un dessin animé intitulé** *Les Mystérieuses Cités d'Or* et lire la bande dessinée d'Hergé, *Tintin et le*

Temple du Soleil. **Le voyage de mes rêves, ce serait donc le Pérou**. J'aimerais particulièrement découvrir le site du Machu Picchu en y arrivant à pied par le Chemin de l'Inca. Ce site inca sacré, en pleine montagne est absolument superbe.

30 Quelle est la fête la plus importante dans votre pays ?
당신의 나라에서 가장 중요한 축제일(명절)은 무엇입니까?

La fête la plus importante dans mon pays est le 14 juillet, jour de la prise de la Bastille qui représentait l'arbitraire royal. **Cette date marque le début de la Révolution française**. Ce moment marque la fin de l'Ancien Régime et le passage à une monarchie constitutionnelle, puis à la première république. Cette révolution a mis fin à l'absolutisme royal, à la société d'ordres et à tous les privilèges. **Elle proclama l'égalité de tous les citoyens devant la loi, les libertés fondamentales et la souveraineté de la Nation**.

II

Expression des idées et des sentiments

생각이나 감정의 표현

» 학습방법 «

Modèle : 특정 주제에 관해 '자신의 생각이나 감정'을 짧게 서술해 보는 것으로, Modèle에서는 30개의 다양한 주제를 제시하고 있다. 각 주제에 대한 표현법과 단어들을 통해 자신의 견해를 어떻게 표현하는지 학습해 볼 수 있다.

Entraînez-vous : 위의 모델에서 학습한 주제들을 가지고 스스로 작문해보는 연습문제이다. 제시한 한국어 문장과 표현법을 가지고, 30개의 연습문제 빈 칸을 채워가면서 작문에 대한 자신감을 얻을 수 있다.

Corrigés : 모범 답안을 통해 자신을 작문을 확인해 볼 수 있다.

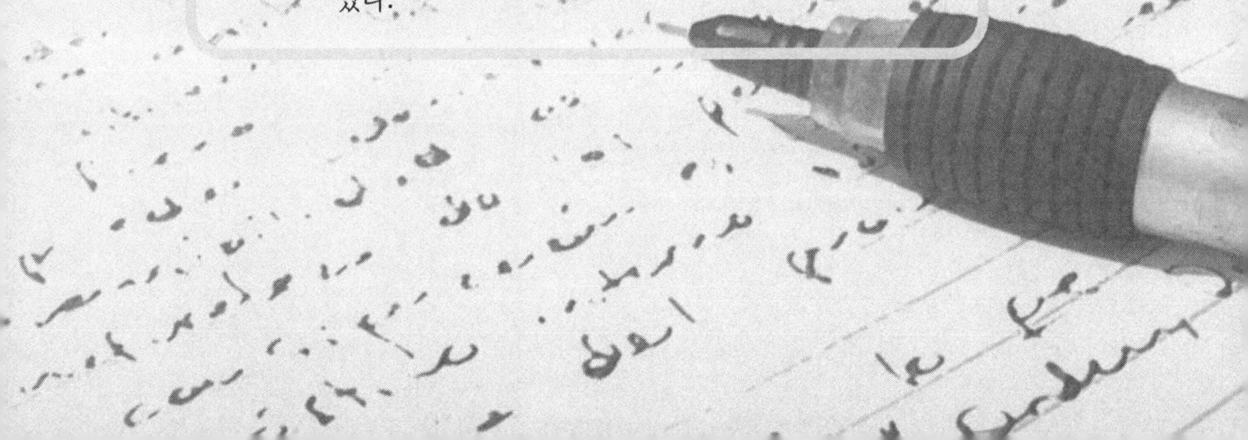

Modèle

01 Doit-on interdire la vente de cigarette aux moins de 16 ans ?
16세 이하 청소년에게 담배 파는 것을 금지해야 한다고 생각합니까?

Je pense qu'il faut interdire la cigarette aux moins de 16 ans. La cigarette est inutile et nuisible pour les fumeurs ainsi que pour leur entourage. Les adolescents, en pleine puberté, n'ont pas besoin de polluer leur corps avec le tabac. Pas plus que n'importe quelle personne, d'ailleurs. Mais les adultes sont censés être responsables de leurs choix, et ils sont censés pouvoir décider eux-même. Les jeunes n'ont pas encore assez de recul pour déterminer ce genre de choses.

나는 16세 이하에게 담배를 금지해야 한다고 생각한다. 담배는 흡연자 및 그들의 주위 사람들에게도 무익하고 해롭다. 한창 사춘기인 청소년들은 담배로 자신들의 몸을 오염시킬 필요가 없다. 사실 누구에게든 간에 마찬가지다. 그러나 성인들은 그들의 선택에 책임질 분별력이 있다고 여겨지고, 또한 그들 스스로 결정할 수 있는 분별이 있는 것으로 취급된다. 젊은이들은(청소년) 그런 종류의 일들을 결정하기에 아직 (객관적 평가를 위해) 거리를 두고 보지 못한다.

단어장

Je pense que : …라고 생각하다
il faut + inf : …해야만 한다
interdire : 막다, 금하다
moins de + 숫자 :…이하의
inutile : 쓸데없는, 무용한
nuisible : 해로운, 유해한
les fumeurs : 흡연자
ainsi que : 그리고, 및
un entourage: 주위 사람들
adolescent : 청춘기의 남녀, 청소년
en plein(e) : …의 한복판에, 한창 때에
une puberté : 사춘기
avoir besoin de + inf : …이(라는 것이) 필요하다
polluer : 오염시키다
le corps : 몸
le tabac : 담배
n'importe quelle personne : 어떤 사람이라도
d'ailleurs : 게다가
adulte : 성인, 어른
censé(e) : 분별 있는, 양식 있는
responsible de : 책임자인, 책임을 져야하는
le choix : 선택, 선택권
décider : 결정하다, 결심하다
eux-même : 그들 스스로
les jeunes : 젊은이
avoir du recul : (객관적 평가를 위해) 거리를 두고 보다
déterminer : 결정짓다, 결정하다
ce genre de choses : 그런 종류의 일들

02 Seriez-vous d'accord avec l'interdiction de la voiture en ville ?
당신은 도시에서의 자동차 이용 금지에 동의하십니까?

Interdire la voiture en ville serait une bonne chose mais alors il faudrait beaucoup développer les transports en commun. Les gens ont besoin de mobilité en ville. Plus la ville est grande, plus les besoins sont grands. La voiture est tout de même très pratique. Le probléme est que l'utilisation de la voiture est aussi bien pratique que psychologique. Est ce que les gens seraient prêts à partager tous leurs trajets avec d'autres personnes inconnues? Le développement des transports doit se faire avant l'interdiction de la voiture pour que les gens s'y habituer. Cela permettrait de désengorger les rues et de les laisser à ceux qui en ont vraiment besoin (taxis, livreurs, pompiers, police...)

도시에서 자동차를 금지하는 것은 좋은 일일 것이다. 그렇지만 대중교통을 많이 발전시켜야만 할 것이다. 사람들은 도시에서 이동성을 필요로 한다. 도시가 클수록 필요한 것도 많아진다. 자동차는 어쨌든 매우 실용적이다. 문제는 자동자의 이용이 편리함 때문만이 아니라 심리적 요인 때문이라는 것이다. 사람들은 서로 모르는 사람들과 자신들의 목적지 코스를 함께 공유할 수 있을까? 사람들이 그것에 익숙해지기 위해서는 자동차의 금지 이전에 대중교통의 발전이 이루어져야 한다. 대중교통은 막힌 길들을 뚫게 해줄 것이고, 정말 급하게 가야 할 필요가 있는 (택시, 상품 배달차, 소방관, 경찰) 사람들에게 길을 내어줄 수 있을 것이다.

단어장

Interdire : 막다, 금하다, 금지하다
il faudrait + inf : …해야만 한다
développer : 발전하다
le transport en commun : 대중교통
avoir besoin de + qch : …이 필요하다
une mobilité : 이동성, 유동성
Plus ~, plus ~ : …하면 할수록, 점점 더…하다
un besoin : 요구, 필요한 것
tout de même : 그래도, 그렇지만
pratique : 편리한, 실용적인
aussi bien ~ que : …와 마찬가지로, …도 …도
psychologique : 심리학의, 심리의, 정신의
être prêt à + inf : …할 용의가 있는, 각오가 되어있는
partager qch avec : …와 …을 나누다, 공유하다
le trajet : 도정, 코스
inconnu(e) : 모르는, 정체불명의, 익명의
le développement : 발전
se faire : 만들어지다, 이루어지다

l'interdiction de la voiture : 자동차(이용의) 금지
pour que + sub : …하기 위해
s'habituer à : …하는데 익숙하다
permettre de + inf : …을 가능하게 하다, 할 수 있게 하다
désengorger : (막힌 관을) 뚫다
laisser qch à qn : …에게 …을 맡기다, 남겨주다
une livreur : 상품배달차
un pompier : 소방관

03 Que pensez-vous du développement d'Internet ?
인터넷의 발전에 대해 어떻게 생각하나요?

Le développement d'internet a été très rapide et il continue. Si ce développement a été aussi rapide, c'est parce que les besoins étaient grands. La puissance de cet outil a changé la face du monde, aussi bien économiquement que culturellement ou socialement. Je pense qu'Internet est globalement une bonne chose. Mais il y a toujours des gens malveillants pour détourner les inventions de leur objectif premier. En tout cas c'est un outil formidable. Les possibilités sont nombreuses. On ne pourrait plus s'en passer. Il va continuer à se développer matériellement et dans les utilisations.

인터넷의 발달은 매우 빠르고 지속적이다. 그 이유는 이것에 대한 필요성이 그만큼 컸기 때문이다. 이 도구의 위력은 경제적으로 뿐만 아니라, 문화적으로나 사회적으로도 세계의 모습을 바꾸어 놓았다. 나는 인터넷이 전반적으로 좋은 것이라고 생각한다. 그러나 발명품을 본래의 목적으로부터 벗어나게 하려는 사람들이 늘 있다. 어쨌든 이것은 놀라운 도구이다. 활용도가 수없이 많다. 더 이상 그것 없이 지낼 수가 없을 것이다. 인터넷은 질적으로 그리고 사용방법의 측면에서 계속해서 발달하고 있다.

단어장

le développement : 발달, 진보

rapide : 빠른
continuer : 계속하다
c'est parce que : …이기 때문이다
un besoin : 필요, 요구
la puissance : 힘, 역량, 위력, 효력
un outil : 도구
la face : 모습, 양상
aussi bien ~ que : …와 마찬가지로. …도 …도
économiquement : 경제적으로
culturellement : 문화적으로
socialement : 사회적으로
globalement : 총체적으로, 전반적으로
malveillant(e) : 악의를 가진, 적의를 가진
détourner : (의) 방향을 바꾸다, (시선을) 돌리다, 벗어나게 하다
une inventions : 발명
un objectif premier : 본래의 목적
formidable : 어마어마한, 엄청난, 기막힌, 놀라운
une possibilité : 가능성, 능력, 기회, 성능
se passer de + qch : …없이 지내다, …을 필요로 하지 않다
continuer à + inf : 계속 …하다
matériellement : 물질적으로, 금전적으로
une utilisation : 사용, 이용

04 Quelle est votre opinion sur les grands événements sportifs ?
큰 스포츠 이벤트에 대한 당신의 견해는 무엇인가요?

Les grands événements sportifs sont le plus souvent fédérateurs auprès du public. On peut y voir des exploits modernes. Et on peut y voir des exemples de respect, d'humilité. Mais je trouve qu'ils sont surmédiatisés. J'aime beaucoup regarder les jeux olympiques car cet événement réunit de nombreuses nations et la compétition est de très haut niveau. Les sportifs sont donc très bons dans leur domaine. On utilise parfois ces grands événements pour sensibiliser les gens sur des causes humanitaires comme la faim dans le monde ou certaines maladies mortelles. Ils sont un bon moyen de communication.

큰 스포츠 행사들은 종종 대중을 결속시키는 힘을 가지고 있다. 오늘날 우리는 스포츠가 가져온 성과들을 목도하고 있다. 우리는 스포츠에서 상호존중과 겸양의 미덕을 볼 수 있다. 그렇지만 나는 이 스포츠 행사가 지나치게 미디어화 되었다고 생각한다. 나는 올림픽 경기 보는 것을 좋아한다. 왜냐하면 이 행사는 수많은 국가들을 모이게 한다. 그리고 경기는 매우 높은 수준이다. 운동선수들은 자신의 분야에서 매우 뛰어나다. 사람들은 가끔 세계에서 발생하는 기아나 몇몇 불치병들 (죽을 병)과 같은 인도적 동기에 사람들의 관심을 끌기 위해 이런 큰 행사들을 이용한다. 이것은 좋은 의사소통 수단이다.

단어장

un événement : 사건, 일어난 일, 행사, 이벤트
fédérateur(trice) : 연방결성의, 연맹결성의, 결속하는 힘을 가진
auprès de : (관점)…에게, …에 대해
le public : (집합적) 독자, 관객 , 국민
un exploit : 수훈, 공적
un respect : 존중, 중시
une humilité : 겸손, 공손
je trouve que : …라고 생각하다
surmédiatiser : 과하게 미디어(매체)로 전파한다
aimer + inf : …하는 것을 좋아하다
les jeux olympiques : 올림픽
réunir : 모으다, 규합하다, 소집하다
la compétition : 운동경기, 시합
haut(e) : 높은
un domaine : 분야, 영역
utiliser : 사용하다, 이용하다
parfois : 가끔, 때때로
sensibiliser : 관심을 갖도록 만들다, 민감하게 하다
une cause : 원인, 이유
humanitaire : 인도주의적인
la faim : 기근, 기아
maladie : 질병
mortel(le) : 치명적인, 죽음을 가져오는
un moyen de communication : 의사소통 수단

05 Comment réagissez-vous à la marée noire provoquée par le naufrage d'un pétrolier ?
당신은 유조선의 난파로 발생한 흑조(기름띠)에 대해 어떻게 대응하겠는가 ?

Je suis horrifié et en colère lorsque j'apprends qu'a eu lieu une marée noire. Surtout quand on apprend que le pétrolier en question n'était pas aux normes de sécurité et pas en état de naviguer. Mais une fois de plus, c'est l'argent qui dirige le monde. Les armateurs sont prêts à affréter des bateaux trop vieux pour gagner de l'argent. Les réparations sont trop chères, donc on ne les fait pas. Et comme d'habitude, c'est la nature qui en paie le prix.

나는 흑조가 일어났다는 소식을 들을 때 분개하고 화가 난다. 더구나 문제의 유조선이 안전을 보장할 수 있는 기준에서 벗어나 항해할 수 있는 상태에 있지 않았다는 것을 들었을 때. 새삼 세상을 지배하는 것은 돈이라는 것을 느낀다. 선주들은 돈을 벌기 위해 너무 낡은 배들을 기꺼이 용선한다. 수리비용이 너무 비싸서 수리를 하지 않는다. 그래서 항상 대가를 치루는 것은 자연이다.

단어장

horrifié(e) : 공포에 쌓인, 분개한
être en colère : 화가 난
lorsque : …할 때
apprendre : (배워서, 들어서, 일어서) 알다
avoir lieu : 일어나다, 개최하다
une marée noire : 흑조, 기름띠
surtout : 특히
le pétrolier en question : 문제의, 화제의 유조선
une norme : 표준, 규격, 정상상태
une sécurité : 안전, 안심, 안전보장
être en état de + inf : …할 수 있다
naviguer : 항해하다
une fois de plus : 한 번 더
diriger : …을 좌지우지하다, 지배하다, …에 영향을 미치다
un armateur : 선주
être prêt à + inf : …할 용의가 있는, 각오가 되어 있는

affréter : (운송수단을) 임차하다, 용선하다
gagner de l'argent : 돈을 벌다
une réparation : 수리, 수선
cher(ère) : 비싼
comme d'habitude : 여느 때처럼
la nature qui en paie le prix : 그것의 대가를 치루는 자연

06 Faut-il des sanctions sévères contre les automobilistes responsables d'accidents graves (Peines de prison lourdes, retrait définitif du permis, autres) ?

심각한 사고를 낸 자동차 운전자들에게 엄격한 처벌(무거운 실형, 운전면허증의 최종적인 취소 등)이 필요할까요 ?

Cela dépend des causes de l'accident. Si l'automobiliste était ivre, alors oui, je le mettrais en prison pour longtemps. Si c'est un réel "accident", alors je pense que la responsabilité est moins grande, donc il ne devrait peut-être même pas y avoir de sanction. Il est très difficile de juger ce genre de cas. Un accident peut être vraiment accidentel mais il peut y avoir des responsabilités humaines. Les personnes sous l'influence de produits psychotropes, responsables d'accidents devraient être lourdement sanctionnées.

사고의 원인이 무엇인가에 따라 다르다. 만약 운전자가 술에 취한 상태였다면, 처벌이 필요하다. 나는 그를 오래도록 감옥에 집어넣을 것이다. 만약 그것이 실제 "사고" 라면 책임이 크지 않다고 생각한다. 그래서 아마도 처벌이 있지 않을 수도 있을 것이다. 그런 종류의 경우를 판단하기는 매우 어렵다. 사고는 정말로 우발적일 수 있지만 인간의 책임이 있을 수 있다. 향정신성 제품을 복용한 상태에서 사고를 낸 사람들은 무겁게 처벌을 받아야 한다.

단어장

depéndre de : …에 달려있다

une cause : 이유, 원인, 동기
un accident : 사고, 우연한 일
automobiliste : 자동차 운전자
ivre : 술에 취한
mettre qn en prison : …을 투옥하다
pour longtemps : 오래, 오래도록
réel(le) : 현실의, 실제의, 실질적인
je pense que : …라고 생각하다
la responsabilité : 책임
peut-être : 아마도
une sanction : 대가, 처벌, 징계
Il est très difficile de + inf : …하는 것이 매우 어렵다
juger : 재판하다, 판결하다, 판정하다
ce genre de cas : 이런 종류의 경우
accidentel(le) : 우연한, 우발적인
sous l'influence de qch : 의 영향을 받아, …의 지배하에
un produit : 제품
psychotrope : 향정신성의
responsible d'accident : 사고의 책임이 있는
lourdement : 무겁게
sanctionner : 벌하다

07 Que pensez-vous du développement du tatouage et du piercing ?

피어싱과 타투(문신)의 발달에 대해 어떻게 생각하세요?

Les tatouages et les piercings sont souvent un phénomène de mode. Leur développement est donc plus commercial qu'autre chose. Quand une adolescente de 14 ans veut un tatouage ou un piercing, ce n'est pas par conviction quelconque mais par phénomène de mode pour appartenir à un groupe. La motivation est donc superficielle. Les piercings se sont développés très vite ces dernieres années. Mais cela restera marginal comme les tatouages. Cependant, les tatouages et piercings peuvent avoir une réelle signification pour les personnes qui les arborent.

타투와 피어싱은 흔히 유행의 한 현상이다. 그래서 그것들의 발달은 다른 것 보다 더 상업적이다. 14세의 한 청소년이 타투나 피어싱을 원할 때 그것은 어떤 확신을 가지고 하는 것이 아니고 무리에 속하기 위해 유행의 현상에 따른 것이다. 그래서 동기는 피상적이다. 피어싱은 최근 몇 년 동안 매우 빨리 발전했다. 그러나 그것도 타투처럼 주변문화에 그칠 뿐이다. 그렇기는 하지만, 타투와 피어싱은 그것을 지니는 사람들에게 있어서 실질적인 의미를 지닐 수 있다.

단어장

le tatouage : 타투, 문신
le piercing : 피어싱
un phénomène : 현상
la mode : 유행, 패션
le développement : 발전, 발달, 확장
commercial(e) : 상업적인
plus ~ que : …보다 더
une adolescente de 14 ans : 14세의 청소년
par conviction : 자신을 갖고, 확신을 갖고
quelconque : (선택의 필요 없이) 어떤, 평범한, 하찮은
appartenir à : …에 속하다
la motivation : 동기, 동기부여
superficiel(le) : 피상적인, 겉모습의
se développer : 발전하다, 발달하다
ces dernieres années : 지난 몇 년 동안
rester + 속사 : …한 상태에 있다
marginal(e) : 난외의, 가장자리의, 주변의, 부차적인
cependant : 그렇지만, 그렇기는 하지만
réel(le) : 실제의, 실질적인
une signification : 의미
arborer : 지니다, 입다, 내걸다

08 Pensez-vous qu'il est important d'apprendre des langues étrangères ?

외국어를 배우는 것이 중요하다고 생각합니까?

Oui, bien sûr. Il est très important d'apprendre des langues étrangères. D'un point de vue strictement professionnel, parler plusieurs langues dont l'anglais est très souvent indispensable ou est un atout majeur lors d'un recrutement. C'est aussi une belle ouverture vers d'autres cultures, l'occasion de belles rencontres et découvertes lors de voyages ou de lectures. Et cela permet également de mieux comprendre sa propre langue.

네, 물론입니다. 외국어를 배우는 것은 매우 중요합니다. 엄밀하게 직업적인 관점에서 볼 때 영어를 포함해 여러 언어를 구사하는 것은 대개 필수적이거나 취업 때 중요한 성공의 수단이 됩니다. 그것은 또한 다른 문화에 대한 개방적 태도를 의미하며, 여행이나 독서를 통해 좋은 만남이나 발견을 할 수 있는 기회를 제공해 줍니다. 그리고 그것은 동시에 자신의 모국어를 더 잘 이해할 수 있게 해줍니다.

단어장

bien sûr : 물론
il est très important de + inf : …하는 것이 매우 중요하다
apprendre : 배우다
une langue étrangère : 외국어
un point de vue : 관점, 시점
strictement : 엄격히, 엄밀히, 완전히
professionnel(le) : 직업적인, 전문적인, 프로인
indispensable : 없어서는 안 되는, 필수적인
un atout majeur : 중요한 성공의 수단
lors de : …할 때(에)
un recrutement : 채용, 모집
une ouverture : 열림, 폭넓음, 자유로움
une découverte : 발견, 발명
une lecture : 독서
permettre de + inf : …하는 것을 허락하다
également : 마찬가지로, 역시
mieux : 더 잘
sa propre langue : 자신의 언어

09 L’école ne devrait pas être obligatoire.
학교는 의무적이지 않아도 될 것이다.

L’école doit être obligatoire. L’école est le relais des parents dans l’éducation pendant la journée. L’école est nécessaire à l’instruction comme à l’éducation. L’école nous confronte aux autres, nous apprend à ne pas être égoïste et nous socialise. C’est une étape vitale avant d’entrer dans la société. C’est un tremplin et un palier à franchir. Les enfants qui ne vont pas à l’école ont beaucoup de mal à s’intégrer dans la société. Notre vie actuelle demande beaucoup de connaissances, en particulier pour trouver un travail. Il faut donc acquérir ces connaissances, et c’est le rôle de l’école. Elle est donc nécessaire.

학교는 의무적이어야 한다. 학교는 교육에 있어 낮 동안 부모를 교대해 주는 곳이다. 학교는 지식교육을 위해 필요할 뿐만 아니라 인성교육을 위해서도 필요하다. 학교는 우리를 다른 사람들에게 대면시키고 우리를 이기주의자가 되지 않게 가르친다. 그리고 우리를 사회화시킨다. 이것은 사회에 진출하기 전에 대단히 중요한 단계이다. 이것은 (사회로 진출하기 위한) 발판이고, 거쳐야 할 과정이다. 학교를 가지 않는 아이들은 사회에 합류하기가 굉장히 어렵다. 우리의 현재 삶은 많은 지식을 필요로 한다, 특히 직장을 찾기 위해서. 그래서 지식을 얻어야만 하고 그것이 학교의 역할이다. 그래서 학교는 필요하다.

단어장

obligatoire : 의무적인, 필수적인
le relais : 교대
une éducation : 교육, 훈련
pendant la journée : 낮 동안
nécessaire : 필요한, 불가결한
l’instruction : 지도, 지식, 학식, 교양 (주로 인성적인 면에서)
confronter qn à qn : 대면시키다, 대결시키다
apprendre à qn à + inf : …에게 …하는 것을 가르치다
égoïste : 이기주의자
socialiser : 사회화하다
une étape : 단계, 기간, 시기
vital(e) : 생명의, 대단히 중대한

avant de + inf : … 하기 전에
entrer dans la société : 사회에 진출하다
un tremplin : 발판, 계기
un palier à franchir : 뛰어 넘어야 할 (극복해야 할) 단계
avoir du mal à + inf : …하기가 어렵다
s'intégrer : 합류하다, 동화되다, 통합되다
une vie actuelle : 현재 생활, 현재의 삶
demander : 요구하다
une connaissance : 지식
en particulier : 특히
Il faut + inf :…해야만 한다
acquérir : 획득하다, 취득하다
le rôle : 역할 , 임무

10 Pour réduire le chômage, les femmes ne devraient plus travailler.

실업을 줄이기 위해서 여자들은 더 이상 일하지 말아야 할 것이다.

Etant une femme qui tient à travailler et à s'épanouir professionnellement et étant très sensible aux droits des femmes, je ne peux qu'être fermement en désaccord avec cette proposition. Pour moi, ce serait absolument insupportable de devoir être enfermée chez moi toute la journée, à faire le ménage, les courses… Même si j'ai des enfants un jour, je tiens à continuer à travailler. J'aime trop mon travail.

일을 꼭 하고 싶어 하고 직업적으로 성숙하길 몹시 바라는 여자로서 그리고 여성권리에 매우 민감한 나는 분명하게 이 제안에 동의할 수 없다. 나에게 있어서, 집안일 하고 장보느라 하루 종일 집에 갇혀 있어야 한다는 것은 너무나 끔찍한 일일 것이다. 비록 언젠가 내게 아이들이 생길지라도 나는 계속해서 일하기를 원할 것이다. 나는 내 일을 너무나도 사랑한다.

단어장

tenir à + inf : 꼭 …하고 싶어 하다, …하기를 몹시 바라다

s'épanouir : 피어오르다, 성숙하다, 무르익다
professionnellement : 직업적으로, 전문적으로
sensible à + qch : 민감한, 예민한
les droits des femmes : 여성인권
fermement : 확고하게, 확실하게
être en désaccord avec : …와 불화인, 불일치인
la proposition : 제안
pour moi : 나에게 있어서
ce serait insupportable de + inf : …하는 것이 참을 수 없을 것이다
absolument : 절대적으로, 꼭, 완전히
enfermé(e) : 유폐된, 갇힌
toute la journée : 하루 종일
faire le ménage : 집안일 하다
faire les courses : 장을 보다
même si : …임에도 불구하고
continuer à + inf : 계속해서 …하다

11 Il faut supprimer les prisons.
감옥을 없애야만 한다.

Les prisons sont nécessaires. Elles constituent une menace latente qui prévient nombre de crimes et delits. Les hommes aspirent toujours à plus de libertés. Les prisons sont nécessaires pour maintenir un certain ordre au sein de la société. Si on supprime les prisons, il faudra inventer un autre moyen de faire respecter l'ordre. Dans l'idéal, il ne faudrait pas avoir besoin de prison mais il y aura toujours une partie de la population qui se rendra coupable d'infractions à la loi.

감옥은 필요하다. 감옥은 많은 중범죄와 일반범죄들을 억제하는 잠재적인 힘이 있다. 인간은 항상 더 많은 자유를 갈망한다. 감옥은 사회 질서를 유지하기 위해서 필요하다. 만약 감옥을 없애면, 질서를 준수하게 하는 다른 수단을 만들어야만 할 것이다. 이상적으로는 감옥이 필요 없을지 모르지만, 법을 위반하여 죄를 범할 일부 국민들이 항상 있을 것이다.

단어장

la prison : 감옥
nécessaire : 필요한, 불가결한
constituer : 구성하다, 이루다, 지정하다
une menace : 위협, 억제력
latent(e) : 잠재하는, 잠재적인
prévenir : 알리다, 예고하다, 경고하다, 예방하다
un crime : 중범죄
un delit : 일반 범죄
* 프랑스는 범죄를 중범죄(crime), 일반범죄(délit), 경범죄(contravention)로 구분하여 처벌하고 있다.
aspirer à qch : …을 열망하다, 갈망하다
plus de : 더 많은
la liberté : 자유
maintenir : 유지하다
un certain ordre : 어떤 규칙
au sein de la société : 사회 내에서(한 복판에)
supprimer : 없애다, 제거하다
il faudra + inf : …해야만 할 것이다
inventer : 발명하다, 고안하다
un autre moyen : 다른 수단
faire + inf : …하게 하다
respecter l'ordre : 규칙을 준수하다
dans l'idéal : 이상의 차원에서는, 이론적으로는
avoir besoin de + 명사 : …이 필요하다
une partie de la population : 인구의 한 부분
se rendre coupable d'infractions à la loi : 법을 위반하는 죄를 짓다(범하다)

12 Les nouveaux moyens de communication vont faire disparaître la lettre.

새로운 의사소통 수단은 편지를 사라지게 할 것이다.

Les nouveaux moyens de communication risquent en effet de réduire le volume des lettres classiques. Pour ce qui est des papiers administratifs et des factures, je trouve que c'est une excellente chose : cela permet de réduire le papier gaspillé, de protéger l'environnement, et c'est en plus beaucoup plus rapide et efficace par mail. Je pense cependant que la lettre a une dimension affective et un aspect plus intime, plus personnel, plus fort que le mail. Et le fait qu'il y en ait moins qu'avant, renforce cet aspect. Je crois donc que la lettre ne disparaîtra pas tout à fait.

새로운 의사소통 수단은 사실 고전적인 편지의 양을 줄일 가능성이 있다. 행정 서류, 청구서에 관해서는 나는 그것이 매우 좋은 것이라고 생각한다 : 그것은 종이를 낭비하는 것을 줄이고 환경을 보호하게 해준다. 게다가 이메일로 하는 것이 훨씬 더 빠르고 효과적이다. 그렇지만 나는 편지가 이메일 보다 감성과 친밀한 인간관계라는 측면에서 훨씬 개인적이고, 강렬한 면을 가지고 있다고 생각한다. 그래서 전보다 편지가 줄었다는 사실이 이런 면을 더욱 강조한다. 그래서 나는 편지가 완전히 사라지지는 않을 것이라고 생각한다.

단어장

les moyens de communication : 의사소통 수단
risquer de + inf : …할 위험이 있다, …할 가능성이 있다
en effet : 사실, 실제로, 정말이지, 확실히
réduire : 줄이다
le volume : 총량, 양, 차지한 자리
des papiers administratifs : 행정적인 서류
la facture : 청구서, 납품서, 송장
pour ce qui est de + qch : …에 관해서는
Je trouve que : …라고 생각하다
excellent(e) : 훌륭한, 뛰어난, 탁월한
cela permet de +inf : 그것은 …을 가능하게 하다, 할 수 있게 하다
gaspiller : 낭비하다, 허비하다
protéger : 보호하다
l'environnement : 환경, 주의
en plus : 게다가
beaucoup plus rapide : 훨씬 빠른
efficace : 효과적인
cependant : 그렇지만
une dimension affective : 감성적 중요성
un aspect plus intime : 더 친밀한 면
personnel(le) : 개인적인
plus fort que le mail : 메일(이메일) 보다 더 강한
le fait que : …한다는 사실

renforcer : 견고히 하다, 강조하다, 보강하다
Je crois que : …라고 생각하다
disparaître : 사라지다
tout à fait : 완전히

13 Il faut respecter les traditions. 전통을 존중해야 한다.

Il faut certes concilier le respect des traditions et la modernité : on ne peut vivre uniquement autour de traditions sclérosantes. Mais respecter les traditions est important car cela permet de conserver son âme, de transmettre à ses descendants le cœur même de notre culture et de notre civilisation. Les traditions peuvent devenir un refuge, un cocon rassurant au milieu d'un monde global, évoluant en permanence et pouvant paraître assez menaçant et déroutant. Respecter les traditions aurait pour enjeu la sauvegarde du passé, de la mémoire et finalement de soi. Il faut juste intégrer ce respect à un mode de vie en phase avec les problèmes mondiaux actuels.

전통의 존중과 현대성을 확실히 잘 조화시켜야 한다. 우리는 경직된 전통의 테두리에서만 살 수는 없다. 그러나 전통을 존중하는 것은 중요하다. 왜냐하면 그것은 우리의 영혼을 간직하고 후손들에게 우리의 문화와 문명의 핵심 그 자체를 전달할 수 있기 때문이다. 전통은 은신처가 될 수 있고, 그래서 항상 진화되고 다소 위협적이며 당황스러운 글로벌 세계 속에서 안심할 수 있는 보호처가 될 수 있다. 전통을 존중하는 것은 과거와 기억 그리고 결국은 자신의 보호가 목적이다. 다만 전통을 이 문제가 많은 세계 속에서 살아가는 방식에다 적절히 통합해야 한다.

단어장

Il faut + inf : …해야 한다
certes : 확실히, 틀림없이
concilier : 조정하다, 일치(양립) 시키다

le respect des traditions : 전통의 존중
la modernité : 현대성
uniquement : 단지
autour de : …주위에
traditions sclérosantes (sclérosé) : 경직화된 전통
respecter : 존중하다
cela permet de + inf : …을 가능하게 하다, 할 수 있게 하다
conserver son âme : 영혼(정신)을 간직하다
transmettre à qn : …에게 전달하다, 물려주다
descendant : 후손, 자손
le cœur : 심장, 마음, 애정, 감성
une civilisation : 문명
un refuge : 피난처, 대피처
un cocon : 누에고치, 피난처
rassurant(e) : 안심이 되는
au milieu de : …의 한가운데
un monde global : 전세계
évoluer : 평가(감정)하다, 추측하다
en permanence : 항상, 언제나
paraître : 나타나다
menaçant(e) : 협박하는, 위협적인, 절박한
déroutant(e) : 당황하게 하는, 어리둥절하게 하는, 궤도를 벗어난
un enjeu : 목적, 내기
la sauvegarde : 보호, 수호
la mémoire : 기억
finalement : 결국
intégrer qch à : …을 …에 동화하다, 통합하다
un mode de vie : 생활방식
en phase : (변화 발달의) 단계, 국면, 양상
un problème : 문제
actuel(le) : 현재의

14 D'après vous, quel est l'âge idéal pour se marier ?
당신 생각에, 결혼하기에 이상적인 나이는 무엇인가요?

Je pense qu'il n'y a pas d'âge idéal pour se marier. Il faut trouver la bonne personne, voilà ce qui est le plus important. Pour se marier, il est préférable d'être financièrement indépendent, c'est-à-dire d'avoir un travail stable, avec des ressources regulières. J'ai 30 ans et je ne pense pas au mariage. Le mariage n'est pas une chose que je veux faire dans ma vie. Si je trouve la bonne personne et qu'elle désire se marier, alors je peux accepter. L'âge moyen du marriage recule en Corée car les gens veulent moins d'enfants qu'avant (souvent 2). Ils peuvent donc commencer à en avoir à 30 ans. De plus, les jeunes préfèrent souvent prendre leur temps, et profiter de leur jeunesse.

나는 결혼하는데 이상적인 나이는 없다고 생각한다. 좋은 사람을 찾는 것, 이것이 가장 중요한 것이다. 결혼하기 위해서는 재정적으로 독립하는 것이 더 바람직하다. 다시 말해 일정한 수입과 함께 안정된 직장을 갖는 것이 바람직하다. 나는 30살이고 결혼을 생각하지 않는다. 결혼은 내 인생에서 하고 싶은 일이 아니다. 만약 내가 좋은 사람을 찾고 그가 결혼하기 원한다면 나는 받아들일 수 있다. 한국에서 결혼 평균 연령은 높아지고 있다. 왜냐하면 사람들이 예전보다 아이를 적게 원하기 때문이다(주로 2명). 그래서 그들은 30살에 아이를 갖는 것을 시작할 수 있다. 게다가 젊은이들은 자신의 시간을 갖고 싶어 하고 그들의 젊음을 만끽하길 원한다.

단어장

se marier : 결혼하다
Il faut + inf : …해야만 한다
trouver la bonne personne : 좋은 사람을 찾다
voilà ce qui est le plus important : 가장 중요한 것이다
il est préférable de + inf : …하는 것이 더 낫다, 바람직하다
financièrement : 재정적으로
indépendent(e) : 독립적인
c'est-à-dire : 즉, 다시 말해서
stable : 안정된, 항구적인, 지속적인
des ressources : 돈, 재력
regulier(ère) : 규칙적인, 일정한

penser à : …를 생각하다
le mariage : 결혼
désirer + inf : …하길 원하다
accepter : 받아들이다
l'âge moyen du marriage : 평균 결혼 연령
reculer : 물러서다, 후퇴하다
moins de + 명사 + que : …보다 …가 적은
commencer à + inf : …하기 시작하다
de plus : 게다가
préférer + inf : …하는 것을 선호하다
prendre leur temps : 그들의 시간을(여유) 가지다
profiter de leur jeunesse : 그들의 젊음을 만끽하다

15 L'essentiel n'est pas de gagner beaucoup d'argent, mais d'avoir un métier qui vous plaît.

중요한 것은 돈을 많이 버는 것이 아니라, 만족하는 직업을 갖는 것이다.

Absolument. Il est plus important d'exercer un métier dans lequel on s'épanouit plutôt qu'un métier qui nous rapporte beaucoup d'argent mais qui nous ennuit. Si le métier que nous exerçons nous plaît, alors la vie semble plus belle. Si notre métier nous plaît, alors il est plus facile de se lever le matin pour aller travailler. On est donc moins stressé, et notre vie est meilleure. Gagner beaucoup d'argent ne rend pas heureux. Certaines personnes sont passionnées par leur métier. Si on aime son métier, alors on y prend du plaisir. On le fait bien et on est content des résultats.

당연하다. 돈을 많이 벌어도 지루한 직업보다는 우리가 성숙할 수 있는 직업에 종사하는 것이 가장 중요하다. 만약 우리가 종사하는 직업이 마음에 든다면 인생은 훨씬 아름다워질 것이다. 만약 우리 직업이 우리를 만족시킨다면, 아침에 일어나 일하러 가기도 쉽다. 따라서 스트레스도 덜 받고, 인생이 더 나아진다. 돈을 많이 버는 것은 행복하게 만들지는 않는다. 어떤 사람들은 그들의 직업에 열정적이다. 만약 자신의 직업을 사랑한다면, 거기서 기쁨을 느낀다. 사람들을 그 일을 잘하고, 결과에 만족한다.

단어장

absolument : 절대적으로, 완전히
il est plus important de + inf : …하는 것이 더 중요하다
exercer : 종사하다, (수)행하다
s'épanouir : 피어오르다, 성숙하다, 무르익다
plutôt que : …보다는 오히려
un métier : 직업
rapporter : (수익, 이득을) 가져다주다
ennuyer : 심심하다
plaire à qn : (주어는 사물) …의 마음에 들다
se lever : 일어나다
aller travailler : 일하러 가다
meilleur(e) : 좋은
gagner beaucoup d'argent : 많은 돈을 벌다
rendre + 속사 : …하게 만들다
certain(e) : 몇몇의
passionner : 열정을 불러 일으키다
prendre du plaisir : 기쁨을 느끼다
être content de : …에 만족하다
un résultat : 결과

16 Doit-on enseigner les langues étrangères à six ans?
외국어는 6살에 가르쳐야 할까요?

Plus on commence tôt, plus il est facile d'apprendre de nouvelles choses et donc aussi une langue étrangère. Je pense donc que c'est une bonne chose d'apprendre une langue étrangère très jeune. Cela permet également d'être plus ouvert aux autres cultures. Car une langue s'accompagne d'une culture. J'ai commencé à apprendre une langue étrangère à 11 ans. Je pense qu'il serait très bien d'apprendre même une troisième langue à six ans également. Aujourd'hui, parler l'anglais n'est plus un avantage mais une nécessité. Il est donc intéressant d'apprendre une autre langue en plus de l'anglais.

빨리 시작하면 할수록 더 새로운 것을 배우는 것이 쉬우며, 외국어는 더욱 그렇다. 따라서 나는 아주 어린 나이에 때 외국어를 배우는 것이 좋은 일이라고 생각한다. 그것은 또한 다른 문화에 대해 더 열린 사고를 가질 수 있게 해준다. 왜냐하면 언어는 문화를 수반하기 때문이다. 나는 11살에 외국어를 배우기 시작했다. 나는 또한 6살에 세 번째 언어를 배우는 것도 아주 좋을 것이라고 생각한다. 오늘날, 영어를 구사하는 것은 더 이상 특권이 아니라 꼭 필요한 것이다. 따라서 영어 이외에 다른 언어를 배우는 것이 유리하다.

단어장

Plus ~ plus ~ : …하면 할 수록 점점 더 … 하다
tôt : 일찍
il est facile de + inf : …하는 것이 쉽다
apprendre : 배우다
aussi : 게다가, 또
une langue étrangère : 외국어
Je pense donc que + inf : 따라서 나는…라고 생각한다
jeune : 젊은, 어린
permettre de+inf : …하는 것을 가능하게 하다, 할 수 있게 하다
également : 역시, 마찬가지로
plus ouvert(e) : 열려있는, (정신 따위가) 개방적인
car : 왜냐하면, …이니까
s'accompagner de + qch :…을 수반하다
une culture : 문화
commencer à + inf : …하는 것을 시작하다
il serait très bien de + inf : …하는 것은 아주 좋을 것이다
une troisième langue : 세 번째 언어
ne ... plus : 이제는 (더 이상, 다시는) …않다
un avantage : 유리한 조건, 특혜, 특권
une nécessité : 필요(성), 필요한 것
il est intéressant de + inf : …하는 것은 흥미롭다, 유리하다
en plus de + qch …이외에도

17 On lit de moins en moins à cause de la télévision.
사람들은 텔레비전 때문에 점점 책을 덜 읽는다.

Je pense effectivement que les gens lisent moins et de moins en moins à cause de la télévision. Il est plus facile de s'assoir devant un écran de télévision que d'ouvrir un livre. Regarder la télévision est un acte passif alors que lire demande un effort. De plus, la télévision donne accès facilement à diverses sortes de programmes. Avant la télévision et la radio, le seul moyen d'information était le livre et la presse écrite. Mais les temps ont changé. Désormais, les gens ne s'imaginent pas passer leur soirée ou leur dimanche à lire un livre. La télévision est plus facile. Elle permet de ne rien faire sans s'ennuyer. En effet, quand on nous demande ce qu'on a fait pendant le week-end, on répond souvent : "Je n'ai rien fait, j'ai regarde la télé!"

사실 나는 사람들이 텔레비전 때문에 책을 덜 읽고, 점점 덜 읽는다고 생각한다. 텔레비전 화면 앞에 앉는 것이 책을 펴는 것 보다 쉽다. 책을 읽는 다는 것은 노력을 요구하는 데 비해 텔레비전을 보는 것은 수동적인 행위이다. 게다가 텔레비전은 다양한 종류의 프로그램에 쉽게 접근할 수 있게 해준다. 텔레비전과 라디오가 나오기 이전에 유일한 정보전달 수단은 책과 신문잡지였다. 그러나 시대가 바뀌었다. 이제부터 사람들은 그들의 저녁이나 일요일을 책을 읽으며 보낸다는 생각을 하지 않는다. 텔레비전은 더 쉽다. 텔레비전은 아무것도 하지 않으면서 지루하지 않게 시간을 보낼수 있게 해준다. 사실, 우리에게 주말에 무엇을 하였는지 물을 때, 우리는 자주 "나는 아무것도 하지 않았어요, 나는 텔레비전을 봤어요!" 라고 답한다.

단어장

effectivement : 실제로, 실질적으로, 확실히
de moins en moins : 점점 덜
à cause de : …때문에
Il est facile de + inf : …하기 쉽다
plus ~ que : …보다 더
s'asseoir : 앉다
un écran de télévision : 텔레비전 화면(브라운관)

ouvrir un livre : 책을 펴다
un acte passif : 수동적인 행위, 행동
demander : 요구하다, 묻다
un effort : 노력
de plus : 게다가
donner accès à + qch : …(로)의 길을 열어주다
diverses sortes de programmes : 다양한 종류의 프로그램들
le seul moyen d'information : 정보전달의 유일한 수단
la presse écrite : 신문(잡지)
désormais : 이제는, 앞으로는
s'imaginer + inf : …을 상상하다, 생각하다
passer leur soirée : 그들의 저녁을 보내다
permettre de + inf : …하는 것을 가능하게 하다, 할 수 있게 하다
ne rien faire : 아무것도 하지 않다
sans s'ennuyer : 지루하지 않고
en effet : 실제로, 사실
demander à qn + 간접의문문 : …에게 …한 것을 묻다
répondre : 대답하다

18 Pour ou contre la chirurgie esthétique ?
미적 성형 수술에 대해 찬성하나요? 반대하나요?

Je suis pour la chirurgie réparatrice mais pas pour la chirurgie esthétique. La chirurgie esthétique est une réponse à un besoin créé par les médias, par la télévision et la société de consommation. Le besoin d'être beau, pour être aimé. Les gens sont devenus extrêmement matérialistes. Ils accordent beaucoup d'importances à leur apparence. Ils sont donc prêts à souffrir et à payer pour modifier leur apparence, pour se rapprocher des critères de beauté actuels. Mais la chirurgie réparatrice peut permettre de redonner accès à la vie sociale à une personne défigurée par un accident par exemple. C'est donc une bonne chose.

나는 복원성형수술에 대해선 찬성하지만, 미적 성형수술에 대해선 찬성하지 않는다. 미적 성형수술은 미디어, 텔레비전, 소비사회가 만들어낸 요구에 대한 응답이다.

아름다워지고 사랑받기 위한 욕구. 사람들은 극단적으로 물질주의자가 되었다. 그들은 그들의 외모에 많은 중요성을 둔다. 따라서 그들은 현재의 미적 기준에 가까워지기 위해서, 그들의 외모를 고치기 위해서 고통 받고 돈을 지불할 각오가 되어 있다. 그러나 복원성형수술은 예를 들어 사고로 얼굴이 흉측해진 사람들에게 사회생활의 길을 다시 열어줄 수 있다. 그래서 그것은 좋은 일이다.

단어장

être pour : 찬성하다
la chirurgie réparatrice : 성형외과(복원)
la chirurgie esthétique : 성형외과(미용)
une réponse : 대답, 반응, 응답
un besoin : 수요
créer : 창조하다
le média : 매체, 미디어
la société de consommation : 소비사회
devenir : …이 되다
extrêmement : 극단적으로
matérialiste : 물질주의자
accorder qch à qch : …와 …을 일치(조화)시키다
une importance : 중요성
une apparence : 외모, 겉모습
être prêt à + inf : …할 준비가 되어있다, …할 용의가 있다
souffrir : 고통받다
payer : 지불하다
modifier : 수정하다, 고치다
se rapprocher de qch : 다가 가다, 다가 오다
un critère de beauté : 미적 기준
actuel(le) : 현재
permettre de + inf : …하는 것을 허용하다
redonner accè à qch : …(로)의 길을 다시 열어주다
la vie sociale : 사회생활
défiguré(e) : 얼굴 모양이 흉하게 된
un accident : 사고

19 Pour ou contre le permis de conduire à 16 ans ?
16살에게 운전면허증 주는 것을 반대하나요 찬성하나요?

Je pense que 16 ans est un âge un peu jeune pour conduire un véhicule seul. 18 ans me semble plus sensé. Il y a une grande différence de maturité et de prise de conscience entre 16 et 18 ans. On peut commencer à apprendre à conduire à 16 ans mais toujours accompagné d'une personne majeure et qui a son permis de conduire depuis au moins 8 ans. Je pense que les adolescents de 16 ans ont beaucoup d'autres préoccupations donc il n'y a pas besoin de leurs en ajouter d'autres.

나는 16살은 차량을 혼자 운전하기에 조금 어린 나이라고 생각한다. 18살이 좀 더 분별있다고 생각한다. 16살과 18살 사이에는 인식과 분별력의 큰 차이가 있다. 16살에 운전하는 것을 배울 수는 있지만 적어도 8년 전부터 운전면허증이 있는 성인을 동반해야 한다. 나는 16살 청소년들이 다른 많은 관심거리를 가지고 있다고 생각한다. 그래서 그들에게 (운전면허라는) 또 다른 관심거리를 보태는 것이 필요하지 않다고 생각한다.

단어장

Je pense que : …라고 생각하다
un âge : 나이
conduire : 운전하다
un véhicule : 차량, 탈것
seul(e) : 혼자, 홀로
sembler à qn + 속사 : …처럼 보이다, …하는 것 같다
sensé(e) : 분별 있는, 양식 있는
une différence : 차이, 다름, 구별
la maturité : 성숙, 무르익음, 원숙함, 분별력
une prise de conscience : 자각, 인식
entre A et B : …와 …사이에
commencer à + inf : …하기 시작하다
apprendre à + inf : …하는 것을 배우다
accompagner : 동반하다, 수반하다
une personne majeure : 성인
un permis de conduire : 운전면허증

depuis : …부터, …이래로, …전 부터
au moins : 적어도
adolescent : 청춘기의 남, 여
une préoccupation : 걱정, 염려, 관심(사)
Il n'y a pas besoin de : …이 필요하지 않다
ajouter : 더하다, 첨가하다

20 Pour ou contre l'école obligatoire jusqu'à 16 ans ?
16살까지의 의무교육에 대해 찬성하나요? 반대하나요?

Je pense que l'école obligatoire jusqu'à 16 ans est aussi une bonne chose. L'école a un rôle instructif mais également éducatif. Et lorsque je vois le comportement des jeunes de notre époque, je pense que si l'on réduit cette obligation, on court à la catastrophe. L'éducation fait grandement défaut de nos jours. Les gens prennent toutes les libertés. Il faut donc les éduquer plus sérieusement et plus longtemps. L'éducation donne accès à la vie en société. L'école nous apprend à vivre en communauté, en groupe et à se confronter aux autres. Il faut du temps de la pratique et de l'expérience pour connaître les réactions des autres, et l'école est un bon entraînement.

16살까지 의무교육도 좋은 것 같다. 학교는 교훈적인 역할 뿐 아니라 교육적인 역할도 한다. 요즘 젊은이들의 행동을 볼 때, 만약 이 의무를 줄였다면, 파국을 초래한다고 생각한다. 요즘은 교육이 많이 부족하다. 사람들은 모든 자유를 누린다. 그러므로 더 오랫동안, 더 진지하게 그들을 교육해야 한다. 교육은 사회생활에 길을 열어준다. 학교는 우리에게 단체의 공동생활과 다른 사람들과 직면하는 것을 가르쳐 준다. 다른 사람들의 반응을 이해할 수 있기 위해서는 일정한 시간의 실천과 경험이 필요하다. 그렇기 때문에 학교는 좋은 트레이닝(훈련)이다.

단어장

l'école obligatoire : 의무교육

jusqu'à : …까지
un rôle instructif : 교훈적인 역할
également : 동등하게
éducatif(ve) : 교육의
lorsque : …동안
le comportement : 행동
des jeunes : 젊은이들
une époque : 시대, 시절
réduire : 줄이다
une obligation : 의무
courir à : (결과를 향해) 달려가다, 치닫다
la catastrophe : 대재앙, 파국
une éducation : 교육
grandement : 완전히, 크게, 많이
faire défaut : …이 없다, 부족하다
prendre toutes les libertés : 모든 자유를 취하다
Il faut + inf : …해야만 한다
éduquer : 교육하다
sérieusement : 심각하게
longtemps : 오래
donner acces à qch : …로의 길을 열어주다
la vie en société : 사회생활
apprendre à qn à + inf : …에게 …하는 것을 가르치다
vivre en communauté : 공동생활하다
en groupe : 단체로
se confronter aux autres : 다른 사람과 마주하다
Il faut du temps. : 시간이 필요하다.
la pratique : 실용, 실행, 적용
une expérience : 경험
une réaction : 반응
un entraînement : (어떤 행동으로) 이끌기, 훈련, 연습

21 Il vaut mieux apprendre un métier que faire des études.
공부하는 것 보다 일을 배우는 것이 낫다.

Tout dépend du métier que l'on veut faire. Pour un métier très pratique, très manuel ou technique, il vaut mieux l'apprendre directement. Pour un métier plus intellectuel, il vaut mieux étudier pour apprendre les techniques de réflexion et de conception. Cela dépend aussi de la situation financière des tuteurs de l'étudiant. Des études longues coûtent cher, et ne sont possibles que si les parents ont assez d'argent. On n'a donc parfois pas le choix. Dans certaines formations très specifiques, les études correspondent à l'apprentissage d'un métier. Il ne sert à rien de faire des études si on ne sait pas dans quel domaine on veut appliquer ce que l'on apprend.

하고 싶어 하는 일(직업)이 무엇인가에 따라 다르다. 매우 실용적이고 손으로 만들거나 또는 기술적인 직업에 있어서는, 그것을 직접 배우는 것이 더 낫다. 좀 더 지적인 직업은 성찰과 이해의 기술을 배우기 위해 공부하는 것이 더 낫다. 그것은 또한 학생을 후원하는 사람의 경제적 상황에 따라 다르다. 오랜 기간 동안의 공부(학업)는 돈이 많이 들기 때문에 우리 부모님이 충분한 돈이 있을 때만 가능하다. 그래서 때로는 선택의 여지가 없다. 몇몇 아주 특수한 직업교육에서는 공부가 직업훈련과 관련된다. 우리가 배우는 것을 어떤 분야에 적용하고 싶은지 모른다면 공부하는 것은 아무 소용이 없다.

단어장

dépendre de : …에 달려있다
le métier : 직업, 일
pratique : 실제적인, 실용적인, 실리적인
manuel(le) : 손으로 하는
technique : 전문적인, 기술적인
il vaut mieux + inf : …하는 것이 더 낫다
apprendre : 배우다, 익히다
directement : 직접, 곧바로
plus intellectuel(le) : 더 지적인
les techniques de réflexion et de conception : 성찰과 이해의 기술
la situation financière : 금전적인, 재정적인 상황
tuteur(trice) : 보호자, 후원자
coûter cher : 값이 비싸다
parfois : 가끔
le choix : 선택
dans certains cas : 몇몇 경우에
une formation : 교육, 지식, 교양, 직업(기술)교육
spécifique : 특유한, 특수한
correspondre à : …에 일치하다, 부합하다, 해당하다, 관련되다

l'apprentissage d'un métier : 직업훈련
Il ne sert à rien de + inf :…하는 것은 아무런 소용이 없다
faires des études : 공부하다
appliquer : 적용하다

22 Un bon professeur donne beaucoup de liberté aux élèves.
좋은 선생님은 학생들에게 많은 자유를 준다.

Un bon professeur doit faire preuve de pédagogie et avoir de bonnes connaissances dans le domaine qu'il enseigne. Donner des libertés aux élèves ne sert à rien. On ne va pas à l'école pour se distraire. Un bon professeur sait passionner ou du moins intéresser ses étudiants. Il n'a donc pas besoin de leurs donner des pauses régulières. De plus, l'école n'est pas faite pour nous donner des libertés mais pour nous apprendre à respecter les règles de la vie en société, du respect. Une fois que l'on a acquit ces bases, alors on peut accéder à certaines libertés. Mais ce n'est pas le rôle d'un professeur de les donner.

좋은 선생님은 가르침을 증명해야 하며, 그가 가르치는 영역에서 풍부한 지식을 가지고 있어야 한다. 학생들에게 자유를 주는 것은 아무런 소용이 없다. 기분전환 하러 학교에 가지 않는다. 좋은 선생님은 학생들로 하여금 열정을 가지게 할 줄 알아야 하고, 적어도 자기 학생들의 흥미를 끌 줄 알아야 한다. 그들에게 주기적인 휴식을 주는 것이 필요하지 않다. 게다가 학교는 우리에게 사회생활의 규칙과 존중의 규칙을 가르치는 곳이지 자유를 주는 곳은 아니다. 일단 이런 기본을 배우고 난 뒤에야, 우리는 몇 가지 자유를 가질 수 있다. 그러나 그것을 주는 것은 선생님의 역할은 아니다.

단어장

faire preuve de : …을 증명하다,…의 증거를 제시하다
une pédagogie : 교수법, 교육학, 교육자적인 자질, 가르침

une connaissance : 지식
le domaine : 영역, 분야
enseigner : 가르치다
donner qch à qn : …에게 …을 주다
une liberté : 자유
Cela ne sert à rien. : 그것은 아무 소용없다.
se distraire : 기분 전환시키다
savoir + inf : …할 줄 알다
passionner : 열광시키다, 격화 시키다
du moins : 적어도
intéresser : 관심을 끌다
avoir besoin de + inf : …이 (하는 것이) 필요하다
une pause : 휴식
régulier(ère) : 정기적인, 주기적인
de plus : 게다가
apprendre à qn à + inf :…에게 …하는 것을 가르치다
les règles : 규칙
en société : 사회에서
un respect : 존중
une fois que + ind : 일단 …하면(하자마자)
acquérir : 획득하다, 취득하다
accéder à : 이르다, 접근하다, 획득하다
le rôle : 역할

23 La télévision rend les gens bêtes.
텔레비전은 사람들을 바보로 만든다.

La télévision supprime le regard critique et l'objectivité des gens. On a tendance à croire tout ce que l'on voit et entend à la télévision. De plus, le fait d'être passif devant la télévision ne nous habitue pas à réfléchir. Les programmes sont aussi de plus en plus stupides et creux. Si elle ne rend pas les gens bêtes au moins, elle ne les aide pas à se développer intellectuellement. La télévision opère un "bourrage de crâne" sur les téléspectateurs. Le plus grave à mon avis est le fait que les gens sont complètement passifs devant la télévision.

텔레비전은 사람들의 비판적 시각과 객관성을 없앤다. 사람들은 텔레비전에서 듣고 보는 모든 것을 믿는 경향이 있다. 게다가 텔레비전 앞에서 수동적인 행동은 깊이 생각하는데 익숙해지지 않게 한다. 프로그램들은 점점 더 어처구니없고 내용이 없다. 설사 텔레비전이 사람들을 바보로 만들지는 않는다 하더라도 최소한 그들이 지적으로 발전하는 것을 막고 있는 것이다. 텔레비전은 시청자들에게 과대광고를 한다. 내 생각에 가장 심각한 것은 사람들이 텔레비전 앞에서 완전히 수동적이라는 사실이다.

단어장

supprimer : 제거하다, 없애다
le regard critique : 비판적 시각
un objectivité : 중립성, 공정성, 객관성
avoir tendance à + inf : …의 성향(경향)을 가지고 있다
tout ce que l'on voit : 사람들이 보는 것 모두
entendre : 듣다
de plus : 게다가
le fait de + inf : …하는 행위, 행동
passif(ve) : 수동적인
habituer qn à + inf : …로 하여금 …에 익숙하도록 하다
réfléchir : 숙고하다, 곰곰이 생각하다
de plus en plus : 점점 더
stupide : 어리석은, 우둔한, 어처구니없는
creux(se) : 속이 빈, 의미 없는
rendre qn + 속사 : …을 하게 만들다
bête : 어리석은, 바보 같은
au moins : 적어도
aider qn à + inf : …를 …하도록 돕다
se développer : 발전하다
intellectuellement : 지적으로
opérer : 수행하다, 실행하다
un bourrage de crâne : 과대선전, 허위선전
téléspectateur : 텔레비전 시청자
le plus grave : 가장 심각한 것
à mon avis : 내 생각에
le fait que + ind : …한다는 사실
complètement : 완전히, 전부

24 Un bon ami dit toujours 'oui'.
좋은 친구는 항상 '예'라고 말한다.

Je pense qu'un véritable ami est toujours présent lorsqu'on a besoin d'aide. J'ai quelques amis proches qui sont toujours prêts à m'aider et que je suis toujours prêt à aider. La confiance est la base de l'amitié. Un ami dit toujours «oui» pour nous aider, mais il ne cautionne pas forcément tous ce que l'on fait ou dit. Un ami sait aussi nous montrer et nous dire lorsqu'on a tort. Un ami pense toujours à notre bien, à notre réussite et à notre bonheur. Surtout, un ami ne doit pas mentir. S'il estime qu'il doit dire non, je me dois, moi aussi, d'être un bon ami et d'accepter ce qu'il me dit. Et je dois le remercier de sa sincerité.

진정한 친구는 우리가 도움이 필요할 때 항상 있어주는 것이라고 생각한다. 나는 항상 나를 도와줄 준비가 되어있는 그리고 나도 항상 그들을 도와줄 준비가 되어있는 그런 가까운 친구들이 몇 있다. 신뢰는 우정의 기본이다. 친구는 우리를 도우는 일이라면 항상 «예»라고 말한다. 그러나 그는 우리가 행한 것이나 말한 모든 것을 반드시 지지하지는 않는다. 친구는 우리가 틀렸을 때 우리에게 지적해주거나 말해줄 줄 안다. 친구는 항상 우리의 이익, 성공, 행복에 대해 생각한다. 특히, 친구는 거짓말 하지 않는다. 만약 그가 아니라고 말해야 한다고 생각한다면 나도 역시 좋은 친구가 되어야 할 의무가 있으며, 그가 나에게 하는 말을 받아들일 의무가 있다. 그의 솔직함에 감사해야 한다.

단어장

Je pense que : 나는 …라고 생각한다
véritable : 실제의, 진정한
présent(e) : 현재의, 출석한
avoir besoin de + qch :…이 필요하다
une aide : 도움
ami(e) proche : 가까운 친구
prêt(e) à + inf : …할 준비가 된
la confiance: 신뢰
la base : 기초, 기본
une amitié : 우정

cautionner : 지지하다, 찬동하다, 보증하다
forcément : 반드시
tous ce que l'on fait : 우리가 하는 것 모두
savoir + inf : …할 줄 알다
montrer : 보여주다
avoir tort : 틀리다
penser à : …을 생각하다
le bien : 유리함, 이익, 유용성, 소중한 것
une réussite : 성공, 출세
un bonheur : 행운
mentir : 거짓말하다
estimer que + ind : …하다고 생각하다, 믿다, 간주하다
se devoir de + inf : …할 의무가 있다
accepter : 받아들이다
remercier qn de qch : …에게 …을 감사하다
la sincerité : 솔직함

25 Il est impossible de vivre sans voiture.
자동차 없이 사는 것은 불가능하다

Il est tout à fait possible de vivre sans voiture et surtout dans les grandes villes. Je vis depuis 10 ans dans une ville de taille moyenne et je n'ai pas de voiture. Je me déplace à pied le plus souvent. J'utilise les transports en commun comme le bus une fois par semaine. Je trouve qu'il n'est pas du tout pratique d'avoir une voiture en ville. Mais à la campagne, c'est très pratique. Je pense qu'il est difficile de vivre à la campagne sans voiture car on ne trouve pas tout ce que l'on veut en bas de chez soi. Je vis en ville et je me sens privilegié de pouvoir me passer de voiture. Les transports en commun sont très développés. Les trains KTX me permettent de me rendre à peu près partout en Corée et le plus souvent pour pas cher.

자동차 없이 사는 것은 가능하다, 특히 대도시에서 그렇다. 나는 10년 전부터 중소

도시에서 살고 있는데, 나는 자동차가 없다. 나는 대체로 걸어서 이동한다. 버스 같은 대중교통은 일주일에 한번 이용한다. 내 생각엔 도시에서 자동차를 소유하는 것은 전혀 실용적이지 않다. 그러나 시골에선 매우 실용적이다. 시골에선 자동차 없이 사는 것이 어려운 것 같다, 왜냐하면 자기 집 아래에서 원하는 것을 모두 구할 수 없기 때문이다. 난 도시에 살면서 그리고 자동차 없이 지낼 수 있는 특혜를 누린다고 본다. 대중교통은 매우 발전했다. KTX 기차는 대체로 비싸지 않게 한국의 거의 모든 곳에 갈 수 있게 해준다.

단어장

Il est possible de + inf : …하는 것은 가능하다
tout à fait : 완벽하게
surtout : 특히
vivre : 살다
depuis +시간 : … 이내로, …이래, …전 부터
une taille moyenne : 보통 크기
se déplacer : 이동하다
à pied : 걸어서
le plus souvent : 대체로, 대개의 경우
utiliser : 사용하다
les transports en commun : 대중교통
une fois par semaine : 일주일에 한번
Je trouve que : 나는 …라고 생각하다
il n'est pas du tout pratique de + inf : …하는 것은 전혀 실용적이지 않다
à la campagne : 시골에서
tout ce que l'on veut : 사람들이 원하는 것 모두
en bas de chez soi : …집 아래에
se sentir 속사 de + inf : 스스로 …을 느끼다
privilegié : 특권자, 운좋은 사람, 수혜자
se passer de + qch : …없이 지내다, …을 필요로 하지 않다
développé(e) : 발전된
permettre à qn de + inf : …에 …하는 것을 가능하게 하다, 할 수 있게 하다
se rendre : 가다
à peu près : 대략
partout : 도처에

26 Un père ne peut jamais être un ami.
아버지는 결코 친구가 될 수 없다.

Je pense qu'un père ne peut pas être un ami. Les rapport entre ami et entre père et fils sont différents. Un ami peut être un confident, mais pas notre père. Certaines choses peuvent être confiéés au père, mais moins qu'à un ami. Je pense qu'il ne faut pas mélanger les rôles des gens qui nous entourent. Je ne communique pas avec mon père. Lorsque j'ai besoin de parler, de me confier, je vais voir mes amis. Leur rôle est très different de celui de mon père. Je pense qu'on peut parler avec notre père, mais il y a certaines choses qu'il ne peut pas entendre, ni comprendre, entre autres à cause de la difference de génération.

아버지는 절대 친구가 될 수 없다고 생각한다. 친구 사이의 관계와 아버지와 자식 사이의 관계는 다르다. 친구는 속내 이야기를 할 수 있는 사람이 되지만 아버지는 될 수 없다. 어떤 것들은 아버지에게 털어 놓을 수 있지만 친구 보다는 덜 하다. 우리 주위의 사람들의 역할을 혼동해서는 안 된다고 생각한다. 난 아버지와 친밀하게 대화하지 않는다. 말할 필요가 있거나, 비밀 얘기를 할 때, 나는 내 친구들을 보러간다. 그들의 역할은 나의 아버지의 역할과는 아주 다르다. 아버지와 얘기 할 수는 있지만, 특히 세대차이 때문에 그가 알아듣지 못하거나 이해하지 못하는 것들이 있다.

단어장

Je pense que : 나는 …라고 생각한다
un rapport : 관계
entre A et B ︰A와 B사이에
le fils : 아들, 자식
différent(e) : 다른
un confident : 절친한 친구, 속내 이야기를 할 수 있는 사람
certain(e) : 몇몇의, 어떤
confier à + qn : …에게 맡기다, 부탁하다
moins que : …보다 덜
il ne faut pas + inf : …하면 안 된다
mélanger : 섞다, 혼합하다

le rôle : 역할
entourer : 둘러싸다, 주위에 있다
communiquer avec qn : …와 소통하다
lorsque : …할 때
avoir besoin de + inf : …이 필요하다
se confier : 신뢰하다, 비밀을 털어놓다
entendre : 듣다, 귀를 기울이다
comprendre : 이해하다
entre autres : 특히, 그중에서도
à cause de : …때문에
la différence de génération : 세대차이

27 Il faut laisser les sportifs se doper.

스포츠 선수들이 약물복용 하는 것을 내버려 두어야 한다.

Il ne faut pas laisser les sportifs se doper. Cela fausse la compétition et en enlève tout l'intérêt. Il faudrait exclure les sportifs dopés des compétitions à vie. Cela est contraire à l'esprit sportif. Les gens qui utilisent ce procédé n'ont pas compris l'intérêt du sport et ils ne se respectent pas eux-même. Je ne pourrais pas être fier de moi si je remportais une compétition avec l'aide du dopage. Les risques encourus ne sont pas assez importants comparés aux résultats que cela peut donner. Je serai complètement intolerant envers le dopage dans le sport.

운동선수들이 약물 복용하는 것을 내버려 두어서는 안 된다. 그것은 시합을 변질시키고, 시합의 모든 흥미를 잃게 한다. 약물복용 운동선수들을 경기에서 영원히 축출해야 한다. 그것은 스포츠 정신에 반하는 것이다. 이 방법을 이용하는 사람들은 스포츠의 흥미를 이해하지 못하고, 또 서로를 존중하지 못한다. 만약 내가 약물의 도움을 받아 경기에서 우승했다면, 난 내가 자랑스럽지 못 할 것이다. 선수들이 약물복용을 하는 것은 그것이 가져올 위험이 그것이 가져다주는 결과보다 크지 않기 때문이다. 난 스포츠에서 약물복용에 대해 절대적으로 너그럽지 못하다.

단어장

Il ne faut pas + inf : …하면 안 된다
laisser qch + inf : …을 …하도록 두다
sportif : 운동가, 스포츠맨
se doper : 약물 복용하다
fausser : 왜곡하다, 변질시키다
la compétition : 경쟁, 운동경기, 시합
enlever : 없애다, 치우다, 걷다, 빼다
un intérêt : 이득, 관심, 흥미, 재미
exclure : 추출하다, 제명하다, 배제하다
à vie : 종신의
contraire à : …에 반대하여
l'esprit sportif : 스포츠정신
utiliser : 사용하다
le procédé : 방법, 방식, 기법
comprendre : 이해하다
se respecter : 자중하다, 체면을 지키다
être fier de qn : …을 자랑스러워 하다
remporter : 가져오다, 상을 타다
avec l'aide de : …의 도움으로
un dopage : 약물복용
un risque : 위험
encourir : (벌금, 비용 따위를)물게 되다, (비난, 벌 따위를) 받다, 초래하다
comparer à : …와 비교하다, 대조하다
le résultat : 결과
complètement : 완전히
intolerant(e) : 편협한, 너그럽지 못한, 이해심 없는
envers :…에 대해

28 Faut-il réduire les vacances scolaires et ainsi réduire la durée des cours dans la journée?

방학을 줄여 수업일수를 늘이는 대신에 하루 수업시간을 줄여야만 하는가?

Je pense que ce serait une bonne idée. Des études montrent qu'on ne peut pas rester concentré et efficace pendant des heures. Les enfants sont surtout concentrés le matin. Il est donc inutile de les faire travailler jusqu'à 18 heures. De plus, de longues vacances les font oublier une grande partie des choses apprises et les désocialisent parfois. Le retour en classe est souvent difficile après de longues vacances. Il vaudrait donc mieux répartir les heures de cours sur l'année de façon plus homogène.

좋은 생각이라고 생각한다. 연구결과들은 아이들이 여러 시간동안 집중되고 효율적인 상태로 있지 못한다는 것을 보여준다. 아이들은 특히 아침에 집중한다. 그러므로 저녁 6시까지 공부하는 것은 비효율적이다. 게다가 긴 방학은 배웠던 것들 대부분을 잊어버리게 하고, 때때로 사회성을 약회시킨다. 긴 방학이 끝난 후, 개학은 종종 힘이 든다. 따라서 좀 더 통일된 방법으로 한 해의 수업시간을 재분배하는 게 더 좋다.

단어장

Je pense que : 나는 …라고 생각한다
une bonne idée : 좋은 생각
montrer : 보이다, 제시하다
rester + 속사 : (같은 상태, 입장에) 있다, 여전히…하다
concentré(e) : 집중된, 주의 깊은
efficace : 효율적인
surtout : 특히
il est inutile de + inf : …하는 것은 쓸모없다
faire+inf : (사역) …하게 시키다
jusqu'à : …까지
de plus : 게다가
long(ue) : 긴
oublier : 잊어버리다, 잃어버리다
une partie : 부분
appris(e) : 배운
désocialiser : 탈사회화시키다
parfois : 때때로
le retour en classe : 개학
Il vaudrait mieux + inf : …하는 것이 낫다
répartir qch sur qch : (어떤 기간으로) 배분하다
une année : 일 년
de façon + 형용사 : …한 방식, 방법
homogène : 동일한, 통일된

29 Les coutumes héritées du passé doivent être supprimées.
과거로부터 물려받은 관습은 없어져야만 한다.

Les coutumes héritées du passé sont parfois utiles et fondées, parfois inutiles et cruelles. Donc tout dépend de quelles coutumes. Les coutumes représentent la culture et l'histoire d'un peuple. En ce sens, elles sont une richesse. Mais certaines choses sont inutiles et stupides, voir même nuisibles. Je pense à certaines coutumes d'Afrique qui consistent à mutiler les filles de façon à ce qu'elles ne puissent pas éprouver de plaisir sexuel. Ce genre de coutume devrait disparaître.

과거로부터 물려받은 관습은 때로는 유용하면서 정당하고, 때로는 쓸모없고 잔인하다. 따라서 어떤 관습이냐에 따라 다르다. 관습은 한 민족의 역사와 문화를 대표한다. 이런 의미에서 그것은 부(풍요)이다. 그러나 어떤 것들은 쓸모없고 어처구니없으며, 게다가 해롭기까지 하다. 아프리카의 몇몇 관습은 딸들이 성적 만족감을 느끼지 못하게 하기 위해 신체 일부분을 절단한다. 이런 종류의 관습은 없어져야만 한다.

단어장

la coutume : 관습, 풍습
héritier de : …을 상속받다, …을 물려받다
le passé : 과거
parfois : 때때로
utile : 유익한, 유용한
fondé(e) : 근거가 있는, 확실한, 정당한
inutile : 쓸모없는
cruel(le) : 잔인한, 가혹한, 곤란한
dépendre de :…에 달려있다
représenter : …을 나타내다, 연상시키다, 의미하다
la culture : 문화
un peuple : 민중, 국민, 대중
en ce sens : 그런 의미에서
une richesse : 부, 부유함, 풍요, 풍부
certain(e) : 몇몇의
stupide : 멍청한, 어리석은, 어처구니없는
même : …조차, 심지어, …같은
nuisible : 해로운

penser à : …을 생각하다
consister à : …에 있다
mutiler : 신체 일부를 절단하다
de façon à ce que + sub : …하기 위해서
éprouver : (감정, 감각 따위를) 느끼다
un plaisir sexuel : 성적 만족
ce genre de : 이런 종류의
disparaître : 없어지다, 사라지다

30 Le confort matériel n'est pas nécessaire pour être heureux.
물질적 안락은 행복해지는데 꼭 필요한 것은 아니다.

Le confort matériel est une illusion du Bonheur qui contente beaucoup de personnes de nos jours. Les gens pensent être heureux s'ils ont beaucoup d'argent. Cela est peut-être dû à la société de consommation, qui nous incite toujours à acheter plus, à posséder plus de choses. Le confort matériel est certes agréable, mais il ne peut pas rendre une personne heureuse. Les gens amoureux sont très heureux sans se soucier de confort matériel. Les personnes qui décident de s'élever dans la spiritualité sont heureux sans aucun confort matériel. Il n'est donc pas nécessaire au bonheur.

물질적 안락은 오늘날 많은 사람들을 만족시켜주는 행복의 환상이다. 사람들은 그들이 돈이 많다면 행복할 것이라고 생각한다. 그것은 아마도 항상 더 많이 물건을 사게 하고 더 많은 것을 소유하도록 자극하는 소비사회에 의한 것이다. 물질적 안락은 확실히 편안하기는 하지만, 그것이 사람을 행복하게 하지는 않는다. 사랑하는 사람들은 물질적 안락에 대한 걱정 없이도 행복하다. 영성생활 안에서 정신을 향상시키기로 마음먹은 사람들은 어떠한 물질적 안락 없이도 행복하다. 따라서 물질적 안락이 행복에 있어 꼭 필요한 것은 아니다.

단어장

le confort matériel : 물질적 안락
une illusion : 착각, 환영, 환상
contenter : 만족시키다
de nos jours : 오늘날의
penser + inf : …라고 생각하다
dû à + qch : …에 의한
la société de consommation : 소비의 사회
inciter qn à + inf : …을 …하게 자극하다, 선동하다, 유발하다
acheter plus : 더 많이 사다
posséder : 소유하다, 가지다
plus de + 명사 : 더 많은 …
certes : 물론, 확실히
agréable : 기분좋은, 유쾌한, 쾌적한
rendre qn + 속사 : …를 …하게 하다
les gens amoureux : 사랑에 빠진 사람들
sans + inf : …하지 않고
se soucier de + qch : 걱정하다, 염려하다
décider de + inf : …하기로 결정하다
s'élever : (정신적으로) 높아지다, 향상되다
la spiritualité : 정신생활, 영성
aucun(e) : 어떠한, 하나도, 조금도
Il n'est donc pas nécessaire : 꼭 필요하지 않다

Entraînez-vous

01 Que pensez-vous du système éducatif de votre pays ?
당신 나라의 교육 제도에 대해 어떻게 생각하세요 ?

이야기를 만들자

우리나라의 교육제도는 한탄스럽다. 쓸모없고 게다가 해롭기까지 한 개혁들이 정기적으로 그리고 너무 자주 행해진다. 예를 들어, 아이들에게 글쓰기를 가르치는 방법에 대한 여러 가지 개혁들이 강하게 비판 받았다. 교육제도는 그 역할을 다하지 못한다. 왜냐하면, 교육을 위한 수단들을 없애 버렸기 때문이다. 선생님들은 더 이상 아이들에 대해 어떠한 권한도 가지고 있지 않다, 그래서 그들은 아이들에게 사회생활의 기본적인 원칙을 가르쳐 줄 수 없다. 이는 아이들의 사회생활에 있어서 참담한 결과를 가져왔다. 즉 모든 교육기관과 사회층에 대한 존경의 부족과 훼손이라는.

표현을 참고하자

le système éducatif : 교육제도
déplorable : 한탄스러운, 매우 유감스러운
subir : 시련을 감내하다, 영향을 받다, 어쩔 수 없이 따른다
régulièrement : 정기적으로
une réforme : 개혁, 개선, 개정
inutile : 쓸모없는

voire : 게다가
nuisible : 해로운
différent(e) : 여러 가지의, 갖가지의
une manière : 방식, 방법
apprendre à + inf à qn : …하는 것을 …에게 가르치다
fortement : 몹시, 격렬하게, 세게
critiqué(e) : (critiquer 의 수동태적 용법) 비평하다, 비난하다
remplir : (의무, 역할 따위를) 다하나, 완수하다, 채워 넣다
le rôle : 역할
supprimer : 없애다, 폐지하다, 금지하다
le moyen : 방법
enseignant(e) : 교사
ne ~ plus : 더 이상 …하지 않다
aucun(e) : 조금도, 하나도, 어떠한
une autorité : 권한, 직권
enseigner qch à qn : …에게 …을가르치다
les principes élémentaires de la vie en société : 사회생활의 기본 원리
une conséquence : 결과, 영향
désastreux(se) : 재난의, 처참한, 불행한
une détérioration : 훼손, 손상, 악화
un manque total de respect : 전적인 존경의 부족
envers : …에 대해
une institution : 교육기관

문장을 완성해보자

Le système éducatif de mon pays est déplorable. .... Par exemple, les différentes réformes des manières d'apprendre à écrire aux enfants ont été fortement critiquées. .... donc ils ne peuvent pas leur enseigner les principes élémentaires de la vie en société, et .... : détériorations et manque total de respect envers toutes les institutions et toutes les classes sociales.

02 Si moins de femmes travaillaient, il n'y aurait pas de chômage.
만약 더 적은 수의 여성들이 일을 한다면, 실업이 없을 것이다.

이야기를 만들자

만약 더 적은 수의 여성들이 일을 한다면 그녀들은 실업 상태였을 것이고, 따라서 실업이 훨씬 더 많아졌을 것이다. 한국사회에서 여성이 일을 하는 것은 아주 정상적인 일이다. 사람들은 더 이상 여성의 역할이 아이들을 돌보기 위해 집에 머무는 것이라고 생각하지 않는다. 따라서 직업여성들은 실업의 근원이 아니다. 내 생각엔 실업은, 생산, 공급 그리고 수요의 문제인 것 같다. 사람들은 자주 이민자들이 실업의 주된 원인이라고 생각한다. 여성들은 일할 권리가 있고, 이 (노동) 분야에서 그들의 자리(몫)도 가지고 있다.

표현을 참고하자

moins de + 명사 : 더 적게, 덜
être au chômage : 실업상태에 있다
plus de +명사 : 더 많은
la société : 사회
Il est tout à fait normal. : 정말로 당연하다.
ne ~ plus : 더 이상 …않다
le rôle de la femme : 여성의 역할
rester à la maison : 집에서 머무르다
s'occuper de qn : …을 돌보다, 관심을 두다
une source de chômage : 실업의 원인
à mon avis : 내 생각엔
un problème : 문제
une production : 생산, 제조
une offre : 제의, 공급
demande : 요구, 주문, 수효
immigré : 이주민, 이민자
la cause principale : 주된 원인
avoir le droit au travail : 일을 할 권리가 있다
une place : 자리
le domaine : 영역, 분야

문장을 완성해보자

....
....
. Dans la société coréenne, il est tout à fait

fait normal pour une femme de travailler. ....

....

.... Les femmes au travail ne sont donc pas une source de chômage. ....

.... On pense souvent que les immigrés sont une des causes principales du chômage. ....

....

03 Pensez-vous qu'aujourd'hui la pollution soit un des problèmes essentiels dans le monde ?

오늘날 공해가 세계의 근본적인 문제 중의 하나라고 생각하나요?

이야기를 만들자

오늘날 공해는 인류와 지구의 근본적인 문제이다. 우리의 소홀함으로 인해, 우리는 지구상의 모든 생명과 우리 자신의 생명을 위협하고 있다. 소수의 사람들만이 그것에 대해 의식을 하고 있고 그것이 우리 것을 잃어버리게 한다. 뒤로 돌아가기에는 이미 너무 늦어 버렸다. 왜냐하면 사람들은 빠르게 정신 상태를 바꿀 수가 없기 때문이다. 게다가 이 정신 상태와 생활 습관을 바꾸기 위해서는 사람들에게 제한을 강요해야 하는데, 사람들은 그것을 받아들일 준비가 되어 있지 않다. 왜냐하면 그들에게 제한은 곧 자유의 상실을 의미하기 때문이다. 엄청난 진화의 과정이 우리에게 탁월한 지식을 주었지만, (그것을) 파괴의 목적으로 사용한다는 것이 유감이라 생각한다. 우리의 지식에도 불구하고, 우린 (그 결과에 대하여) 완전히 무책임하다.

표현을 참고하자

la pollution : 오염, 공해, 폐해
le problème : 문제
essentiel(le) : 주요한, 기본적으로, 본질적인
une humanité : 인류, 인간
la Terre : 지구
la négligence : 태만, 소홀, 무관심
menacer : 위협하다

toute forme de vie : 모든 삶의 형태
la planète : 지구, 행성
ainsi que :…와 같이, 그리고 또
être conscient de qch : 의식을 가지다, 지각하다
mener : 데리고 가다, 인도하다, 주도하다
une perte : 잃음, 손해, 손실
Il est déjà trop tard pour + inf : …하기엔 이미 너무 늦었다
faire marche arrière : (요구, 주장 따위를) 후퇴시키다, 철회시키다
une mentalité : 정신상태
rapidement : 급속히, 빠르게
de plus : 게다가
une habitude : 습관
imposer qch à qn : …에게 …을 강요하다
une limite : 제한, 한계, 한도
être prêt(e) à + inf : …할 준비가 되어있다
accepter : 받아들이다
signifier : 의미하다
une perte de liberté : 자유의 상실
trouver + 속사 : …라고 생각하다
formidable : 엄청난, 놀라운
une évolution : 진화, 변화, 발달
une intelligence supérieure : 고등 지식
utiliser : 사용하다, 이용하다
la fin : 끝, (복수) 목적, 목표
destructeur(trice) : 파괴하는, 파멸적인
malgré : 그럼에도 불구하고
totalement : 완전히, 전적으로
irresponsable : 책임이 없는, 무책임한, 무분별한

문장을 완성해보자

Aujourd'hui, ……………………………………………………………………………
……………………………. Par notre négligence, nous menaçons toute forme de vie sur cette planète ainsi que la nôtre. ……………………………………………… et c'est ce qui nous mènera à notre perte. Il est déjà trop tard pour faire marche arrière car …………………………………………………………….
De plus, ……………………………………………………………………………
…………………………………………………………………… car pour eux cela signifie une perte de liberté. …………………………………………… que le

formidable travail de l'évolution nous ait donné une intelligence supérieure que nous utilisons à des fins aussi destructrices. Malgré notre intelligence, nous sommes totalement irresponsables.

04 Les gens qui abandonnent leur chien ou leur chat devraient être sévèrement punis.

자기의 개나 고양이를 버리는 사람들은 엄격하게 처벌 받아야 한다.

이야기를 만들자

확실히 개나 고양이를 버리는 사람들은 엄격하게 처벌받아야 한다고 생각한다, 왜냐하면 그들에게 반려동물(애완동물)을 기르라고 강제한 사람이 없기 때문이다. 따라서 그들은 그들의 선택에 대한 책임을 져야 한다. 게다가 버려진 동물을 돌보는 기관이 있으므로 사람들은 그들의 동물을 길가에 버리는 대신 이런 기관에 직접 데려올 수도 있을 것이다. 그러나 추측컨대, 그들은 비겁하게도 그런 짓을 한다. 더욱이 고속도로 휴게소에 버려져서, 나무에 묶여진 동물들은 배고픔, 갈증, 추위 등으로 죽을 수도 있다. 반면에 만약 그들의 소유자가 그들을 보호처에 갖다 놓는다면, 그들은 음식을 제공받고 보살핌을 받을 수 있다. 그러나 사람들은 그렇게 하지 않는다. 왜냐하면 그들은 동물을 버리는 것이 부끄럽고, 사람들이 그들에게 훈계하는 것이 두렵기 때문이다.

표현을 참고하자

effectivement : 실제로, 확실히
abandonner : 버리다, 유기하다, 저버리다
sévèrement : 심하게, 엄격하게
puni(e) : 벌 받은, 처벌된
obliger qn à + inf : …에게 …하는 것을 강제하다
un animal de compagnie : 반려동물
assumer : 맡다, 담당하다
le choix : 선택
de plus : 게다가
exister : 존재하다
un organisme : 기관, 기구
s'occuper de + qn/qch : …을 돌보다, …을 담당하다
abandonné(e) : 버려진

emmener : 데려오다
directement : 직접, 곧바로, 바로
au lieu de + inf : …하는 대신
le long de la route : 길을 따라서
une lâcheté : 비겁, 비굴한 행동
supposer : 가정하다, 추측하다
les aires d'autoroute : 고속도로 휴게소
attachés à qch : …에 묶인, 매인
mourir de faim, de soif ou de froid : 배고픔, 갈증, 추위로 죽다
alors que : …임에 반해, …인데 비해
propriétaire : 소유자
déposer : 두다, 데려다 주다, 맡기다
un refuge : 피난처, 집합소, 대피소
nourri(e) : 영양을 공급받는, 식사를 제공받는
soigné(e) : 정성들인, 보살피는
avoir honte de + inf : …하는 것을 부끄러워하다
avoir peur : 두려워하다
faire la morale à qn : …을 훈계하다

문장을 완성해보자

……………………………………………………………………

…………………………………………………… parce que personne ne les a obligés à prendre un animal de compagnie donc ils doivent assumer leur choix. De plus, ……………………………………………………

…………………………… donc les gens pourraient emmener leurs animaux dans ces organismes directement au lieu de les abandonner le long de la route. Mais ……………………………………………………

……………………………………………………………………

…………………………………………………… alors que si leurs propriétaires les déposaient dans un refuge, ils seraient nourris et soignés. Mais ……………………………………………………

…………………………… et ont peur qu'on leur fasse la morale.

05 L'ordinateur est une invention géniale !
컴퓨터는 뛰어난 발명품이다!

이야기를 만들자

컴퓨터는 대단한 발명품이다. 왜냐하면 그것은 나에게 이 질문에 대해 대답할 수 있게 해주기 때문이다. 컴퓨터는 다양한 기능과 유용성을 지닌 엄청난 도구이다. 인터넷은 세계 여러 곳의 거리를 줄여줌으로써 세상의 모습을 바꿨다. 우리가 한 번도 만난 적이 없는 사람들과 대화를 할 수 있게 해준다. 컴퓨터는 순식간에 천문학적인 양을 계산할 수 있게 한다. 모형과 가상실험을 통해 건축에 있어서 문제점을 예측할 수 있게 하고, 기후를 예측하고, 물리학이나 항공학을 연구할 수 있도록 해준다.

표현을 참고하자

un ordinateur : 컴퓨터
une invention : 발명
génial(e) : 대단한, 뛰어난, 훌륭한
il permet à qn de + inf : …에게 …하도록 허락하다
répondre à ce questionnaire : 이 질문에 대답하다
un outil : 도구, 수단
extrêmement : 대단한, 극도로
performant(e) : 고성능의, 고능률의
multiples : 여러 가지의, 다수의, 다양한
une fonction : 기능
une utilité : 유용성, 유익성
la face du monde : 세상의 모습
réduire : 줄이다
une distance : 거리
entre les différents endroits du monde : 세계 여러 장소 사이에
converser : 대화하다
ne ~ jamais : 전혀 …하지 않다
autrement : 다르게, 다른 방법으로
des quantités astronomiques de + 무관사명사 : 천문학적인 다수의…, 다량의…
un calcul : 계산, 예상, 예측
en un temps record : 아주 빠른 시간 내에, 속히
une modélisation : 모델화
une simulation : 흉내, 모의실험, 모의실험 장치
prévoir : 예상하다
lors de : …할 때에
une construction : 건설, 건축, 제조
le climat : 기후

faire des études physiques : 물리학을 연구하다
aérodynamique : 공기(항공) 역학의

문장을 완성해보자

.... car il me permet de répondre à ce questionnaire (!). ....

.... Internet a changé la face du monde en réduisant les distances en temps entre les différents endroits du monde.

....

.... L'ordinateur nous permet de faire des quantités astronomiques de calculs en un temps record. ....

....

.... lors de constructions, de prévoir le climat, de faire des études physiques, aérodynamiques...

06 Le téléphone portable est un objet indispensable.
휴대전화는 필수적인 물건이다.

이야기를 만들자

휴대전화는 필수적인 것은 아니다. 그러나 그것을 갖기 전의 내 삶을 생각하는 것이 어렵다. 예전에 우리가 그것 없이 잘 살았었다는 의미에서 생각해 보면 필수적인 것은 아니지만, 사실 휴대전화는 많은 상황에서 삶을 매우 용이하게 한다. 예를 들어, 어떤 사람과 잘 모르는 장소에서 약속을 할 때, 휴대전화는 서로를 찾아내는데 유용하다. 그것은 또 생명을 구할 수 있다. 만약 시골길에서 사고가 났다면, 구조를 요청하는데 휴대전화가 유용할 것이다.

표현을 참고하자

le téléphone portable : 휴대전화
indispensable : 필수적인, 필요한
avoir du mal à + inf : …하는데 어려움이 있다
se souvenir de : …을 기억하다

avant de + inf : …하기 전에
dans le sens : 방향으로
avant : 전에, 먼저
en effet : 사실
faciliter : 용이하게 하다, 돕다
grandement : 많이, 충분히, 완전히
la situation : 상황
donner rendez-vous à qn :…와 약속을 하다
un endroit : 장소
pratique : 실용적인, 편리한
se repérer : 자기가 어디 있는지를 알다, 눈에 띄다
sauver la vie : 생명을 구하다
un accident : 사고
une route de campagne : 시골길
appeler des secours : 구호를 요청하다

문장을 완성해보자

.... mais .... Ce n'est pas indispensable dans le sens où on vivait très bien sans avoir mais, en effet, cela facilite grandement la vie dans de nombreuses situations. Par exemple, ... , le téléphone portable peut être très pratique pour se repérer. ....

07 Aimeriez-vous que votre fils/fille se marie avec un(e) étranger(e) ?

당신의 아들/딸이 외국인과 결혼하는 것에 찬성하나요?

이야기를 만들자

나는 여러 가지 이유로 아이를 갖고 싶지 않다. 그러나 만약 갖게 된다면, 나는 그가 원하는 상대와 결혼하도록 선택권을 내 아이에게 줄 것이다. 이것은 사랑에 의한 개인적 선

택이므로, 내가 그를 위해 골라줄 수 없는 일이다. 만약 그가 외국인과 행복을 찾는다면, 그가 행복을 찾았다는 것에 나는 행복할 수 있다. 나는 외국인 여자친구들이 있었는데, 그것은 풍요로운 경험이었다. 그것은 나의 아이들에게 다른 문화를 발견하고, 세상을 보는 다른 방법을 찾게 해 줄 것이다. 그리고 그들의 아이들은 두 문화를 알게 되고, 그 중에서 더 나은 것을 간직하게 될 것이다. 게다가 만약 그들이 원한다면, 두 개의 국적과 여권을 가질 것이다. 그래서 그들은 훨씬 더 쉽게 여행을 할 수 있을 것이다.

표현을 참고하자

de multiples raisons : 여러 이유
laisser qch à qn : …을 …에게 맡기다, 남겨주다
le choix : 선택
se marier avec : …와 결혼하다
guider : 인도하다, 이끌다
l'amour : 사랑
le bonheur : 행복
auprès de : …에 곁에, …에 대해
une expérience : 경험
enrichissant(e) : 풍부한, 풍요롭게 하는
Cela permettrait à qn de + inf : …에게 …할 수 있게 해줄 것이다
découvrir : 발견하다, 알아차리다, 찾아내다
une autre façon de voir le monde : 세계를 보는 다른 방법
profiter de : …을 이용하다
garder : 지키다
le meilleur de + 명사 : 가장 좋은 부분(점)
chacun(e) : 각각의 것
en plus : 게다가

문장을 완성해보자

.... mais si j'en avais, je laisserais le choix à mon enfant de se marier avec qui il veut. C'est un choix personnel, guidé par l'amour donc je ne peux pas choisir pour lui. ....
....

J'ai eu plusieurs petites amies étrangères et c'est une expérience enrichissante. ....

.... Et leurs enfants pourraient profiter de deux cultures et garder le meilleur de chacune d'elles. En plus, ..., s'ils le veulent, ..., et ainsi ils pourraient voyager beaucoup plus facilement.

08 Dans quelques années, on ne lira plus le journal.
몇 년 후에는 신문을 더 이상 읽지 않을 것이다.

이야기를 만들자

사람들은 항상 신문을 읽을 것이라 생각한다. 나 자신은 신문을 읽지 않지만 신문 구독은 하나의 습관이고, 컴퓨터 화면으로는 대체될 수 없는 기쁨 같은 것이다. 우리는 어떤 카페에서든 신문 읽는 사람을 볼 수 있다. 게다가, 카페는 손님들에게 자유롭게 이용하라고 신문을 산다. 사람들은 신문을 지하철에서도 읽고, 버스를 기다리면서도 읽는다. 신문은 여전히 좋은 미래가 있다고 생각한다. 게다가, 특히 대도시에서의(그들은 지하철 역 입구에서 무료로 배부된다) 무료신문의 발전은 사람들에게 교통수단을 이용하면서 신문을 읽는 습관을 갖도록 한다. 그리고 사람들이 기차나 지하철을 타게 되면, 그들은 유료신문을 사게 될 것이다.

표현을 참고하자

lire le journal : 신문을 읽다
moi-même : 나 자신
une habitude : 습관
même : …조차, …까지도, …마저
un plaisir : 기쁨
remplacer : 대체하다, 대신하다
un écran d'ordinateur : 컴퓨터 화면
voir qn + inf : …가 …하는 것을 보다
n'importe quel café : 어떤 카페든
d'ailleurs : 게다가
mettre qch à la disposition de qn : …에게…을 자유로이 쓰게 하다, …에게 …의 재량권을 맡기다
client(e) : 손님
le métro : 지하철

un bel avenir : 아름다운 미래
le développement des journaux gratuits : 무료 신문의 발전
surtout : 특히
distribué(e) : 분배된, 배치된
gratuitement : 무료로
à l'entrée des stations de métro : 지하철역 입구에서
donner à qn qch : …에게 …을 주다
le transport : 교통, 교통수단, 수송차량
prendre le train : 기차를 타다
un journal payant : 유료 신문

문장을 완성해보자

Je pense que les gens liront toujours le journal. .... et même un plaisir qui ne peut pas être remplacé par un écran d'ordinateur. .... D'ailleurs, les cafés achètent le journal pour le mettre à la disposition des clients. .... Je pense que le journal a encore un bel avenir. De plus, le développement des journaux gratuits, surtout dans les grandes villes (ils sont distribués gratuitement à l'entrée des stations de métro), ... et s'ils doivent prendre le train ou le métro, ils achèteront un journal payant.

09 Pensez-vous que les voyages forment la jeunesse ?
여행이 청소년을 성장시킨다고 생각하세요?

이야기를 만들자

여행이 청소년을 성장시키는지 아닌지는 잘 모르겠다. 하지만 적어도 사고를 개방시켜 줄 수는 있다. 다른 문화와 관습에 접하면서, 우리는 우리의 삶의 방식이 보편적인 것이

아니고, 또한 가장 좋은 것이 아니라는 것을 이해한다. 그러나 이러한 생각을 살찌우기 위해서는 새로운 장소에 가기 전에 최소한 사고의 개방이 있어야 한다. 내 경우에 있어서는, 내가 방문했던 여러 나라들은 나를 다시 생각하게 하고, 내가 어떤 것들에 대해 가졌던 생각들을 재검토하도록 가르쳐 주었다. 특히 삶의 방식과 사회적 관계 등에 대해서.

표현을 참고하자

Je ne sais pas si + ind : …인지 아닌지 모르겠다
former : 양성하다, 육성하다, 기르다
la jeunesse : 젊음, 젊은 사람들, 청소년
au moins : 적어도
permettre : 허락하다
une ouverture d'esprit : 정신의 개방
confronté à : 직면해있는
une habitude : 습관
se rendre compte que + ind que : …을 이해하다, 깨닫다, 납득하다
la manière de vivre : 사는 방식
universel(le) : 보편적인, 일반적인
la meilleure : 가장 좋은 것
bénéficier de : …의 혜택을 입다, …을 받다, …의 득을 보다
un enrichissement : 풍부하게 하기, 성숙
un minimum de + 무관사명사 : 최소한의, 최저의
avant de +inf : …하기 전에
se rendre + 장소 : …에 가다
un endroit : 장소
pour ma part : 나로서는
apprendre à qn à + inf : …에게 …하는 것을 가르치다
se remettre en question : 다시 생각하다
une idée : 생각
remettre qch en question :…을 다시 문제 삼다, …을 재검토하다
le mode de vie : 삶의 방식
les relations sociales : 사회적인 관계

문장을 완성해보자

………………………………………………, mais au moins ………………
………………………………………. En étant confronté à des cultures et des habitudes différentes, ………………………………………
………………………………………, et même pas la meilleure. Mais pour

pouvoir bénéficier de ces enrichissements, ... Pour ma part, les différents pays que j'ai visités m'ont appris à me remettre en question, à remettre en question les idées que j'avais sur certaines choses, surtout sur le mode de vie et les relations sociales.

10 Est-ce que vous pensez qu'il faut travailler pour vivre ou vivre pour travailler ?

살기 위해서 일해야 한다고 생각하나요 아니면 일하기 위해 살아야 한다고 생각하나요?

이야기를 만들자

한국인으로서 나는 살기 위해서 일해야 한다고 생각한다. 많은 한국인들은 먹고 살기 위해 일을 한다. 다시 말해서, 최저생계비에 필요한 돈, 집세, 식비, 의복을 벌 수 있게 해주는 일이다. 이러한 종류의 일들은 기꺼이 하는 것이 아니라 구속처럼 느낀다. 만약 우리가 하는 일이 우리 자신과 사회를 위해 매우 중요하다면, 이런 사람들은 항상 일하는 것을 좋아한다는 것을 이해할 수 있다. 그러나 한국에서 이런 사람들은 소수에 불과하다고 생각한다.

표현을 참고하자

en tant que : …로서, …의 자격으로
énormément de + 무관사명사 : 엄청나게, 거대하게
un travail "alimentaire" : 먹고 살기 위한 일
c'est-à-dire : 즉, 말하자면
permettre à qn de + inf : …에게 …하는 것을 허락하다
gagner l'argent nécessaire : 필요한 돈을 벌다
au minimum vital : 최저생계비
nécessaire à + qch : …에 필요한
le loyer : 집세
la nourriture : 음식
un vêtement : 의복
ce genre de : 이런 종류의

rimer : 운을 맞추다, 운이 맞다, 운문을 짓다
avec plaisir : 기꺼이, 즐겁게
une contrainte : 강요, 구속, 속박
aimer + inf : …하는 것을 좋아한다
tout le temps : 항상, 늘, 시종
représenter : 뜻하다, 나타내다, 상징하다
une minorité de gens : 소수의 사람들

문장을 완성해보자

....

Enormément de coréens ont un travail "alimentaire", c'est-à-dire un travail qui leur permet de gagner l'argent nécessaire au minimum vital, le loyer, la nourriture et les vêtements. ....
.... mais est vécu comme une contrainte. ....
....
....
Mais je pense que cela représente une minorité de gens en Corée.

11 Pensez-vous que les études préparent bien à la vie active ?
학교 공부가 활동적인 삶(직업생활)을 잘 준비시킨다고 생각하나요?

이야기를 만들자

학교 공부가 능동적인 삶을 전혀 준비시키지 않는다고 생각한다. 적어도 대학에서의 공부가 말이다. 나는 공부를 다시 하기 전에 이미 일을 했었고, 일을 구하기 전에 배울 수 있었던 것들이 때때로 쓸모가 있었지만 학교 공부가 나에게 직업 세계를 전혀 준비시켜주지는 못했다. 특수한 일을 배우는 완전히 전문화 된 몇몇 짧은 코스를 제외하고는, 학교 공부가 능동적인 삶을 준비시켜주지는 않는다고 생각한다. 그러나 많은 대학이 점점 더 기업과 일을 하면서 이 문제를 대처하기 위해 노력한다.

표현을 참고하자

des études : 학업, 학교 교육
préparer : 준비하다
pas du tout : 전혀
la vie active : 활동적인 삶
du moins : 적어도
avant de + inf : …하기 전에
reprendre mes études : 학업을 다시 시작하다
apprendre : 배우다, 습득하다, 터득하다
parfois : 가끔, 때때로
servir à qn : …에 쓸모 있다, 소용되다
bien entendu : 물론, 당연히
aucunement : 추호도, 조금도, 전혀
préparer qn à qch : …를 …에게 준비시키다, 각오하게 하다
hormis : …이외에, …을 제외하고
le cycle : 학사과정
extrêmement : 지나치게, 대단히, 극도로
spécialisé(e) : 특수한, 전문의
un métier spécifique : 특수한 직업
essayer de + inf : …하려고 애쓰다, 노력하다
pallier à qch : …에 일시적으로 대처하다
de plus en plus : 점점 더
une entreprise : 회사

문장을 완성해보자

.... Tout du moins les études à l'université. .... et les choses que j'ai pu apprendre avant de trouver mon travail m'ont parfois servi, bien entendu, mais elles ne m'ont aucunement préparé au monde du travail. Hormis quelques cycles courts extrêmement spécialisés, où l'on apprend un métier spécifique, je pense que les études ne préparent pas à la vie active. Mais ...., en travaillant de plus en plus avec les entreprises.

12 Pensez-vous que les voyages à l'étranger soient nécessaires ? 해외여행이 꼭 필요하다고 생각하세요 ?

이야기를 만들자

나는 해외여행이 꼭 필요하다고 결코 생각하지 않는다. 직업을 구하고 우리나라에서 삶을 즐기는데 있어서 우리 이웃들이 어떻게 사는지 알 필요는 없다. 그러나 해외여행은 문화적, 사회적, 실용적 면에서 대단히 풍요롭게 한다. 해외여행은 인생, 공동생활, 음식 등에 관한 다른 관점을 갖게 해준다. 여행을 많이 하는 사람들은 집에서 머물러 있는 사람들보다 훨씬 지적이고 또는 적어도 훨씬 관용적이라고 생각한다.

표현을 참고하자

les voyages à l'étranger : 해외여행
nécessaire : 필요한, 불가결한
avoir besoin de + inf : …이 필요하다
savoir : 알다
voisin(e) : 이웃
trouver un travail : 직업을 구하다
faire la vie : 삶을 영위하다, 삶을 즐기다
propre : (소유형용사와 함께) 자기 자신의
cela dit : 그렇게 말했지만, 하지만
extrêmement : 지나치게, 극도로, 대단히
enrichissant(e) : 풍요롭게 하는
culturellement : 문화적으로
pratiquement : 실용적으로, 실질적으로
apporter : 가져오다, 제시하다, 보이다
un angle différent sur la vie : 삶에 대한 다른 관점
la vie en communauté : 공동 생활
la nourriture : 음식, 식생활
du moins : 적어도
tolérant(e) : 관용의, 너그러운, 아량있는
ceux qui restent chez eux : 그들의 집에 머무는 사람들

문장을 완성해보자

Je pense que ....
On n'a pas besoin de savoir comment vivent nos voisins pour trouver

un travail et faire notre vie dans notre propre pays. Cela dit, ... culturellement, socialement, pratiquement... ...., sur la vie en communauté, sur la nourriture... Je pense que ...., ou du moins plus tolérants que ceux qui restent chez eux.

13 Que pensez-vous des salaires de certains sportifs de haut niveau ? Sont-ils abusifs ?

몇몇 스포츠 스타들의 고액 연봉에 대해 어떻게 생각하세요? 부당한가요?

이야기를 만들자

나는 확실히 몇몇 스포츠 스타들의 연봉은 도가 지나치다고 생각한다. 사람들은 스포츠 스타들의 경력이 일찍 끝나기 때문에 더 높은 연봉으로 보상해야 한다고 생각할 수 있다. 그러나 그들의 운동선수 경력이 끝나더라도 다른 일을 찾는데 방해되는 것은 아무것도 없다. 내 생각에 이것은 스폰서와 대중매체화에 의한 것이다. 그들의 단독 직업은 그만한 액수의 근거를 정당화 시킬 수 없다. 게다가, 사회에서 유용한 직업도 아니다. 스포츠 스타들은 광고에 나오는 것으로 많은 액수의 돈을 받고, 그것을 여러 번 한다. 그래서 이 모든 보수들의 총액은 때때로 매우 높다.

표현을 참고하자

effectivement : 확실히, 정말로, 실제로
un salaire : 급여, 임금, 보수
certain(e) : 몇몇
sportif de haut niveau : 높은 수준의 운동선수
extrêmement : 지나치게, 극도로, 대단히
abusif(ve) : 남용하는, 도를 넘는
une carrière : 직업, 경력
il faut + inf : …해야만 한다
compenser : 보상하다, 벌충하다
le fait : 사실, 일, 진실
empêcher de + inf : …하는 것을 방해하다
chercher un autre travail : 다른 일을 찾아보다

dû(ue) à : (에)의한
la médiatisation : 미디어화
le métier : 직업
justifier : 정당화하다, 타당성을 증명하다
de telles sommes d'argent : 그만한 금액
utile : 유용한
recevoir : 받다
de grosses sommes : 많은 액수
apparaître : 나타나다, 출현하다, 보이다
une publicité : 광고
en ~ plusieur(e) : 그것들 몇몇의, 여러
un cachet : 사례금, 보수
élevé(e) : (정도가) 높은, 고급의

문장을 완성해보자

Je pense effectivement que .... On peut penser que les sportifs de haut niveau arrêtent leur carrière tôt, donc il faut compenser ce fait par un plus haut salaire... Mais rien ne les empêche de chercher un autre travail après leur carrière sportive. Je pense que .... Leur métier seul ne justifie pas de telles sommes d'argent. De plus, ... Les sportifs reçoivent de très grosses sommes pour apparaître dans des publicités et ils en font plusieurs. ....

14 A votre avis, doit-on interdire la cigarette dans les lieux publics?
공공장소에서 금연을 해야 한다고 생각하세요?

이야기를 만들자

공공장소에서는 담배를 금지시켜야 한다고 생각한다. 왜냐하면 다른 사람들, 비흡연자들을 존중해야 하기 때문이다. 한국에서 새로운 법은 바, 식당, 댄스클럽과 같은 공공장소

에서 흡연을 금지시킨다. 좋은 일이다. 몇몇 나라에서는 이러한 법이 필요 없다. 왜냐하면 사람들은 다른 사람들을 존중하기 때문이다, 그러나 한국에선 그렇지 않다. 흡연자는 다른 사람들에게 해를 끼친다. 타인에게 해를 끼치는 사람은 항상 다른 사람의 요구사항을 따라야 한다고 생각한다.

표현을 참고하자

interdire la cigarette : 담배를 금지하다
les lieux publics : 공공장소
il faut + inf : …해야만 한다
respecter : 존경하다, 존중하다
les non-fumeurs : 비흡연자
une nouvelle loi : 새로운 법
interdir de + inf : …하는 것을 금지시키다
C'est une bonne chose. : 좋은 일이다.
avoir besoin de + qch: …이 필요하다
tel(le) : 그러한, 이러한
le fumeur : 흡연자
déranger : 방해하다, 훼방 놓다, 어긋나게 하다
c'est ~ qui : 강조용법
se plier à qch : …의 뜻을 따르다
une exigence : 요구, 요청, 요구사항

문장을 완성해보자

Je pense que .... parce qu'il faut respecter les autres, les non-fumeurs. En corée ....: bars, restaurants, discothèques… C'est une bonne chose. Dans certains pays, ... parce que les gens respectent les autres, mais .... Je pense que c'est toujours la personne qui dérange qui doit se plier aux exigences des autres.

15 Que pensez-vous de l'influence de la télévision dans les familles ?
가정에서의 텔레비전의 영향에 대해 어떻게 생각하세요 ?

이야기를 만들자

텔레비전은 가정에서 가족관계를 단절시킨다고 생각한다. 부모는 더 이상 아이들과 대화를 하지 않는다. 가족들은 텔레비전 앞에서 식사를 하고 저녁시간을 보내며, 따라서 대화를 하지 않는다. 간혹 텔레비전 프로그램은 가족을 모이게 할 수도 있지만, 사람들은 그것을 보는 동안 말을 하지 않는다. 그것에 대한 결과는 가족에게 심각하다고 생각한다. 이것은 교육에 심각한 영향을 주고, 그래서 사회적 관계에 심각한 영향을 준다. 우리는 거리에서 그런 것을 볼 수 있다. 사람들은 이기주의적이고, 개인주의자들이 된다.

표현을 참고하자

couper : 자르다, 떼어놓다
les liens familiaux : 가족관계
un foyer : 가정, 가족
ne ~ plus : 더 이상 …하지 않다
passer nos soirées : 우리의 저녁시간을 보내다
le dialogue : 대화
parfois : 가끔, 때때로
certain(e) : 몇몇
réunir : 모으다, 규합하다
pendant que + ind : …하는 동안
une conséquence : 결과, (결과에서 오는) 영향
grave : 심각한
une répercution : 반향, 영향, 파문
une éducation : 교육, 교양
les liens sociaux : 사회적 관계
égoïste : 이기주의자
individualiste : 개인주의자

문장을 완성해보자

Je pense que ....
.... Les parents ne parlent plus avec leurs enfants. ....
.... et on y passe nos soirées donc il n'y

a plus de dialogue. Parfois, ..., ... mais on ne parle pas pendant qu'on les regarde. Je pense que .... Cela a de graves répercutions sur l'éducation, et donc sur les liens sociaux. ....

16 Faut-il voyager en groupe ou avec des amis? Qu'en pensez-vous ?

단체로 여행을 해야 할까요 아니면 친구들과 여행해야 할까요 ? 어떻게 생각하세요 ?

이야기를 만들자

우리의 경험과 느낀 것을 나누고, 우리의 관점과 여러 여행에서 얻는 것을 대조해 보기 위해서는 친구들과 같이 여행하는 것이 바람직하다고 생각한다. 서로 모르는 사람들의 그룹과 함께 여행하는 것은 아주 비개성적이다. 그리고 나는 여행을 제대로 활용할 수 없을 것이라고 생각한다. 왜냐하면 다른 사람으로 인한 스트레스가 있기 때문이다. 친구들과 함께라면 훨씬 편안하고 스트레스도 덜 받는다. 게다가 단체여행은 단체 이외의 만남을 갖는 것을 어렵게 하고 방문한 곳의 주민들을 만나는 것을 방해한다.

표현을 참고하자

je pense que : 나는 …라고 생각하다
il est préférable de + inf : …하는 것이 더 좋다
afin de + inf : …하기 위해
partager : 나누다, 함께 하다, 공유하다
une expérience : 경험, 체험
une impression : 인상, 느낌, 감명
confronter : 대면시키다, 대조하다
les points de vue : 관점
retenir : 잡다, 기억해두다, 잊지 않다
des différentes visites : 여러 방문
impersonnel(le) : 비개인적인, 개성이 없는
vraiment : 정말로
profiter de : …을 이용하다

car : 왜냐하면
causé par : …에 의해 발생하는, 야기하는
se sentir à l'aise : 편안함을 느끼다
en moins : 적게, 부족하게
de plus : 게다가
priver qn de + inf : …에게서 …하는 것을 빼앗다, 박탈하다
en général : 일반적으로, 보통
une rencontre : 만남
en dehors de : …의 밖에, 밖으로
empêcher de + inf : …하는 것을 방해하다
le lieu : 장소

문장을 완성해보자

Je pense qu'.. afin de partager notre expérience, nos impressions et de confronter nos points de vue et ce que l'on a retenu des différentes visites. .... et je pense qu'.. car il y a le stress causé par les autres. Avec nos amis, ... De plus, voyager en groupe nous prive en général de faire des rencontres en dehors du groupe, ...

17 Internet, danger !
인터넷, 위험 !

이야기를 만들자

그렇다고도 아니라고도 할 수 있다. 인터넷은 아주 효율적이고 유용한 도구이다. 그것은 모든 종류의 것을 할 수 있는 엄청난 가능성을 제공한다. 예를 들면, 세계 곳곳의 사람들과 토론하기, 요리법 또는 어떤 주제에 관한 것이든 그에 관한 정보를 찾기, 원하는 모든 것을 주문하기. 그렇지만 악의를 가진 사람들도 여러 가지 부정직한 이유로 인

터넷을 이용한다. 예를 들면, 아동변태성욕자들은 그들의 먹잇감을 쫓기 위해 인터넷을 이용할 수도 있다. 사기꾼들은 사람들의 맹신을 그들의 돈을 훔치는데 이용할 수도 있다. 그러므로 인터넷에선 신중해야 한다.

표현을 참고하자

un outil : 도구, 수단
puissant(e) : 위압적인, 강력한, 효력 있는
utile : 유용한, 유익한, 쓸모 있는
offrir : 제공하다
une possibilité : 가능성, 능력, 수단
énorme : 막대한, 엄청난
toutes sortes de + 무관사명사 : 모든 종류의 …, 가지각색의 …
discuter avec des gens : 사람들과 토의하다, 대화하다
les quatre coins de + qch : 사방팔방, …의 모든 곳
les recettes de cuisine : 요리법
les informations : 정보, 지식
n'importe quel sujet : 어떤 주제든 간에
même : 조차, 같은
commander tout ce que l'on veut : 사람들이 원하는 모든 것을 주문하다
cependant : 그렇지만, 그렇기는 하지만
malveillant(e) : 악의를 가진
diverses raisons malhonnêtes : 갖가지 부정직한 이유
les pédophiles : 아동변태성욕자
utiliser : 사용하다, 활용하다
chasser leur proie : 먹잇감을 쫓다
escroc : 사기꾼, 부정직한 사람
la crédulité : 맹신, 경신, 고지식함
voler à qn de l'argent : …의 돈을 훔치다
il faut donc + inf : 그렇기 때문에 …해야만 한다
être prudent(e) avec qch : …에 대해 신중하다

문장을 완성해보자

Oui et non. Internet est un outil très puissant et utile. .... : discuter avec des gens des quatre coins du monde, chercher des recettes de cuisine, des informations sur n'importe quel sujet et même commander tout ce que l'on veut. Cependant, ...

.... Par exemple, les pédophiles peuvent l'utiliser pour chasser leur proie. Des escrocs utilisent la crédulité des gens pour leur voler de l'argent... ....
....

18 L'homme doit travailler, la femme doit s'occuper des enfants et de la maison.
남자는 일해야 하고, 여자는 아이들과 집을 돌보아야 한다.

이야기를 만들자

이것은 오늘날 구시대적 관점인 것 같다. 남자도 부인이 일하러 간 동안 아이들을 돌보고 집안일을 하기 위해 집에 머물 수 있다. 그렇지만 나는 남자로서 내 가족을 부양해야 하는 것이 나의 의무로 느껴진다. 오늘날 많은 가정에선 아이들은 학교에 있는 동안, 부부가 다 일을 한다. 여성들은 법적으로 남성들과 동등한 위치에 있다. 이제 여성들도 남자만큼 일을 한다. 집안일은 두 부부 사이에서 재분배 되어져야 한다. 그러나 많은 남자들은 아직도 요리를 하고 집안일 또는 다림질 하는 것을 꺼린다.

표현을 참고하자

Je pense que : 나는 …라고 생각하다
une vision archaïque : 구시대적 시각
de nos jours : 오늘날
rester à la maison : 집에 머무르다
s'occuper de qn : …를 돌보다
des tâches ménagères : 집안일
pendant que + ind : …하는 동안
cependant : 그렇지만, 그렇기는 하지만
sentir : 느끼다, 지각하다
comme :…같이, 처럼
le devoir : 의무, 의무감, 책임
faire + inf : …하게 시키다
en tant qu'homme : 남자로서
à égalité : 대등하게, 균등하게
légalement : 법적으로, 법률에 따라

désormais : 이제부터는, 앞으로는, 지금은, 이제는
autant que : …만큼
être réparti(e) entre les deux parents : 두 부모 사이에서 나누어지다
rechigner à + inf : …하는 것을 꺼리다, …에 싫은 기색을 보이다
faire le ménage : 집안일 하다
le repassage : 다림질

문장을 완성해보자

Je pense que c'est une vision archaïque de nos jours. .... et des tâches ménagères pendant que la femme va travailler. Cependant, je pense que je sentirais comme mon devoir de faire vivre ma famille, en tant qu'homme. Aujourd'hui, ... Les femmes sont à égalité avec les hommes, légalement. .... Les tâches ménagères doivent être réparties entre les deux parents. Mais ....

19 Il faut interdire les animaux domestique dans les villes.
도시에서 애완동물을 금지시켜야 한다.

이야기를 만들자

내 생각에는 도시의 애완동물들은 불행한 것 같다. 동물은 자연에서 살도록 되어있는 것이지 인간에게 종속되기 위해 생겨난 것은 아니다. 나는 그들을 보호하기 위해 그것을 금지시켜야 한다고 생각한다. 동물은 우리가 마음대로 갖고 노는 장난감이 아니다. 동물은 우리의 개인적 기쁨을 위해 존재하는 것이 아니다. 물론 동물들은 도시에서 소음공해, 공격 같은 피해를 유발할 수 있다. 그러나 그것은 우리 관점에서 볼 때의 피해다. 게다가 주인들은 그들의 개로 인해 발생하는 문제들에 대해서는 소홀하다. 낮이나 밤이나 짖어대는 문제, 혹은 도시를 더럽히고 미끄러짐을 유발할 수 있는 인도나 공원 풀밭의 배설물 같은 문제.

표현을 참고하자

les animaux domestiques : 가축, 애완동물
malheureux(se) : 불행한, 불쌍한
à mon avis : 내 생각에는
vivre dans la nature : 자연에서 살다
asservi(e) : 예속된, 종속되는, 지배되는
je pense que : 나는 …라고 생각하다
il faudrait + inf : …하여야만 한다
interdire : 금지하다, 막다
préserver : 지키다, 보호하다
un jouet : 장난감
à la disposition de qn: …에게 …을 자유로이 쓰게 하다
un plaisir personnel : 개인적인 기쁨
bien sûr : 당연히, 물론
provoquer : 유발하다, (의) 원인이다
une nuisances en ville : 도시에서의 공해, 장애
des nuisances sonores : 소음공해
une agression : 공격, 습격
notre point de vue : 우리 관점(시각)
de plus : 게다가
maître(sse) : 주인(여주인)
négligent(e) : 태만한, 소홀한
quant à : …에 관해서는
causé(e) par : …에 의해 발생하는, 야기하는
un aboiement : 개가 짖는 소리
de jour comme de nuit : 밤처럼 낮 동안에
les déjections : 배설물
le trottoir : 인도, 보도
dans l'herbe des parc : 공원의 잔디 속에
salir : 더럽히다
une chute : 추락, 떨어짐

문장을 완성해보자

....

.... Les animaux sont faits pour vivre dans la nature, pas pour être asservis par les hommes. Je pense qu' .... Ils ne sont pas des jouets à notre disposition. .... Bien sûr, les animaux peuvent provoquer des nuisances en ville : nuisances sonores, agressions...Mais .... De plus, ... quant aux problèmes causés par leurs chiens, comme les aboiements de jour comme de nuit ou les déjections sur les trottoirs ou dans l'herbe des parc qui salissent les villes et peuvent provoquer des chutes.

20 L'argent ne fait pas le bonheur.
돈은 행복을 만들지 않는다.

이야기를 만들자

돈은 실제로 행복을 만들어 주지는 않는다. 그러나 돈이 있다는 것은 아주 쾌적할 수 있는 삶의 안락을 누릴 수 있게 해준다. 행복은 사랑 혹은 만족감에서 오는 것이지 돈 그 자체에서 오는 것은 아니다. 어떤 분야에서 성공이 얼마만큼의 행복을 가져다 줄 수 있다. 매우 가난하면서도 정말 행복한 사람들도 있다. 마찬가지로 매우 부유하면서도 불행한 사람들도 있다. 그러나 현 사회는 완전히 물질과 부의 소유에 기초하고 있다. 돈은 모든 종류의 것을 소유할 수 있는 힘을 준다. 그렇기 때문에 현대인들에게 있어 돈은 아주 큰 중요성을 지닌다. 유감스러운 일이다.

표현을 참고하자

effectivement : 확실히, 정말로, 실제로
le bonheur : 행복
avoir de l'argent : 돈을 가지다, 돈이 있다
permettre : 허락하다, 가능하게 하다, 할 수 있게 하다
un confort de vie : 삶의 안락
agréable : 안락한, 기분좋은, 마음에 드는
venir de : …으로부터 오다
un amour : 사랑
un sentiment de satisfaction : 만족감
lui-même : 그 자체
la réussite : 성공, 출세
un quelconque domaine : 어떤 영역 (분야)

apporter : 가져가다, 초래하다
Il existe des gens très pauvres : 매우 가난한 사람들이 있다
de même : 마찬가지로
riche : 부유한, 돈 많은
malheureux(se) : 불행한, 불쌍한
la société actuelle : 현 사회
complètement : 완전히, 철저하게
axé(e) sur le matériel : 물질을 기초로 하고 있는
la possession de biens : 물질의 소유, 재산의 소유
le pouvoir : 힘, 능력
posséder toutes sortes de choses : 모든 종류의 것을 소유하다
une grande importance : 큰 중요성, 중대성, 위세
de nos jours : 오늘날
C'est dommage. : 안타깝다, 유감이다.

문장을 완성해보자

L'argent ne fait effectivement pas le Bonheur. Mais .... qui peut être très agréable. ...., mais pas de l'argent lui-même. La réussite dans un quelconque domaine peut apporter un certain Bonheur. .... De même, il existe des gens très riches et malheureux. Mais .... et la possession de biens. L'argent donne le pouvoir de posséder toutes sortes de choses donc il a une grande importance pour les gens de nos jours. ....

21 Il faut arrêter de fabriquer des voitures. 자동차 생산을 그만 두어야 한다.

이야기를 만들자

자동차는 공해의 주요 원인이다. 그런 점에서 자동차는 너무 많다, 때문에 자동차 생산

을 멈추어야 한다. 그러나 자동차는 휴대폰처럼 우리 일상생활을 바꿔놓았다. 사람들은 더 이상 그것들 없이 지낼 수 없을 것이다. 중국과 같은 개발도상국에서는 어마어마한 양의 자동차를 만들어야만 할 것이다. 기후나 우리 삶의 관점에서 그 결과는 끔찍하다. 그러나 현 사회가 바뀔 수 있을까? 사람들이 모든 것 없이, 기술적 진보의 열매의 한 부분 없이 지낼 수 있을까? 나는 사람들이 바뀔 수 있다고 생각하지 않는다.

표현을 참고하자

une grande source de pollution : 오염의 큰 요인
dans ce sens : 그런 점에서 보자면
il faudrait + inf : …하여야만 한다
arrêter de + inf : …하는 것을 멈추다
fabriquer : 생산하다, 만들다, 제조하다
le téléphone portable : 휴대 전화
notre vie quotidienne : 우리 일상생활
ne ~ plus : 더 이상 … 않다
s'en passer : …없이 지내다, …을 필요로 하지 않다
en voie de qch : …하고 있는 중인, …의 도중에 있는
le développement : 발전
construire : 건설 (제조) 하다
énormement de + 무관사 명사 : 엄청나게, 막대하게
les conséquences : 결과, 영향
désastreux(se) : 처참한, 불행한, 끔찍한
le climat : 기후
la société actuelle : 현 사회
se passer de tout : 모두 필요 하지 않다
une partie des fruits de nos progrès techniques : 기술적 진보의 열매의 한 부분
je ne pense pas que + sub : 나는 …이라고 생각하지 않는다
être capable de + inf : …을 할 수 있다

문장을 완성해보자

Les voitures sont une grande source de pollution. Dans ce sens, il y en a trop et .... Mais .... On ne pourrait plus s'en passer. Avec les pays en voie de développement, comme la Chine, ... Les conséquences seront désastreuses sur le climat et donc sur notre vie. Mais la société

actuelle peut-elle changer? Peut-on se passer de tout, ou d'une partie des fruits de nos progrès techniques? Je ne pense pas que ....
....

22 La télévision est une mauvaise invention.
텔레비전은 나쁜 발명품이다.

이야기를 만들자

텔레비전은 좋은 발명품이지만 돈에 의해 오염되고 말았다. 원래, 텔레비전은 전 세계의 정보를 알려주고, 기분전환을 시켜주고, 어떤 것을 깊이 생각하게끔 해준다. 그러나 텔레비전이 돈에 점유되고 지금은 시장의 많은 부분을 끌어들이기 위해서 그리고 가능한 많은 돈을 긁어모으기 위해서, 멍청하고 폭력적인 이미지 속에서 지속적인 경쟁만 있을 뿐이다. 텔레비전은 유명인의 사생활을 빼앗는다. 몇몇 기자들은 특종기사(스쿠프)를 얻기 위해 혹은 민감한 주제에 대해 르포타쥬를 제작하기 위해 모든 것을 다한다. 그러나 텔레비전 그 자체가 나쁜 것은 아니다. 우리가 텔레비전을 이용하는 방법이 유해한 것이다.

표현을 참고하자

une bonne invention : 좋은 발명품
corrompre : 부패시키다, 타락시키다, 손상시키다
à la base : …근본에서, 원래는
permettre de + inf : …을 가능하게 하다, 할 수 있게 하다
informer qn sur qch : …에게 …대해 알리다, 정보를 주다
le monde entier : 전세계
divertir : 즐겁게 하다, 기분전환 시키다
faire + inf : (사역) …하게 하다
réflechir : 숙고하다, 곰곰이 생각하다
prendre possession de qch : …을 차지(점유)하다
une surenchère : 공약 따위의 경쟁적 제시, 경쟁 따위의 격화, 고조
permanent(e) : 영원한, 지속적인, 끊임없는
la stupidité : 어리석음, 어처구니없음, 멍청함
la violence : 폭력, 폭력행위
attirer : 끌어당기다, 사로잡다, 초래하다
le plus grand nombre de parts du marché : 시장의 대다수의 (많은) 부분

ramasser : 줍다, 긁어모으다
le plus d'argent possible : 가능한 한 많은 돈
priver qn de qch : …에게서 …을 빼앗다, 박탈하다
une célébrité : 유명인, 명사
leur vie privée : 그들의 사생활
être prêt à qch : …용의가 있는, 각오가 되어 있는
obtenir un scoop : 특종기사를 따내다
réaliser un reportage : 르포를 제작하다
un sujet sensible : 민감한 주제
en elle-même : 그 자체로
mauvais(e) : 나쁜
l'utilisation : 이용
nuisible : 해로운, 유해한

◆ 문장을 완성해보자

La télévision est une bonne invention qui a été corrompue par l'argent. A la base, ..., de nous divertir, de nous faire réflechir. Mais l'argent en a pris possession et maintenant il y a une surenchère permanente dans la stupidité et la violence des images pour attirer le plus grand nombre de parts du marché et donc ramasser le plus d'argent possible. .... ou réaliser un reportage sur un sujet sensible. Mais .... C'est l'utilisation que nous en faisons qui est nuisible.

23 L'homme sera heureux quand il ne travaillera plus.

인간은 더 이상 일하지 않을 때 행복할 것이다.

이야기를 만들자

나는 사람이 오랫동안 일하지 않으면 지루함을 느낀다고 생각한다. 나는 일자리를 구하기 전에 오랫동안 일을 찾았었는데, 나날이 지루했었다. 일이 없으면, 속박도 없다. 아무

문제없이 오후 4시에 일어날 수 있다. 사람들은 일상생활에서 기준점을 잃고 탈사회화 된다. 일은 사람 및 사회와 접촉하게 해준다. 속담에 이르길, "일은 곧 건강이다"라고 했다. 일하는 것은 우리에게 좋은 활동거리를 준다. 그것은 우리가 쓸모있다는 것을 느끼게 해준다. 일은 우리의 의무를 다했다는 만족감, 사회 건설과 기능에 참여했다는 만족감을 준다.

표현을 참고하자

Je pense que : 나는 …라고 생각하다
lorsque + ind : …하는 동안
pendant une longue période : 오랜 기간 동안
s'ennuyer : 지루하다, 싫증나다
chercher un travail : 직업을 구하다
pendant longtemps : 오랫 동안
avant de + inf : …하기 전에
ennuyant(e) : 심심한, 지루한, 권태로운
sans travail : 일 없이
une contrainte : 강요, 구속, 속박
se lever : 일어나다
sans problème : 문제 없이
perdre : 잃다, 놓치다
un repère : 기준, 지표
la vie quotidienne : 일상생활
se désocialiser : 탈 사회화 하다
permettre de + inf : …를 가능하게 하다, 할 수 있게 하다
rester en contact avec les gens : 사람들과 관계를 유지하다
un proverbe : 속담
la santé : 건강
une occupation : 일거리, 활동, 직업
sentir qn + 속사 : …가 …한 것을 느끼다
utile : 유용한
la satisfaction d'avoir bien fait notre devoir : 의무를 해냈다는 만족감
participer à : …에 참여하다
le fonctionnement de la société : 사회에서의 기능, 작용

문장을 완성해보자

Je pense que lorsqu'on ne travaille plus pendant une longue période, on s'ennuie. J'ai cherché un travail pendant longtemps avant de le trouver et mes journées étaient ennuyantes. .... On perd nos

repères dans la vie quotidienne et ………………. ………………………
…………………………………………. Un proverbe dit :
"Le travail, c'est la santé."……………………………………….
Cela permet de nous sentir utile. ……………………………
……………………………, de participer à la construction et
au fonctionnement de la société.

24 Il faut davantage de bus et de métros dans les villes.
도시에서는 더 많은 버스와 지하철이 필요하다.

이야기를 만들자

만약 대중교통의 확대가 운행하는 자동차 수를 확실히 줄여주고, 대도시 중심부의 교통 체증을 완화시키며, 환경 보호에 기여한다면, 왜 안하겠는가? 그러나 그것이 버스가 있던 없던 단지 서울 시내를 한 바퀴 돌기 위해 자신들의 승용차를 타고 다니는 도로이용자들의 습관을 정말로 바꿀 수 있을지 염려된다. 한국에서는 버스와 지하철 노선이 이미 많이 발전해 있다고 생각한다. 몇몇의 예외를 별도로 하고, 버스나 지하철을 더 늘리자고 제안하는 것은 효율성이 없어 보인다.

표현을 참고하자

une extension : 확대, 늘어남
les transports en commun : 대중교통
permettre de + inf : …을 가능하게 하다, 할 수 있게 하다
réduire : 줄이다, 축소하다
effectivement : 확실히, 정말로, 실제로
le nombre de voitures : 자동차의 수
circulant(e) : 순회하는
limiter : 제한하다, 한정하다
un engorgement : 막힘, 혼잡
des grandes villes : 대도시
contribuer à qch : …에 기여(공헌)하다, 동참하다
la défense de l'environnement : 환경보호
pourquoi pas : 왜 아니겠는가
je crains que + sub : 나는 …가 걱정이다

une habitude de certains usagers : 몇몇 이용자들의 습관
la route : 도로
continuer à + inf : …하는 것을 계속하다
prendre leur voiture : 자가용을 이용하다
même : 같은, 조차
circuler : 왕래하다, 통행하다
en plein Séoul : 서울 한 복판에
Je trouve que + ind : 나는 … 라고 생각한다, 인 것 같다
le réseau de bus et métro : 버스와 지하철 노선
développé(e) : 발전한, 발달한
à part quelques exceptions : 몇몇 경우(예외)를 제외하고
l'utilité : 유용성, 유익성, 효용
proposer plus de bus ou métros. : 더 많은 버스 혹은 지하철을 제안하다

문장을 완성해보자

Si l'extension des transports en commun permet de réduire effectivement le nombre de voitures circulant, de limiter l'engorgement des centres des grandes villes, de contribuer à la défense de l'environnement, pourquoi pas. Mais je crains que ....

.... qui continueront, bus ou pas bus, à prendre leur voiture, même pour circuler en plein Séoul. Je trouve qu' ....

.... et à part quelques exceptions, ...

....

25 Il y a trop de publicité à la télévision.
TV에는 광고가 너무 많다.

이야기를 만들자

그렇다. TV엔 광고가 너무 많다. 이 광고는 방송 프로그램이나 영화를 중단시킨다. 이것은 아주 기분 나쁘다. 그러나 그것은 돈에 관한 문제이므로 내 생각엔 항상 있을 것이다. 광고는 숨 막히게 하고 사람들은 그것을 정말로 지켜보진 않는다. 사람들은 반복으로 그것

을 기억하게 된다. 그것들은 효과적이다. 그러나 너무 지나치게 많다. 어쨌든 그것들은 TV 방송사에겐 어마한 수입원이다. 광고는 우리의 삶은 물론 텔레비전을 가득 채운다. 그렇지만 나는 몇몇 광고의 연출과 유머를 높게 평가한다.

표현을 참고하자

trop de + 명사 : 너무 많은
une publicité : 광고
interrompre : 중지시키다, 방해하다
désagréable : 불쾌한, 언짢은
encore une fois : 한 번 더
un problème d'argent : 돈 문제
à mon avis : 내 생각에
étouffant(e) : 질식하는, 숨 막히는, 짓누르는
vraiment : 정말로
enregistrer : 기록하다, 녹화하다, 녹음하다, 머리 속에 담다
la répétition : 반복, 되풀이
tout de même : 그래도, 그렇지만
efficace : 효과적인, 효과가 있는
beaucoup trop nombreuses : 너무 지나치게 많은
cependant : 그렇지만, 그렇기는 하지만
une énorme source de revenus : 어마한 수입(소득)의 원천
les chaines de télévision : 방송사
peupler : 채우다, 가득차게 하다, 살다, 거주하다
bien entendu : 물론, 당연히
apprécier : 높이 평가하다
la réalisation : 연출, 실행, 실현된 것
un humour : 해학, 유머

문장을 완성해보자

Oui, il y a trop de publicité à la télévision. ……………………
……………………, ce qui est très désagréable. Mais c'est encore une fois un problème d'argent, donc il y en aura toujours, à mon avis. ……………………
……………………. On les enregistre par répétition. ……………………
…………………… mais beaucoup trop nombreuses. Elles sont cependant une énorme source de revenus pour les chaines de télévision. ……………………

26 Aujourd'hui, une seul langue étrangère est utile : l'anglais.
오늘날 단 하나의 외국어만 유용하다: 영어

이야기를 만들자

영어는 국제 무역언어이다. 중국어를 하는 것도 유용할 수 있다. 왜냐하면 세계 어느 곳이든지 중국인들이 매우 많기 때문이다. 지구상에서 많은 사람들이 쓰는 스페인어 역시 유용할 수 있다. 그러나 영어를 가지고 거의 모든 곳을 여행할 수 있는 것은 사실이다. 또한 인터넷 언어이기도 하다. 만약 여행을 하거나 다른 나라 사람들과 관계를 갖기 위해 언어를 선택해야 한다면, 영어가 그 첫 번째 선택이 될 것이라고 생각한다.

표현을 참고하자

la langues de échanges internationaux : 국제무역의 언어
Il peut aussi être utile de + inf : …하는 것 역시 유용할 수 있다
parler chinois : 중국어를 하다
car : 왜냐하면
énormement de + 무관사명사 : 막대하게 많은 …
partout : 도처에
l'espagnol : 스페인어
une langue parlée : 구어
sur la planète : 지구 위에
il est vrai que + ind : …하는 것은 사실이다
presque : 거의, 대부분
la langue d'internet : 인터넷 언어
choisir : 선택하다, 고른다
avoir des relations avec : …와 관계를 갖다
je pense que + ind : 나는 …라고 생각하다
le premier choix : 첫 번째 선택

문장을 완성해보자

.... Il peut aussi être

utile de parler chinois car ....
.... et aussi l'espagnol qui est une langue parlée par beaucoup de gens sur la planète. Mais il est vrai qu' .... S'il fallait choisir une langue pour voyager ou avoir des relations avec d'autres pays, je pense que ....

27 Un bon professeur, c'est un professeur sévère.
훌륭한 선생님은 엄격한 선생님이다.

이야기를 만들자

훌륭한 선생님은 주제를 완전히 파악하고 있고, 거의 모든 질문에 답할 수 있으며, 잘 가르치는 사람이다. 엄격해야 할 필요는 없지만 존경을 받을 수 있어야 한다. 학교 교사는 필요하다면 처벌을 할 수 있다. 대학교수는 조용히 하라고 할 필요가 없을 것이다. 몇몇의 선생님들은 목소리를 높이지 않고 존경심을 갖게 한다. 다른 선생님들은 처음부터 아이들이 하는 대로 그냥 내버려 둔다. 좋은 선생님은 좋은 조건에서 수업을 할 수 있게 충분한 교수법을 보여주어야만 한다.

표현을 참고하자

Un bon professeur : 훌륭한 선생님
maîtriser : 지배하다, 제압하다, (기술, 지식 따위를) 완전히 숙달하다
le sujet : 주제
répondre à : …에 대답하다
un maximum de + 명사 : 최고의… , 최다의…
un bon pédagogue : 좋은 교육가, 교육자
Il n'a pas besoin de + inf : …하는 것은 필요하지 않다
sévère : 엄격한, 준엄한
se faire respecter : 자기를 존경하게 하다
avoir recour à + qch : …에 도움을 청하다, …의 수단을 동원하다
la punition : 처벌, 징계
si nécessaire : 필요하다면

avoir à + inf : …해야 한다
le silence : 침묵
certain(e) : 몇몇
imposer : 강요하다, 받아들이게 하다
le respect : 존경
sans que + sub : …하지 않고
élever la voix : 소리를 높이다
d'autres : 다른 선생님들
se laisser + inf : (남이) 자기를 …하는 것을 방임하다, …하는 대로 내버려 두다
dépasser : 앞지르다, 넘다, (능력, 이해를) 넘어서다
dès le debut : 처음부터
faire preuve de + qch : (감정, 능력 따위를) 나타내다, 보여주다
assez de : 충분한 …, 상당히 많은 …
une pédagogie : 교수법, 교육학
donner son cours : 수업을 하다
une condition : 조건

문장을 완성해보자

Un bon professeur est un professeur qui maîtrise son sujet, qui peut répondre à un maximum de questions et qui est un bon pédagogue. ……………………, mais doit se faire respecter. …………………… ……………………. Un professeur d'université ne devrait pas avoir à demander le silence. …………………… sans qu'ils n'aient à élever la voix. D'autres se laissent dépasser par les enfants dès le début. …………………… …………………… …………………….

28 La chose la plus importante dans la vie, c'est de gagner beaucoup d'argent.

인생에 있어 가장 중요한 것은 돈을 많이 버는 것이다.

이야기를 만들자

인생에 있어 가장 중요한 것은 사랑이다. 이것은 또한 가장 쓸모없는 것이기도 하

다. 살기 위해서, 우리는 마셔야 하고 먹어야 하고 자야 한다. (살기 위해) 사랑이 필요한 것은 아니다. 그렇지만 행복해지기 위해서는 사랑이 필요하다. 돈은 물질적 안락함만을 가져다준다. 그것은 쾌적할 수 있으나 행복하게 만들지는 않는다. 사람들은 종종 사랑과 안락, 이 두 감정을 혼동한다. 돈을 많이 버는 것은 만족을 가져올 수 있다. 왜냐하면 그것은 상당한 구매력을 주기 때문이다. 그렇지만 이 능력은 단지 소비사회와 관련된 것뿐이다.

표현을 참고하자

la chose la plus importante : 가장 중요한 것
un amour : 사랑
la chose la plus inutile : 가장 쓸모없는 것
avoir besoin de + inf : …이 필요하다
dormir : 자다
Pas d'aimer. : 사랑이 필요한 것은 아니다. (Nous n'avons pas besoin d'aimer)
avoir besoin de + 명사 : …이 필요하다
apporter : 가져가다, 초래하다
ne ~ que : 오직 …뿐
un confort matériel : 물질적 안락, 쾌적
agréable : 안락한, 편안한, 기분이 좋은
rendre + 속사 : …하게 하다
maintenant : 지금, 현재
confondre : 혼동하다, 뒤섞다, 당황하게 하다
souvent : 자주
une impression : 인상, 느낌, 감명
gagner beaucoup d'argent : 돈을 많이 벌다
la satisfaction : 만족, 충족
car : 왜냐하면
donner : 제공하다, 주다, 가져오다, 야기하다
un certain pouvoir d'achat : 상당한 구매력
cependant : 그렇지만, 그렇기는 하지만
relatif à qch : …에 관한, …에 관련된
une société de consommation : 소비 사회

문장을 완성해보자

.... C'est aussi la chose la plus inutile. Pour vivre, ...
.... Pas d'aimer. Mais pour être heureux, ...

.... L'argent n'apporte qu'un confort matériel qui peut être vraiment agréable mais qui ne rend pas heureux. ....
............................: l'amour et le confort.
.... car cela donne un certain pouvoir d'achat. Cependant, ...
....

29 Le progrès technique détruit notre environnement.
과학기술의 발달은 우리의 환경을 파괴한다.

이야기를 만들자

과학기술의 발달은 사실 우리의 환경을 파괴한다. 우리가 에너지와 천연자원을 사용하는 것은 자연에 해롭다. 어떤 사람들은 환경을 보호하고 싶어 하지만, 만약 인간이 환경을 파괴하지 않았다면 굳이 보호할 필요가 없을 것이다. 인간의 삶은 환경에게 위협이다. 곧 지구상에 인류가 더 이상 존재하지 않게 될 지도 모른다. 그래서 나는 지구가 우리가 입힌 상처에서 회복될 수 있기를 바란다. 과학기술의 진보, 특히 자동차 하이브리드 모터, 태양열 전지판, 풍력발전소와 같은 재생에너지 분야에서의 진보는 우리 인간의 활동이 환경에 가하는 충격을 완화할 수 있을 것이다.

표현을 참고하자

Le progrès technique : 기술적 진보
détruire : 파괴하다, 해치다
en effet : 사실
un environnement : 환경, 주위
une utilisation : 사용, 이용, 활용
une énergie : 에너지
des ressources naturelles : 천연 자원
nuisible : 유해한, 해로운
certaine personne: 몇몇 사람들
vouloir + inf : …하길 원하다
protéger : 보호하다, 지키다

il n'aurait pas besoin de + 명사 : …이 필요하지 않을 수도 있다
une protection : 보호, 보전
la vie de l'homme : 인간의 삶
une menace : 협박, 위협
bientôt : 곧
ne ~ plus : 더 이상 …하지 않다
êtres humains : 인류
la planète : 행성(지구)
j'espère que + ind : 나는 …이길 바란다
guérir : 고치다, 치료하다
toutes les blessures : 모든 상처, 부상
infliger : 가하다, 당하게 하다
une avancée : 전진, 진보
technologique : 기술적인
notamment : 특히
les énergies renouvelables : 재생 에너지
permettre de + inf : …을 가능하게 하다, 할 수 있게 하다
limiter l'impact environnemental : 환경적 충격을 제한하다
une activité : 활동, 일
les moteurs hybrids pour les voitures : 자동차 하이브리드 모터
les panneaux solaires : 태양 전지판
les éoliennes : 풍력 발전기

문장을 완성해보자

Le progrès technique détruit en effet notre environnement. ....

....

.........., mais il n'aurait pas besoin de protection ....

....

.... Bientôt, il n'y aura plus d'êtres humains sur la planète et alors, j'espère qu'elle pourra guérir de toutes les blessures que nous lui avons infligées. Mais les avancées technologiques, notamment dans les énergies renouvelables, devraient permettre de limiter l'impact environnemental de nos activités, comme les moteurs hybrides pour les voitures, les panneaux solaires ou les éoliennes.

30 Vivre à la campagne est plus agréable que vivre en ville.
시골생활은 도시생활보다 더 쾌적하다.

이야기를 만들자

시골생활은 더 휴식적이고, 차분하며, 조용하고 스트레스를 덜 받는다. 도시생활은 더 활동적이고, 빠르며, 스트레스를 더 받는다. 도시에서는 해야 할 일과 활동들이 더 많다. 시골은 오락거리가 거의 없다. 도시에서는 많은 종류의 사람들을 쉽게 만날 수 있다. 나는 이 두 가지 삶의 방식을 모두 알고 있고, 이 두 가지 모두 좋게 평가한다. 그렇지만 나는 대도시에서 살기로 마음을 정했다. 그것은 특히 문화적 관점에서 더 많은 것에 접근할 수 있게 해주기 때문이다. 더빙하지 않은 시험영화와 예술영화를 볼 수 있는 박물관과 많은 영화관이 있다. 이것은 서골에서는 불가능하다.

표현을 참고하자

la vie à la campagne : 시골생활
reposant(e) : 휴식을 주는
calme : 차분한, 고요한, 평온한
silencieux(se) : 조용한, 고요한
stressant(e) : 스트레스 받는
la vie en ville : 도시생활
mouvementé(e) : 활기찬, 생동감 있는
rapide : 빠른, 신속한
une activité : 활동, 일
choses à faire : 해야 할 것
offrir : 제공하다, 주다
une distraction : 기분전환, 심심풀이, 오락거리
différent(e) : 다른, 상이한
facilement : 쉽게
ces deux modes de vie : 이 삶의 두 가지 방식
apprécier: 높이 평가하다
se destiner à + inf : …할 것으로 마음을 정하다
cependant : 그렇지만, 그렇기는 하지만
permettre de + inf : …을 가능하게 하다, 할 수 있게 하다
avoir accès à qch : …에 접근하다, …획득할 가능성이 있다
notamment : 특히
un point de vue culturel : 문화적 관점
un musée : 박물관
en version originale : 원본의
impossible : 불가능한

◆ 문장을 완성해보자

...., plus silencieuse et moins stressante. La vie en ville est plus mouvementée, plus rapide, plus stressante. .... La campagne n'offre que peu de distractions. On peut rencontrer beaucoup de personnes différentes en ville et facilement. .... et .... Je me destine cependant à vivre dans une grande ville. .... Il y a des musées et plus de cinémas où on peut voir des films d'Art et d'Essai en version originale. Cela est impossible à la campagne.

Corrigés

01 Que pensez-vous du système éducatif de votre pays ?
당신 나라의 교육 제도에 대해 어떻게 생각하세요 ?

Le système éducatif de mon pays est déplorable. **Il subit régulièrement et trop souvent des reformes inutiles, voire nuisibles**. Par exemple, les différentes réformes des manières d'apprendre à écrire aux enfants ont été fortement critiquées. **Le système éducatif ne remplit pas son rôle car on lui en a supprimé les moyens. Les enseignants n'ont plus aucune autorité sur les enfants** donc ils ne peuvent pas leur enseigner les principes élémentaires de la vie en société et **les conséquences sont désastreuses sur la vie en société** : détériorations et manque total de respect envers toutes les institutions et toutes les classes sociales.

02 Si moins de femmes travaillaient, il n'y aurait pas de chômage.
만약 더 적은 수의 여성들이 일을 한다면, 실업이 없을 것이다.

Si moins de femmes travaillaient, elles seraient au chômage, donc il y aurait plus de chômage. Dans la société coréenne, il est tout à fait normal pour une femme de travailler. **Les gens ne pensent plus que le rôle de la femme soit de rester à la maison pour s'occuper des enfants**. Les femmes au travail ne sont donc pas une source de chômage. **Le chômage est à mon avis un problème de production, d'offre et de demande.** On pense souvent que les immigrés sont une des causes principales du chômage. **Les femmes ont le droit au travail et elles ont leur place dans ce domaine.**

03 Pensez-vous qu'aujourd'hui la pollution soit un des problèmes essentiels dans le monde ?

오늘날 공해가 세계의 근원적 문제 중의 하나라고 생각하나요 ?

Aujourd'hui, la **pollution est le problème essentiel de l'humanité et de la Terre**. Par notre négligence, nous menaçons toute forme de vie sur cette planète ainsi que la nôtre. **Très peu de gens en sont conscients** et c'est ce qui nous mènera à notre perte. Il est déjà trop tard pour faire marche arrière car **on ne peut pas changer les mentalités rapidement**. De plus, **pour changer ces mentalités et ces habitudes, il faudrait imposer des limites aux gens** mais **ils ne sont pas prêts à l'accepter** car pour eux cela signifie une perte de liberté. **Je trouve dommage** que le formidable travail de l'évolution nous ait donné une intelligence supérieure que nous utilisons à des fins aussi destructrices. Malgré notre intelligence, nous sommes totalement irresponsables.

04 Les gens qui abandonnent leur chien ou leur chat devraient être sévèrement punis.

자기의 개나 고양이를 버리는 사람들은 엄격하게 처벌 받아야 한다.

Je pense effectivement que les gens qui abandonnent leur chien ou leur chat devraient être sévèrement punis parce que personne ne les a obligés à prendre un animal de compagnie donc ils doivent assumer leur choix. De plus, **il existe des organismes qui s'occupent des animaux abandonnés** donc les gens pourraient emmener leurs animaux dans ces organismes directement au lieu de les abandonner le long de la route. Mais **ils font cela par lâcheté, je suppose. De plus, les animaux abandonnés sur les aires d'autoroute, attachés à un arbre peuvent mourir de faim, de soif ou de froid** alors que si leurs propriétaires les déposaient dans un refuge, ils seraient nourris et soignés. Mais **les gens ne le font pas car ils ont honte d'abandonner leur animal** et ont peur qu'on leur fasse la morale.

05 L'ordinateur est une invention géniale ! 컴퓨터는 뛰어난 발명품이다 !

L'ordinateur est une invention géniale car il me permet de répondre à ce questionnaire(!). **C'est un outil extrêmement performant qui a de multiples fonctions et utilités.** Internet a changé la face du monde en réduisant les distances entre les différents endroits du monde. **Il nous permet de converser avec des gens que l'on n'aurait jamais rencontrés autrement.** L'ordinateur nous permet de faire des quantités astronomiques de calculs en un temps record. **Il permet des modélisations et des simulations qui nous permettent de prévoir des problèmes** lors de constructions, de prévoir le climat, de faire des études physiques, aérodynamiques…

06 Le téléphone portable est un objet indispensable. 휴대전화는 필수적인 물건이다.

Le téléphone portable n'est pas indispensable mais **j'ai du mal à me souvenir de ma vie avant d'en avoir un.** Ce n'est pas indispensable dans le sens où on vivait très bien sans avoir mais, en effet, cela facilite grandement la vie dans de nombreuses situations. Par exemple, **pour donner rendez-vous à une personne dans un endroit qu'on ne connaît pas,** le téléphone portable peut être très pratique pour se repérer. Il **peut aussi sauver la vie. Si l'on a un accident sur une route de campagne, il peut être utile pour appeler les secours.**

07 Aimeriez-vous que votre fils/fille se marie avec un(e) étranger(e) ?
당신의 아들/딸이 외국인과 결혼하는 것에 찬성하나요?

Je ne veux pas avoir d'enfant pour de multiples raisons mais si j'en avais, je laisserais le choix à mon enfant de se marier avec qui il veut. **C'est un choix personnel**, guidé par l'amour donc je ne peux pas choisir pour lui. **S'il trouve le Bonheur auprès d'une personne étrangère, alors je ne peux qu'être heureux qu'il ait trouvé le Bonheur.** J'ai eu plusieurs petites amies étrangères et c'est une expérience enrichissante. **Cela permettrait à mes enfants de découvrir une autre culture, une autre façon de voir le monde**. Et leurs enfants pourraient profiter de deux cultures et garder le meilleur de chacune d'elles. En plus, **ils auraient**, s'ils le veulent, **deux nationalités et deux passeports,** et ainsi ils pourraient voyager beaucoup plus facilement.

08 Dans queques années, on ne lira plus le journal.
몇 년 후에는 신문을 더 이상 읽지 않을 것이다.

Je pense que les gens liront toujours le journal. **Je ne le lis pas moi-même mais je pense que c'est une habitude** et même un plaisir qui ne peut pas être remplacé par un écran d'ordinateur. **On peut voir des gens lire le journal dans n'importe quel café.** D'ailleurs, les cafés achètent le journal pour le mettre à la disposition des clients. **On le lit aussi dans le métro, ou alors en attendant le bus**. Je pense que le journal a encore un bel avenir. De plus, **le développement des journaux gratuits**, surtout dans les grandes villes (ils sont distribués gratuitement à l'entrée des stations de métro) **donne aux gens l'habitude de lire le journal dans les transports** et s'ils doivent prendre le train ou le métro, ils achèteront un journal payant.

09 Pensez-vous que les voyages forment la jeunesse ?
여행이 청소년들을 성장시킨다고 생각하세요?

Je ne sais pas si les voyages forment la jeunesse, mais au moins **ils permettent une ouverture d'esprit**. En étant confronté à des cultures et des habitudes différentes, **on se rend compte que notre manière de vivre n'est pas universelle**, et même pas la meilleure. Mais pour pouvoir bénéficier de ces enrichissements, **il faut avoir un minimum d'ouverture d'esprit avant de se rendre dans un endroit nouveau**. Pour ma part, les différents pays que j'ai visités m'ont appris à me remettre en question, à remettre en question les idées que j'avais sur certaines choses, surtout sur le mode de vie et les relations sociales.

10 Est-ce que vous pensez qu'il faut travailler pour vivre ou vivre pour travailler ?
살기 위해서 일해야 한다고 생각하나요 아니면 일하기 위해서 살아야 한다고 생각하나요 ?

En tant que coréen, je pense qu'il faut travailler pour vivre. Enormément de coréens ont un travail "alimentaire", c'est-à-dire un travail qui leur permet de gagner l'argent nécessaire au minimum vital, le loyer, la nourriture et les vêtements. **Ce genre de travail ne rime pas avec plaisir** mais est vécu comme une contrainte. Si **notre travail est très important pour nous et pour la société, alors je peux comprendre que certaines personnes aiment travailler tout le temps**. Mais je pense que cela représente une minorité de gens en Corée.

11 Pensez-vous que les études préparent bien à la vie active ?
학교 공부가 활동적인 삶(직업생활)을 잘 준비시킨다고 생각하나요 ?

Je pense que les études ne préparent pas du tout à la vie active. Tout du moins les études à l'université. **J'ai déjà travaillé avant de reprendre mes études** et les choses que j'ai pu apprendre avant de trouver mon travail m'ont parfois servi, bien entendu, mais elles ne m'ont aucunement préparé au monde du travail. Hormis quelques cycles courts extrêmement spécialisés, où l'on apprend un métier spécifique, je pense que les études ne préparent pas à la vie active. Mais **beaucoup d'universités essaient de pallier à ce problème** en travaillant de plus en plus avec les entreprises.

12 Pensez-vous que les voyages à l'étranger soient nécessaires ?
해외 여행이 꼭 필요하다고 생각하세요 ?

Je pense que **les voyages à l'étranger ne sont pas du tout nécessaires**. On n'a pas besoin de savoir comment vivent nos voisins pour trouver un travail et faire notre vie dans notre propre pays. Cela dit, **les voyages à l'étranger sont extrêmement enrichissants** culturellement, socialement, pratiquement... **Ils apportent un angle différent sur la vie**, sur la vie en communauté, sur la nourriture... Je pense que **les gens qui voyagent beaucoup sont plus "intelligents"**, ou du moins plus tolérants que ceux qui restent chez eux.

13 Que pensez-vous des salaires de certains sportifs de haut niveau? Sont-ils abusifs ?
몇몇 스포츠 스타들의 연봉에 대해 어떻게 생각하세요? 부당한가요 ?

Je pense effectivement que **les salaires de certains sportifs de haut niveau sont extrêmement abusifs**. On peut penser que les sportifs de haut niveau arrêtent leur carrière tôt, donc il faut compenser ce fait par un plus haut salaire... Mais rien ne les empêche de chercher un autre travail après leur carrière sportive. Je pense que **cela est dû aux sponsors et à la médiatisation**. Leur métier seul ne justifie pas de telles sommes d'argent. De plus, **ce ne sont pas des métiers utiles à la société**. Les sportifs reçoivent de très grosses sommes pour apparaître dans des publicités et ils en font plusieurs. **La somme de tous ces cachets est donc souvent très élevée**.

14 A votre avis, doit-on interdire la cigarette dans les lieux publics ?

공공장소에서 금연을 해야 한다고 생각하세요?

Je pense que **l'on doit interdire la cigarette dans les lieux publics** parce qu'il faut respecter les autres, les non-fumeurs. En corée, **une nouvelle loi interdit de fumer dans tous les lieux publics** : bars, restaurants, discothèques... C'est une bonne chose. Dans certains pays, **on n'a pas besoin d'une telle loi** parce que les gens respectent les autres, mais **pas en corée. Le fumeur dérange les autres personnes**. Je pense que c'est toujours la personne qui dérange qui doit se plier aux exigences des autres.

15 Que pensez-vous de l'influence de la télévision dans les familles ?

가정에서의 텔레비전의 영향에 대해 어떻게 생각하세요?

Je pense que **la télévision a coupé les liens familiaux dans beaucoup de foyers.** Les parents ne parlent plus avec leurs enfants. **Les familles mangent devant la télévision** et on y passe nos soirées, donc il n'y a plus de dialogue. Parfois, **certains programmes télévisés peuvent réunir la famille** mais on ne parle pas pendant qu'on les regarde. Je pense que **les conséquences sont graves sur la famille**. Cela a de graves répercutions sur l'éducation, et donc sur les liens sociaux. **On peut le voir dans la rue. Les gens sont égoïstes, individualistes**

16 Faut-il voyager en groupe ou avec des amis? Qu'en pensez- vous ?

단체로 여행해야 할까요 아니면 친구들과 여행해야 할까요? 어떻게 생각하세요?

Je pense qu'**il est préférable de voyager avec des amis** afin de partager notre expérience, nos impressions et de confronter nos points de vue et ce que l'on a retenu des différentes visites. **Voyager avec un groupe de personnes inconnues est très impersonnel** et je pense qu'**on ne peut pas**

vraiment profiter du voyage car il y a le stress causé par les autres. Avec nos amis, **on se sent à l'aise et on a donc ce stress en moins**. De plus, voyager en groupe nous prive en général de faire des rencontres en dehors du groupe, **nous empêche de rencontrer des gens habitant le lieu que l'on visite**.

17 Internet, danger ! 인터넷, 위험 !

Oui et non. Internet est un outil très puissant et utile. **Il offre des possibilités énormes pour faire toutes sortes de choses** : discuter avec des gens des quatre coins du monde, chercher des recettes de cuisine, des informations sur n'importe quel sujet et même commander tout ce que l'on veut. Cependant, **des gens malveillants utilisent aussi Internet pour diverses raisons malhonnêtes**. Par exemple, les pédophiles peuvent l'utiliser pour chasser leur proie. Des escrocs utilisent la crédulité des gens pour leur voler de l'argent… **Il faut donc être prudent avec Internet**.

18 L'homme doit travailler, la femme doit s'occuper des enfants et de la maison. 남자는 일해야 하고, 여자는 집과 아이들을 돌보아야 한다.

Je pense que c'est une vision archaïque de nos jours. **L'homme peut tout aussi bien rester à la maison pour s'occuper des enfants** et des tâches ménagères pendant que la femme va travailler. Cependant, je pense que je sentirais comme mon devoir de faire vivre ma famille, en tant qu'homme. Aujourd'hui, **beaucoup de familles ont les deux parents qui travaillent, pendant que les enfants sont à l'école.** Les femmes sont à égalité avec les hommes, légalement. **La femme travaille désormais autant que l'homme.** Les tâches ménagères doivent être réparties entre les deux parents. Mais **beaucoup d'hommes rechignent encore à cuisiner, faire le ménage ou le repassage.**

19 Il faut interdire les animaux domestique dans les villes.
도시에서 애완동물을 금지시켜야 한다.

Les animaux domestiques dans les villes sont malheureux à mon avis. Les animaux sont faits pour vivre dans la nature, pas pour être asservis par les hommes. Je pense qu'**il faudrait les interdire, pour les préserver**. Ils ne sont pas des jouets à notre disposition. **Ils ne sont pas là pour notre plaisir personnel**. Bien sûr, les animaux peuvent provoquer des nuisances en ville : nuisances sonores, agressions…Mais **ce sont des nuisances de notre point de vue.** De plus, **les maîtres sont souvent trop négligents** quant aux problèmes causés par leurs chiens, comme les aboiements de jour comme de nuit ou les déjections sur les trottoirs ou dans l'herbe des parc qui salissent les villes et peuvent provoquer des chutes.

20 L'argent ne fait pas le bonheur.
돈은 행복을 만들지 않는다.

L'argent ne fait effectivement pas le Bonheur. Mais **avoir de l'argent permet un certain confort de vie** qui peut être très agréable. **Le Bonheur vient de l'amour ou alors d'un sentiment de satisfaction**, mais pas de l'argent lui-même. La réussite dans un quelconque domaine peut apporter un certain Bonheur. Il **existe des gens très pauvres et très heureux**. De même, il existe des gens très riches et malheureux. Mais **la société actuelle est complètement axée sur le matériel** et la possession de biens. L'argent donne le pouvoir de posséder toutes sortes de choses donc il a une grande importance pour les gens de nos jours. **C'est dommage**.

21 Il faut arrêter de fabriquer des voitures.
자동차 생산을 그만 두어야 한다.

Les voitures sont une grande source de pollution. Dans ce sens, il y en a trop et **il faudrait arrêter d'en fabriquer**. Mais **la voiture, comme le**

téléphone portable, a changé notre vie quotidienne. On ne pourrait plus s'en passer. Avec les pays en voie de développement, comme la Chine, **il faudra construire énormement de voitures**. Les conséquences seront désastreuses sur le climat et donc sur notre vie. Mais la société actuelle peut-elle changer? Peut-on se passer de tout, ou d'une partie des fruits de nos progrès techniques? Je ne pense pas que **les gens soient capables de changer.**

22 La télévision est une mauvaise invention.
텔레비전은 나쁜 발명품이다.

La télévision est une bonne invention qui a été corrompue par l'argent. A la base, **elle permet de nous informer sur le monde entier,** de nous divertir, de nous faire réflechir. Mais l'argent en a pris possession et maintenant il y a une surenchère permanente dans la stupidité et la violence des images pour attirer le plus grand nombre de parts du marché et donc ramasser le plus d'argent possible. **La télévision prive les célébrités de leur vie privée. Certains journalistes sont prêts à tout pour obtenir un scoop** ou réaliser un reportage sur un sujet sensible. Mais **la télévision en elle-même n'est pas mauvaise**. C'est l'utilisation que nous en faisons qui est nuisible.

23 L'homme sera heureux quand il ne travaillera plus.
인간은 더 이상 일하지 않을 때 행복할 것이다.

Je pense que lorsqu'on ne travaille plus pendant une longue période, on s'ennuie. J'ai cherché un travail pendant longtemps avant de le trouver, et mes journées étaient ennuyantes. **Sans travail, on n'a pas de contrainte. On peut se lever à 16 heures sans problème.** On perd nos repères dans la vie quotidienne et **on se désocialise. Le travail permet de rester en contact avec les gens et avec la société.** Un proverbe dit : "Le travail, c'est la santé." **Travailler nous donne une bonne occupation.** Cela permet de nous sentir utile. **Le travail nous donne la satisfaction d'avoir bien fait notre devoir**, de participer à la construction et au fonctionnement de la société.

24 Il faut davantage de bus et de métros dans les villes.
도시에서는 더 많은 버스와 지하철이 필요하다.

Si l'extension des transports en commun permet de réduire effectivement le nombre de voitures circulant, de limiter l'engorgement des centres des grandes villes, de contribuer à la défense de l'environnement, pourquoi pas. Mais je crains que **cela ne change pas vraiment les habitudes de certains usagers de la route,** qui continueront, bus ou pas bus, à prendre leur voiture, même pour circuler en plein Séoul. Je trouve qu'**en Corée, le réseau de bus et métro est déjà bien développé** et à part quelques exceptions, **je vois mal l'utilité de proposer encore plus de bus ou métros**.

25 Il y a trop de publicité à la télévision.
TV에는 광고가 너무 많다.

Oui, il y a trop de publicité à la télévision. **Cette publicité interrompt les programmes et les films,** ce qui est très désagréable. Mais c'est encore une fois un problème d'argent, donc il y en aura toujours, à mon avis. **Cette publicité est étouffante et les gens ne les regardent pas vraiment.** On les enregistre par répétition. **Elles sont tout de même efficaces** mais beaucoup trop nombreuses. Elles sont cependant une énorme source de revenus pour les chaines de télévision. **Les publicités peuplent notre vie et donc bien entendu la télévision. J'apprécie cependant la réalisation ou l'humour de certaines publicités**.

26 Aujourd'hui, une seul langue étrangère est utile : l'anglais.
오늘날 단 하나의 외국어만 유용하다 : 영어

L'anglais est la langue des échanges internationaux. Il peut aussi être utile de parler chinois car **il y a énormement de chinois partout dans le**

monde et aussi l'espagnol qui est une langue parlée par beaucoup de gens sur la planète. Mais il est vrai qu'**avec l'anglais, on peut voyager presque partout. C'est aussi la langue d'internet**. S'il fallait choisir une langue pour voyager ou avoir des relations avec d'autres pays, je pense que **l'anglais serait le premier choix**.

27 Un bon professeur, c'est un professeur sévère.
훌륭한 선생님은 엄격한 선생님이다.

Un bon professeur est un professeur qui maîtrise son sujet, qui peut répondre à un maximum de questions et qui est un bon pédagogue. **Il n'a pas besoin d'être sévère,** mais doit se faire respecter. **Un professeur d'école doit avoir recours à des punitions si nécessaire.** Un professeur d'université ne devrait pas avoir à demander le silence. **Certains professeurs imposent le respect** sans qu'ils n'aient à élever la voix. D'autres se laissent dépasser par les enfants dès le début. **Un bon professeur doit faire preuve d'assez de pédagogie pour pouvoir donner son cours dans de bonnes conditions.**

28 La chose la plus importante dans la vie, c'est de gagner beaucoup d'argent.
인생에 있어 가장 중요한 것은 돈을 많이 버는 것이다.

La chose la plus importante dans la vie, c'est l'amour. C'est aussi la chose la plus inutile. Pour vivre, **nous avons besoin de boire, de manger et de dormir**. Pas d'aimer. Mais pour être heureux, **on a besoin de l'amour**. L'argent n'apporte qu'un confort matériel qui peut être vraiment agréable mais qui ne rend pas heureux. **Les gens maintenant confondent souvent ces deux impressions** : l'amour et le confort. **Gagner beaucoup d'argent peut apporter de la satisfaction** car cela donne un certain pouvoir d'achat. Cependant, **ce pouvoir est seulement relatif à notre société de consommation**.

29 Le progrès technique détruit notre environnement.
과학기술의 발달은 우리의 환경을 파괴한다.

Le progrès technique détruit en effet notre environnement. **L'utilisation que nous faisons des énergies et des ressources naturelles est nuisible pour la nature. Certaines personnes veulent protéger l'environnement,** mais il n'aurait pas besoin de protection **si l'homme ne le détruisait pas. La vie de l'homme est une menace pour l'environnement**. Bientôt, il n'y aura plus d'êtres humains sur la planète et alors, j'espère qu'elle pourra guérir de toutes les blessures que nous lui avons infligées. Mais les avancées technologiques, notamment dans les énergies renouvelables, devraient permettre de limiter l'impact environnemental de nos activités, comme les moteurs hybrides pour les voitures, les panneaux solaires ou les éoliennes.

30 Vivre à la campagne est plus agréable que vivre en ville.
시골생활은 도시생활보다 더 쾌적하다.

La vie à la campagne est plus reposante, plus calme, plus silencieuse et moins stressante. La vie en ville est plus mouvementée, plus rapide, plus stressante. **Il y a beaucoup plus d'activités et de choses à faire en ville**. La campagne n'offre que peu de distractions. On peut rencontrer beaucoup de personnes différentes en ville et facilement. **Je connais ces deux modes de vie** et **j'apprécie les deux**. Je me destine cependant à vivre dans une grande ville. **Cela permet d'avoir accès à plus de choses, notamment d'un point de vue culturel.** Il y a des musées et plus de cinémas où on peut voir des films d'Art et d'Essai en version originale. Cela est impossible à la campagne.

III

기본 동사구문

A로 시작하는 동사구문

✽ accepter : 받아들이다, 수락하다

accepter	qch	Il accepte son sort avec résignation. 그는 자기의 운명을 체념하며 받아들인다.
	que + sub	J'accepte que mon mari invite ses amis à dîner. 나는 남편이 자기 친구들을 저녁식사에 초대하는 것을 수락한다.
	de + inf	J'accepte de travailler avec lui ce soir. 나는 오늘 저녁 그와 함께 일을 하는 것을 수락한다.

✽ accompagner : 동반하다, 곁들이다

accompagner	qn + 장소	J'accompagne mes parents au magasin. 나는 부모님들과 함께 가게까지 동반한다.
	qch	J'accompagne un plat d'un excellent vin. 나는 요리에 좋은 술을 곁들인다.

✽ acheter : 사다, 구입하다

acheter	qch	Il achète une voiture. 그는 자동차를 산다.
	qch à qn	Il achète une voiture à son père. 그는 자동차를 아버지에게서 산다.
	qch à + 가격	Il achète la voiture à dix mille euros. 그는 자동차를 만 유로에 산다.

✽ admirer : 감탄하다, 탄복하다

admirer	qn/ qch	J'admire votre confiance. 나는 당신의 신뢰를 감탄한다.
	qn de + inf	Il admire son père d'être gentil. 그는 친절한 자기 아버지가 놀랍기만 하다.

✽ adorer : 매우 좋아하다

adorer	qch	Il adore cette chanson. 그는 이 노래를 무척 좋아한다.
	qn	Il adore sa femme. 그는 자기 부인을 매우 좋아한다.

adorer	+ inf	Il adore conduire. 그는 운전하는 것을 아주 좋아한다.

✽ adresser : 보내다, 말을 걸다, 문의하다

adresser	qch à qn	J'adresse ce message à tous mes camarades. 나는 내 친구 모두에게 이 메시지를 보낸다.
	s'~ à qn	Mon patron s'adresse à moi. 나의 사장은 나에게 말을 건다.

✽ agir : 행동하다, 작용하다, 문제되다

agir	sur qch/qn	J'agis sur ma sœur pour qu'elle arrête de fumer. 나는 여동생이 담배를 끊게 하기 위해 행동한다.
	Il s'agit de qch/qn	Il s'agit de ta maison. 너의 집이 문제이다.
	de + inf	Il s'agit de partir avant vingt heures. 저녁 8시 전에 떠나야 한다.

✽ aider : 도와주다, 돕다

aider	qn	J'aide mon ami pour ses inscriptions. 나는 내 친구의 등록을 돕는다.
	qch	Il aide un projet de restructuration de l'entreprise. 그는 회사의 조직개편 계획을 돕는다.
	à + qch	Ces mesures pourront aider au rétablissement de l'économie. 이 조처들은 경제 재건에 도움이 될 것이다.
	qn à + inf	J'aide mon ami à finir ses devoirs. 나는 내 친구가 숙제하는 것을 돕는다.

✽ aimer : 좋아하다, 사랑하다

aimer	qch/qn	Il aime sa femme. 그는 자기 부인을 사랑한다.
	+ inf	Il aime étudier le français. 그는 프랑스어 공부하는 것을 좋아한다.
	que + sub	Il aime que je sois présent lorsqu'il est triste. 그는 그가 슬플 때 내가 있어주는 것을 좋아한다.

✽ aller : 가다, 어울리다, 곧 …할 것이다

aller	+ 장소	Tu vas chez tes parents. 너는 너의 부모님 집에 간다.
	+ 부사	Je vais souvent là-bas, quand je suis triste. 나는 슬플 때 자주 거기에 간다.
	부사 + à qn	Cette couleur te va vraiment bien. 이 색깔은 정말로 너에게 잘 어울린다.
	+ inf	Il va revenir demain. 그는 내일 다시 올 것이다.

aller	contre	Il va contre mon avis. 그는 내 의견을 거역하지 않는다.
	s'en aller	Il va s'en aller au marché. 그는 시장에 갈 것이다.

❃ amener : 데리고 가다(오다), 끌어들이다, 이끌다

amener	qn + 장소	J'amène ma petite amie à la gare. 나는 내 여자 친구를 역에 데리고 간다.
	qn à + inf	Il amène sa fille à changer d'avis. 그는 자기 딸이 의견을 바꾸도록 이끈다.

❃ amuser : 놀다, 즐기다

amuser	qn	J'amuse mes camarades. 나는 내 친구들을 재미나게 해준다.
	s' ~	Je pense qu'il s'amuse bien ce soir. 나는 그가 오늘 저녁 즐겁게 시간을 보낸다고 생각한다.
	s ~' à qch	Je m'amuse à la marelle. 나는 돌차기를 재미있게 즐긴다.
	s ~' à + inf	Nous nous amusons à collectionner les timbres. 우리는 우표를 수집하는 것을 즐긴다.
	s' ~ avec qn	Il s'amuse avec ses enfants. 그는 자기 아이들과 함께 논다.

❃ annoncer : 알리다, 예고하다

annoncer	qch	Cette petite fleur annonce le printemps. 이 작은 꽃은 봄을 알린다.
	qn	Au milieu de la soirée, on a annoncé Monsieur Kim. 연회 도중, 김씨의 도착을 알려왔다.
	qch à qn	J'annonce le succès de l'opération à mon patron. 나는 사장에게 작업의 성공을 알린다.
	que + ind	J'annonce que la grève est finie. 나는 파업이 끝났음을 알린다.

❃ apercevoir : 언뜻 보다, 알아차리다

apercevoir	qn/qch	J'aperçois la montagne au loin. 나는 멀리 있는 산을 본다.
	s'~ de qch	Il s'aperçoit de son erreur. 그는 자기의 실수를 깨닫는다.
	s' ~ que + ind	Je m'aperçois que j'ai oublié mon portefeuille. 나는 내 지갑을 놔두고 왔다는 것을 알아차린다.

❃ appartenir : …의 것이다, …에 속하다

appartenir	à qn	Cette voiture m'appartient. 이 자동차는 나의 것이다.

✽ appeler : 부르다, 이름이 …이다

appeler	qn	Il appelle sa femme. 그는 자기 부인을 부른다.
	s'~	Je m'appelle Christophe. 내 이름은 크리스토프이다.

✽ apporter : 가져오다, …에게 갖다 주다

apporter	qch	Il apporte une bonne nouvelle. 그는 좋은 소식을 가져온다.
	qch à qn	J'apporte une tarte à mon ami. 나는 파이를 내 친구에게 갖다 준다.

✽ apprendre : 배우다, 가르치다, 알다

apprendre	qch	J'apprends le Coréen. 나는 한국어를 배운다.
	que + ind	Il apprend que son avion est en retard. 그는 비행기가 늦는다는 것을 듣는다.
	qch à qn	Il apprend les mathématiques à ses étudiants. 그는 수학을 자기 학생들에게 가르친다.
	à qn que + ind	J'apprends à mes parents que j'ai réussi mes examens. 나는 내가 시험에 합격했다는 것을 부모님에게 알린다.
	à + inf	Il apprend à cuisiner. 그는 요리하는 것을 배운다.
	à qn à + inf	J'apprends à mon chien à sauter. 나는 내 개에게 뛰어오르는 법을 가르친다.

✽ s'approcher : 다가가다, 접근하다

s'approcher	de qch	Il s'approche de sa voiture. 그는 자기 자동차 가까이로 간다.
	de qn	Je m'approche de lui. 나는 그의 곁으로 다가간다.

✽ appuyer : 누르다, …에 기대다, 지원하다

appuyer	sur qch	J'appuie sur le bouton. 나는 버튼을 누른다.
	qch/qn	J'appuie la demande de Jean. 나는 장의 요구를 지지해준다.
	s'~ sur	Il s'appuie sur moi pour se consoler. 그는 마음을 달래기 위해 나에게 의지한다.

✽ arranger : 정리하다, 조정하다

arranger	qch	J'arrange mes affaires pour mon voyage. 나는 여행을 위해 내 소지품을 정리한다.

arranger	qn	Venez plutôt après dîner, cela m'arrange. 차라리 저녁 식사 후에 오세요, 그것이 내게 낫습니다.

✽ arrêter : 체포하다, 멈추다, 그만두다

arrêter	qch	J'arrête la voiture. 나는 차를 세운다.
	qn	Le policier arrête le voleur. 경찰이 도둑을 체포한다.
	de + inf	Ils ont arrêté d'agir ensemble. 그들은 함께 행동하기로 결정했다.
	s' ~ de + inf	Il s'arrête de fumer. 그는 금연하기로 한다.

✽ arriver : 도착하다, …하기에 이르다

arriver	~	Il arrive en courant. 그는 뛰어온다.
	+ 장소	Il arrive à la gare. 그는 역에 도착한다.
	à + inf	Je suis arrivé à le convaincre. 나는 그를 설득하고야 말았다.

✽ s'asseoir : 앉히다, 앉다, 자리 잡다

s'asseoir	Le grand-père s'assoit sur son lit. 할아버지는 침대에 앉는다.

✽ assister : 참석하다, 돕다

assister	à qch	Tu assistes à la réunion. 너는 회의에 참석한다.
	qn	J'assiste mon patron dans ce travail. 나는 사장이 그 일을 하는 것을 도와준다.

✽ assurer : 확신하다, 보증하다

assurer	qch	J'assure la réussite de ce projet. 나는 이 계획의 성공을 확신한다.
	qn de qch	Je peux vous assurer de sa bonne foi. 나는 당신에게 그의 성실성은 보장할 수 있다.
	à qn que + ind	Il assure à sa femme qu'il va rentrer tôt. 그는 일찍 들어올 것이라고 자기 부인에게 단언한다.

✽ attendre : 기다리다, 기대하다, 예상하다

attendre	qn/qch	J'attends le bus depuis une heure. 나는 한 시간 전부터 버스를 기다린다.
	que + sub	Il attend que tu viennes. 그는 네가 오는 것을 기다린다.

attendre	de + inf	Il attend de devenir le patron. 그는 사장이 될 때까지 기다린다.

✽ attraper : 잡다, (병에) 걸리다

attraper	J'ai attrapé un rhume. 나는 감기에 걸렸다.

✽ avancer : 나아가다, 내밀다, 앞당기다

avancer	~	Il y a des embouteillages : Les voitures n'avancent plus. 교통이 혼잡하다 : 자동차들이 더 이상 나아가지 못한다.
	qch	J'avance mon départ de deux jours. 나는 출발을 이틀 앞당긴다.

✽ avoir : 가지다, …해야 한다. …할 …가 있다, …하기만 하면 된다

avoir	qch à + inf	Il a une voiture à réparer. 그에게는 수리해야 할 자동차가 있다.
	à + inf	J'ai à rembourser un prêt. 나는 대부금을 갚아야만 한다.
	n'avoir qu'à + inf	Tu n'as qu'à partir si tu n'es pas content. 네가 불만이라면 떠나는 수밖에 없다.

✽ avouer : 고백하다, 인정하다

avouer	que + ind	Il avoue qu'il doit arrêter de fumer. 그는 그가 금연해야만 한다는 것을 인정한다.
	+ inf	J'avoue avoir été imprudent. 내가 부주의했음을 인정한다.
	qch à qn	Je vous avoue mon ignorance. 나는 당신에게 나의 무지를 시인한다.
	à qn que + ind	J'avoue au juge que j'ai menti. 나는 판사에게 내가 거짓말 했다는 것을 자백한다.

B로 시작하는 동사구문

✽ battre : 때리다, 치다, 이기다

battre	Il bat sa femme. 그는 자기 부인을 때린다.

✽ boire : 마시다

boire	~	Je ne bois pas en mangeant. 나는 식사하면서 술을 마시지 않는다.
	qch	Il ne boit que de l'eau minérale. 그는 미네랄 워터만 마신다.

✽ bouger : 움직이다, 이동하다

bouger	~	Les branches bougent avec le vent. 나뭇가지들이 바람에 흔들린다.
	qch	Je bouge les meubles de ma chambre. 나는 내 방의 가구들을 옮긴다.

✽brûler : 타다, 불태우다

brûler	~	Le soleil brûle. 태양이 작렬한다.
	qch	Il brûle son arbre de Noël. 그는 크리스마스 트리를 태운다.

C로 시작하는 동사구문

✽ casser : 깨어지다, 부수다

casser	~	Le verre a cassé en tombant. 유리컵이 떨어져 깨졌다.
	qch	Il a cassé sa tirelire. 그는 자기 저금통을 깼다.

✽ causer : … (의) 원인이다, …을 야기하다

causer	qch	Je cause la défaite de mon équipe. 나는 내 팀의 패배를 초래한다.
	qch à qn	Il cause de graves problèmes à son ami. 그는 자기 친구에게 심각한 문제를 안겨준다.

✽ changer : 바꾸다, 변화하다

changer	~	Le temps va changer. 날씨가 변할 것 같다.
	qch	Je change les piles de la télécommande. 나는 리모콘의 건전지를 교환한다.
	de qch	Il change de voiture le mois prochain. 그는 다음 달에 자동차를 바꾼다.

✽ chanter : 노래하다

chanter	~	Vous chantez bien. 당신은 노래를 잘 부른다.
	qch (à qn)	Je chante une berceuse à mon enfant. 나는 내 아이에게 자장가를 불러준다.

✽ charger : (…에 짐을) 싣다, (책임, 의무를) 지우다

charger	qch	Je charge le sable dans le camion. 나는 트럭에 모래를 싣는다.
	qn de	Je te charge de me réveiller à l'heure. 나는 너에게 정시에 나를 깨워달라고 한다.
	se ~ de qch/qn	Il se charge de ce travail. 그 일은 그가 맡는다.
	de + inf	Je me charge de trouver un ordinateur. 나는 컴퓨터 구하는 일을 맡는다.

✽ chauffer : 열이 나다, 데우다, 덥히다

chauffer	~	Le moteur chauffe. 모터가 과열된다.
	qch	Je chauffe mon appartement. 나는 내 아파트에 난방을 한다.

✽ chercher : 찾아보다, …하려 애쓰다

chercher	qch/qn	Je cherche mes clefs de voiture. 나는 자동차 열쇠를 찾는다.
	à + inf	Il cherche à comprendre son fils. 그는 자기 아들을 이해하려고 애쓴다.

✽ choisir : 고르다, 선택하다, 결정하다

choisir	qch/qn	Je choisis des pommes. 나는 사과를 고른다.
	de + inf	Il choisit de regarder ce film. 그는 이 영화를 보기로 결정한다.

✽ combattre : …와 싸우다, 저항하다

combattre	qn	Il combat maintenant son ancien allié. 그는 지금 옛 친구와 싸운다.
	qch	Je combats la fatigue. 그는 피곤과 싸운다.
	+ contre	Le clochard combat contre le froid. 거지는 추위와 싸우고 있다.

✽ coller : …붙이다, …에 잘 적응하다

coller	Le chewing-gum colle aux chaussures. 츄잉껌이 신발에 붙는다.

✻ commander : 명령하다, 주문하다

commander	qch	Il commande des vêtements sur internet. 그는 인터넷으로 옷들을 주문한다.
	qch à qn	Je commande un café au serveur. 나는 종업원에게 커피 한잔을 주문한다.
	de + inf	Il commande de ne pas sortir après dix heures. 그는 열 시 이후에 외출하지 말라고 명령한다.

✻ commencer : 시작하다

commencer	~	Nous commençons l'année aujourd'hui. 오늘 한 해가 시작한다.
	qch	Je commence mes devoirs. 나는 내 숙제를 시작한다.
	à (de) + inf	Il commençait à dormir lorsqu'on l'a éveillé. 그를 깨웠을 때 그는 잠자기 시작하였다.
	par + qch	Le spectacle a commencé par un ballet. 공연은 무용으로부터 시작되었다.

✻ comprendre : 이해하다, 알다

comprendre	~	Il comprend bien. 그는 이해를 잘 한다.
	qch	Je comprends le sens de ce film. 나는 이 영화의 의미를 이해한다.
	qn	Il ne comprend pas ses parents. 그는 자기 부모님들을 이해하지 못한다.
	que + ind	Je comprends qu'il faudra le faire. 나는 그것을 해야만 한다는 것을 안다.
	comment + ind	Il comprend comment tu as eu cet accident. 그는 어떻게 네가 그 사고를 당했는지 이해한다.
	que + sub	Je ne comprends pas qu'il ne vienne pas. 나는 그가 오지 않는다는 것을 이해하지 못한다.

✻ compter : 계산하다, 기대하다, … 할 작정이다

compter	~	Cet enfant sait compter jusqu'à dix. 이 아이는 열까지 셀 줄 안다.
	qch/qn	Il compte les élèves. 그는 학생들의 수를 센다.
	sur qch/qn	Je compte sur votre participation. 당신의 참여를 기대합니다.

compter	sur qch/qn pour + inf	Je compte sur toi pour venir m'aider à déménager. 나는 네가 내 이사를 도와주러 온다는 것을 기대한다.
	+ inf	Il compte démissionner. 그는 사직하리라 생각한다.

✽ conduire : 인도하다, 운전하다

conduire	~	Ils conduisent bien. 그들은 운전을 잘한다.
	qch	Je conduis ce projet. 나는 이 계획을 추진한다.
	qn + 장소	Il conduit le malade à l'hôpital. 그는 환자를 병원에 데리고 간다.

✽ connaître : 알다, 경험하다

connaître	qch/qn	Il connait bien ce pays. 그는 이 나라를 잘 안다.

✽ conseiller : 충고하다, 권하다

conseiller	qn	Mon professeur me conseille. 나의 선생님은 나에게 조언을 한다.
	qch à qn	Je conseille ce film à mes amis. 나는 내 친구들에게 이 영화를 추천한다.
	à qn de inf	Je conseille à mon ami d'arrêter de fumer. 나는 내 친구에게 금연할 것을 권한다.

✽ construire : 짓다, 구성하다

construire	Il construit sa vie petit à petit. 그는 조금씩 그의 생활을 설계한다.

✽continuer : 계속하다

continuer	~	La pluie continue. 계속해서 비가 오고 있다.
	qch	Il continue ses affaires. 그는 그의 업무를 계속한다.
	à (de) + inf	Je continue à parler de toi. 나는 계속해서 너에 대해 말한다.

✽ correspondre : …에 일치하다, 상응하다, …와 서신을 주고받다

correspondre	à qch	Cela ne correspond à rien. 그것은 아무것에도 부합하지 않는다.
	avec qn	Il correspond avec son client par téléphone. 그는 전화로 손님과 연락한다.

✽ coucher : 눕히다, 잠자리에 들다

coucher	qn	L'infirmière couche le patient. 간호사는 환자를 눕힌다.
	se ~	Il se couche toujours très tôt. 그는 항상 일찍 잠자리에 든다.

✽ couper : 자르다

couper	qch	Je coupe les cheveux à mon frère. 나는 남동생의 머리를 깎는다.

✽ courir : 달리다, (위험 따위를) 무릅쓰다

Courir	~	Il court à toute vitesse. 그는 전속력으로 달린다.
	qch	Je cours un grand risque. 나는 위험을 무릅쓴다.
	+ inf	Je cours chercher mon courrier. 나는 급히 내 우편물을 찾으러 간다.

✽ coûter : 값이 …이다, (고통, 불안)을 주다, 잃게 되다

coûter	qch	Cette télévision coûte trois cent euros. 이 텔레비전은 300유로이다.
	qch à qn	Cela lui coûte beaucoup d'efforts. 이것은 그에게 많은 노력을 기울이게 한다.

✽ couvrir : 덮다, (…으로) 가득하게 하다

couvrir	qch	Je couvre les pommes pour les protéger des insectes. 나는 사과를 벌레로부터 보호하기 위해 덮는다.
	qch/qn de qch	Je couvre mes jambes d'une couverture. 나는 내 다리를 담요로 덮는다.

✽ croire : 믿다, …의 말을 믿다, 생각하다

croire	qch	Je crois l'horoscope. 나는 점성을 믿는다.
	qn	Vous pouvez croire cet homme. 당신은 그 남자의 말을 믿을 수 있다.
	à qn	Je crois à mes amis. 나는 내 친구들을 신뢰한다.
	à qch	Il croit à sa promesse. 그는 자기의 약속을 믿는다.
	en qn	Je crois en Dieu. 나는 하나님을 믿는다.
	que + ind	Il croit qu'il ne doit pas y aller. 그는 그가 거기에 가지 말아야 한다고 믿는다.
	+ inf	Je crois avoir agi correstement. 나는 내가 옳게 행동했다고 확신한다.

D로 시작하는 동사구문

✽ danser : 춤추다

danser	~	Ils dansent en mesure. 그들는 박자에 맞추어 춤을 춘다.
	qch	Il danse la valse comme un professionnel. 그는 전문가처럼 왈츠를 춘다.

✽ débrouiller : 풀다, 해결하다

débrouiller	qch	J'ai toujours l'espoir de débrouiller le mystère. 나는 수수께끼를 풀려는 희망을 항상 가지고 있다.

✽ décider : 결정하다, 결심하다

décider	que + ind	Le gouvernement a décidé que les impôts seraient augmentés. 정부는 세금을 인상하기로 결정했다.
	de + inf	Il décide d'étudier sérieusement à partir de demain. 그는 내일부터 진지하게 공부하기로 결심한다.

✽ défendre : 지키다, 보호하다, 금지하다

défendre	qn	Le lion défend son petit. 사자는 자기 새끼를 보호한다.
	qch	Je défends les droits et les intérêts de mon ami. 나는 내 친구의 권익을 옹호한다.
	de + inf	Il me défend de sortir le soir. 그는 내가 저녁에 외출하는 것을 금한다.
	que + sub	Il est défendu que nous allions plus loin. 우리가 더 멀리 가는 것은 금지되어있다.

✽ déjeuner : 점심식사 하다

déjeuner	~	Il déjeune au restaurant. 그는 식당에서 점심식사 한다.
	de qch	Nous avons déjeuné de pizzas. 우리는 피자로 점심식사를 때웠다.

✽ demander : 묻다, 요구하다

demander	qch/qn	Je demande un médecin. 나는 의사를 요구한다.
	qch à qn	Je demande un crédit à mon banquier. 나는 은행원에게 대출을 의뢰한다.

demander	que sub	Il demande que tu sois là à l'heure. 그는 네가 정시에 거기에 있기를 부탁한다.
	à qn de + inf	Il demande à sa mère de l'accompagner. 그는 자기 엄마에게 그를 동행해달라고 부탁한다.
	à + inf	Il demande à partir plus tôt. 그는 더 일찍 떠났으면 한다.
	se ~ si + ind	Il se demande si son chat va revenir avant la nuit. 그는 자기 고양이가 밤이 되기 전에 다시 돌아올 것인지를 자문한다.

❋ se dépêcher : 서두르다

se dépêcher	~	Il se dépêche. 그는 서두른다.
	de + inf	Nous nous dépêchons de venir au rendez-vous. 우리는 서둘러서 약속장소에 간다.

❋ dépendre : …에 달려있다, 좌우되다

dépendre	de qch/de qn	Cela dépend des circonstances. 그것은 상황 나름이다.

❋ dépenser : (돈)을 쓰다, 지출하다

dépenser	qch	J'ai dépensé beaucoup d'argent pendant mes vacances. 나는 바캉스 동안 돈을 많이 썼다.
	qch pour/à qch	Il dépense beaucoup d'énergie pour son projet. 그는 자기 계획으로 많은 에너지를 소비한다.

❋ descendre : 내려가다, 내리다, …의 후손이다

descendre	~	Il descend par l'ascenseur. 그는 승강기로 내려간다.
	de qch	Je descends du grenier. 나는 곳간에서 내려온다.
	de qn	Il descend vraiment de son père. 그는 정말로 자기 아버지의 후손이다.
	+ 장소	Il descend dans une petite auberge. 그는 작은 여관에 투숙한다.
	qch	Elle a descendu l'escalier en courant. 그녀는 뛰어서 계단을 내려갔다

❋ désirer : 바라다

désirer	qch	Il désire une voiture pour son anniversaire. 그는 생일선물로 자동차를 원한다.
	+ inf	Il ne désire pas le rencontrer. 그는 그 사람을 만나기를 원치 않는다.

désirer	que + sub	Il désire que nous venions tous. 그는 우리들 모두가 오기를 바란다.

✻ détester : 싫어하다, 미워하다

détester	qn	Il est détesté de tout le monde. 그는 모든 사람의 미움을 받고 있다.
	qch	Je déteste la cuisine à l'ail. 나는 마늘이 든 음식을 아주 싫어한다.
	+ inf	Vous détestez être en retard. 당신은 지각하는 것을 아주 싫어한다.
	que + sub	Il déteste que vous changiez tout le temps d'avis. 그는 당신이 늘 의견을 바꾸는 것을 매우 싫어한다.

✻ devenir : …이 되다

devenir	+ 형용사	Tu deviens sage. 너는 현명해진다.
	qch	Tu deviens un étudiant sérieux. 너는 진진한 학생이 된다.

✻ devoir : 빚지다, …해야 하다

devoir	qch à qn	Je dois cent euros à mon voisin. 나는 내 이웃에게 100유로를 빚진다.
	+ inf	Il doit terminer ce travail ce soir. 그는 오늘 저녁에 그 일을 끝마쳐야 한다.

✻ dire : 말하다, 명령하다

dire	qch	Je dis ce que je pense. 나는 내가 생각한 것을 말한다.
	que + ind	Il dit qu'il faut nettoyer la cuisine. 그는 부엌을 청소해야 한다고 말한다.
	à qn que + ind	Je dis à mes amis qu'il faut payer le loyer. 나는 내 친구들에게 집세를 지불해야한다고 말한다.
	à qn de + inf	Il dit au chauffeur de taxi de s'arrêter. 그는 택시운전사에서 멈추라고 말한다.
	+ inf	Il a dit être fatigué. 그는 피곤하다고 말했다.
	qch de qn/qch	Il ne m'a rien dit de son projet. 그는 자기 계획에 대해 내게 아무 말도 안했다.

✻ discuter : 토의하다, 논의하다

discuter	~	Vous discutez souvent. 당신은 자주 토론한다.
	qch	Il discute la date de ses vacances avec son patron. 그는 자기 사장과 바캉스 날짜를 논의한다.

discuter	de qch	Il discute souvent de politique avec son voisin. 그는 자주 그의 이웃과 정치에 관해 토론한다.
	avec qn	Nous discutons avec le professeur. 우리는 선생님과 논의한다.

✻ donner: 주다, …로 향해 있다

donner	qch	Je donne de l'argent. 나는 돈을 준다.
	qch à qn	Je donne un os à mon chien. 나는 개에게 뼈를 준다.
	qch à + inf	Mon professeur m'a donné un livre à lire. 나의 선생님은 나에게 읽을 책을 준다.
	sur qch	Une chambre dont les fenêtres donnaient sur la forêt. 창문이 숲으로 나 있는 방

✻ dormir : 잠다, 잠들다

dormir	Le bébé dort dans les bras de sa maman. 아기가 자기 엄마의 품속에서 잠을 잔다.

E로 시작하는 동사구문

✻ écouter : 듣다

écouter	qch	Il écoute cette radio tous les jours. 그는 매일 이 라디오 방송을 듣는다.
	qn	Il écoute sa sœur. 그는 자기 여동생 말을 듣는다.
	+ inf	J'écoute sonner la cloche. 나는 종이 울리는 것을 듣는다.

✻ écrire : 쓰다

écrire	~	Il ne sait ni lire ni écrire. 그는 글을 읽지도 쓰지도 못한다.
	qch	Il écrit son testament. 그는 유언장을 쓴다.
	à qn	Ma sœur écrit à nos parents. 나의 여동생은 부모님에게 편지를 쓴다.
	qch à qn	Il écrit un poème à sa copine. 그는 자기 여자 친구에게 시를 쓴다.
	à qn que + ind	Il écrit à sa mère que ses vacances se passent bien. 그는 바캉스를 잘 보내고 있다고 자기 어머니에게 편지를 쓴다.
	à qn de + inf	J'ai écrit à ma famille de m'envoyer de l'argent. 나는 가족에게 돈을 보내달라고 편지로 부탁했다.

✻ élever : 들어 올리다, 양육하다

élever	qch	Il élève les bras au-dessus de sa tête. 그는 머리 위로 팔을 들어올린다.
	qn	Ils élèvent leurs enfants d'une façon étrange. 그들은 이상한 방법으로 아이들을 교육한다.

✻ emmener : (사람을 다른 장소로) 데리고 가다

emmener	qn + 장소	Il emmène son fils à la fête. 그는 자기 아들을 파티에 데리고 간다.
	qn + inf	J'emmène mon ami prendre son train. 나는 내 친구를 기차를 타게 하기 위해 데리고 나간다.

✻ empêcher : 막다, 방해하다

empêcher	qch	Il a empêché un accident. 그는 사고를 막았다.
	que + sub	Elle essaie d'empêcher que la nouvelle (ne) se répande. 그녀는 소문이 퍼지지 않게 하려고 애쓴다.
	de + inf	Ce vaccin empêche d'attraper la grippe. 이 백신이 감기를 예방한다.

✻ employer : 사용하다, 고용하다

employer	qch/qn	Le pompier emploie tout son courage pour sauver la victime. 소방관은 희생자를 구하기 위해 모든 열의를 다한다.
	qch à inf	Nous employons tout notre temps libre à étudier. 우리는 모든 자유 시간을 공부하는데 사용한다.

✻ engager : 약속하다, 고용하다, 착수하다, 끌어넣다

engager	qch/qn	J'engage mon ami dans un parti. 나는 내 친구를 당에 입당시킨다.
	s'~	La discussion s'est engagée après la conférence. 강연이 끝나자 토론이 시작되었다.
	s' ~ dans qch	Nous nous engageons dans une affaire difficile. 우리는 어려운 일에 가담한다.
	s' ~ à + inf	Le témoin s'engage à dire la vérité. 증인은 진실을 말하기로 약속한다.

✻ enlever : 없애다, 제거하다

enlever	qch/qn	Elle enlève les provisions de la voiture. 그는 구입품들을 자동차에서 꺼낸다.

enlever	qch à qn	J'enlève ses chaussures à mon enfant. 나는 내 아이의 신발을 벗겨준다.

✽ ennuyer : 귀찮게 하다, 지루하게 하다, 싫증나다

ennuyer	qn	L'orateur ennuie l'assemblée. 연설가는 군중들을 지루하게 한다.
	s'~	Il s'ennuie toujours pendant ce cours. 그는 수업시간 동안 늘 지루하다.

✽ enregistrer : 기록하다, 기입하다, 녹음하다

enregistrer	qch/qn	Mon père enregistre toujours cette émission. 나의 아버지는 항상 이 방송을 녹음한다.

✽ entendre : 들리다, 듣다, 이해하다

entendre	~	Soudain on entendit : «bravo!» 갑자기 부라보! 하는 소리가 들렸다.
	qch/qn	Je vous entends mal, parlez plus fort. 잘 안 들려요, 더 크게 말씀해주세요.
	qn + inf	Nous entendons les enfants chanter. 우리는 아이들이 노래하는 것을 듣는다.

✽ entrer : 들어가다, 넣다

entrer	qch	J'entre les bras dans les manches. 나는 팔을 소매 속에 넣는다.
	dans + 장소	Il entre dans un restaurant avec sa copine. 그는 여자 친구와 레스토랑에 들어간다.

✽ entretenir : (좋은 상태, 같은 상태로) 유지하다, 부양하다

entretenir	qch	Vous entretenez très bien votre maison. 당신은 당신의 집을 잘 보존한다.
	qn	Cet homme entretient sa famille. 이 남자는 자기 가족을 부양한다.

✽ envoyer : 보내다, 파견하다

envoyer	qch/qn	Le club envoie un cadeau de bienvenue. 클럽은 환영 선물을 보낸다.
	qch à qn	Nous envoyons un cadeau à notre mère. 우리는 어머니에게 선물을 보낸다.
	qn à + 장소	Elle envoie son mari à la poste. 그녀는 남편을 우체국에 보낸다.
	qn + inf	Elle envoie son enfant acheter du sel. 그녀는 아이를 소금을 사러 보낸다.

❋ espérer : 바라다, 기대다

espérer	que + ind	Il espère que le bus ne sera pas en retard. 그는 버스가 늦지 않기를 바란다.
	+ inf	J'espère réussir mes examens. 나는 시험에 합격하기를 바란다.

❋ essayer : 시험하다, 입어(신어)보다, (하려고) 애쓰다

essayer	qch	Le musicien essaie une nouvelle guitare. 음악가는 새 기타를 시험해 본다.
	de + inf	La malade essaie de marcher. 환자는 걸어보려고 애쓴다.

❋ estimer : (가격, 가치를) 평가하다, 추정하다, 존경하다, 간주하다

estimer	qch	L'antiquaire estime des meubles toute la journée. 고가구 판매상은 하루 종일 가구들을 감정한다.
	qn	J'estime beaucoup mon professeur. 나는 나의 선생님을 높이 평가한다.
	+ inf	J'estime avoir fait ce que je devais. 나는 내가 해야 할 것을 했다고 생각한다.
	qn/ qch + 속사	Je l'estime rusé. 나는 그가 교활하다고 생각한다.

❋ être : 있다, …이다, …의 것이다

être	+ 형용사	Ils sont contents. 그들은 만족해한다.
	+ 명사	Ce meuble est un bureau très ancien. 이 가구는 아주 오래된 책상이다.
	à qn	Ce livre est à toi. 이 책은 너의 것이다.
	+ 장소	Je suis à la gare. 나는 역에 있다.
	+ 시간	Il est midi. 정오다.
	de + 고유명사	Il est de Paris. 그는 파리 출신이다.
	en qch	Je suis en promenade. 나는 산책중이다.

❋ étonner : 놀라게 하다, 놀라다

étonner	qn	Cette déclaration étonne les députes. 이 선언은 의원들을 놀라게 한다.

❋ excuser : 변명하다, 용서하다, 용서를 구하다

excuser	qch/qn	Je n'excuse pas ce retard. 나는 지각을 변명하지 않는다.
	qn de + inf	Le patron excuse ses employés d'être en retard à cause de la grève. 사장은 파업 때문에 지각한 직원들을 용서한다.

excuser	s'~ de qch	Nous nous excusons de nos discutions incessantes. 우리는 우리의 끊임없는 토론에 용서를 구한다.
	s'~ de + inf	Il s'excuse de devoir partir si tôt. 그는 이렇게 일찍 떠나야 하는 것에 용서를 구한다.

✽ exister : 존재하다, 실재하다

exister	Il existe différentes sortes de formages. 여러 가지 종류의 치즈가 존재한다.

✽ expliquer : 설명하다

expliquer	qch	Mon professeur explique un texte difficile. 나의 선생님은 어려운 텍스트를 설명한다.
	qch à qn	Le chef explique la recette aux apprentis. 주방장은 연수생들에게 조리법을 설명한다.
	(à qn) que + ind	La police explique au clochard qu'il ne peut pas rester là. 경찰관은 거지가 그곳에 머물 수 없다고 설명한다.
	(à qn) comment + ind	J'explique à mon père comment utiliser cet ordinateur. 나는 이 컴퓨터를 어떻게 사용하는지를 아버지에게 설명한다.

F로 시작하는 동사구문

✽ se fâcher : 화를 내다

se fâcher	~	Je me fâche facilement. 나는 쉽게 화를 낸다.
	contre qn	Mon père se fâche contre le vendeur. 나의 아버지는 판매원에게 화를 낸다.
	avec qn	Il s'est fâché définitivement avec son père. 그는 결정적으로 그의 아버지와 사이가 벌어졌다.

✽ falloir : 필요하다, …해야 하다

falloir	que + sub	Il faut qu'il fasse beau demain. 내일 날씨가 화창해야만 한다.
	+ inf	Il faut réunir nos amis. 우리 친구들을 모아야만 한다.
	qch pour qch	Il me faut deux ouvriers pour ce travail. 이 일을 하기 위해서는 나에게 일꾼 두 사람이 필요하다.

✽ fatiguer : 피곤하게 하다

fatiguer	qn	Les cris du bébé fatiguent sa mère. 아기의 울음소리는 그의 엄마를 피곤하게 한다.

✽ fermer : 닫다

fermer	~	Cette porte ferme mal. 이 문은 잘 닫히지 않는다.
	qch	Le commerçant ferme tard son magasin. 이 상인은 자기 가게를 늦게 닫는다.
	qch à qn	L'entrée est fermée aux étudiants. 입구는 학생들에게 폐쇄된다.

✽ finir : 끝내다

finir	~	Le spectacle finira vers minuit. 공연은 자정 무렵에 끝날 것이다.
	qch	Nous finissons nos baguages. 우리는 가방 챙기는 것을 끝낸다.
	de + inf	Il finissait de dîner, quand je suis arrivé. 그는 내가 도착했을 때 저녁식사를 끝내고 있었다.
	par + inf	J'ai fini par accepter sa proposition. 나는 마침내 그의 제안을 수락하였다.

✽ forcer : 강요하다, 강제하다

forcer	qn à qch	Son métier le force à de fréquants voyages. 그는 직업상 자주 여행을 하지 않을 수 없다.
	qn à + inf	Il force son fils à venir le voir. 그는 아들에게 그를 보러오라고 강요한다.

✽ frapper : 치다, 때리다, 충격을 주다

frapper	qch/qn	Ma femme frappe le linge pour le sécher. 나의 부인은 세탁물을 말리기 위해 그것을 두드린다.
	à qch	Le facteur frappe à la porte. 우체부가 문을 두드린다.

✽ fumer : 담배를 피다

fumer	Il fume trop. 그는 지나치게 담배를 피운다.

G로 시작하는 동사구문

✽ gêner : 난처하게 하다, 방해하다

gêner	qch/qn	Les manifestants **gênent la circulation.** 시위 참가자들이 통행을 방해한다.

H로 시작하는 동사구문

✽ s'habiller : 옷을 입다

s'habiller	en qch	Les enfants s'habillent en robe de soirée. 아이들이 파티복을 입는다.

✽ habiter : 살다, 거주하다

habiter	+ 장소	Nous habitons chez nos parents. 우리는 부모님 집에 산다.
	qch	Ils habitent une vaste demeure. 그들은 거대한 저택에서 산다.

✽ hésiter : 주저하다

hésiter	~	Il n'y a pas à hésiter. 주저할 것 없다.
	à + inf	Le garçon timide hésite à parler aux filles. 수줍은 이 소년은 여자아이들에게 말하는 것을 주저한다.

I로 시작하는 동사구문

✽ imaginer : 상상하다, 생각하다

imaginer	qch	J'imagine toujours le pire. 나는 항상 가장 나쁜 것을 상상한다.
	que + ind	J'imagine qu'il va pleuvoir ce soir. 나는 오늘 저녁 비가 내릴 것이라고 생각한다.
	de + inf	Il a imaginé d'acheter une villa. 그는 별장을 살 생각을 해냈다.

✽ indiquer : 가리키다, 표시하다, 보여주다, 나타내다

indiquer	qch	Le panneau indique la direction de la mairie. 표시판이 시청 방향을 알려준다.
	qch à qn	Le passant indique le chemin au touriste. 지나가는 사람이 관광객에게 길을 가르쳐 준다.

✽ installer : 거주시키다, 배치하다, 자리 잡다

installer	qch/qn	Il installe sa fille dans son nouvel appartement. 그는 자기 딸을 새 아파트에 입주시킨다.

✽ interdire : 금하다, 금지하다

interdire	qch	J'interdis les jeux de hasard. 나는 도박을 금지한다.
	qch à qn	Cette affection interdit les sorties au malade. 이 병의 증상은 환자에게 외출을 금지한다.
	à qn de + inf	Le directeur interdit aux élèves de fumer dans son établissement. 학교장은 학생들에게 건물에서 담배피우는 것을 금지한다.

✽ intéresser : 관심을 끌다, 관심을 불러일으키다

intéresser	qn	Ce film nous a beaucoup intéressé. 이 영화는 우리의 관심을 상당히 끌었다.
	qn à qch	Le professeur intéresse ses étudiants à la physique. 선생님은 학생들이 물리에 흥미를 갖도록 한다.
	s'~ à + qn	Les gens s'intéressent beaucoup à toi. 사람들은 너에게 관심이 많다.

✽ introduire : 받아들이다, 소개하다, 삽입하다, 침입하다

introduire	qn	Il introduit sa femme dans l'entreprise. 그는 자기 부인을 회사로 안내한다.
	qch	J'introduis ma clef dans la serrure. 나는 열쇠를 열쇠구멍에 끼운다.
	s'~	Le froid s'introduit dans toute la maison. 냉기가 집 전체로 스며든다.

✽ inviter : 초대하다, 권유하다, 이끌다

inviter	qn	Nous invitons tout le monde. 우리는 모든 사람들을 초대한다.

inviter	qn à qch	L'ambassadeur invite les diplomates à un buffet. 대사는 뷔페에 외교관들을 초대한다.
	qn à + inf	Le beau temps nous invitait à se promener. 날씨가 좋아 산책하고 싶은 마음이 들었다.

J로 시작하는 동사구문

❃ jeter : 던지다, 버리다

jeter	qch	Les jeunes jettent leurs bouteilles vides. 젊은 애들이 빈병들을 던진다.
	qch + 장소	Je jette mon mouchoir à la poubelle. 나는 손수건을 휴지통에 버린다.

❃ jouer : 놀다, 경기하다, 연주하다

jouer	~	Les écoliers jouent pendant la récréation. 초등학생들이 쉬는 시간에 뛰어논다.
	qch	Elle joue son avenir sur ces examens. 그녀는 이 시험에 그녀의 미래를 건다.
	un rôle dans	Il a joué un grand rôle dans un film. 그는 영화에서 큰 배역을 맡아 연기하였다.
	avec qn	Nous jouons souvent aux cartes avec eux. 우리는 그들과 자주 카드놀이를 한다.
	à qch(운동)	Nous jouons à la marelle. 우리는 돌차기 놀이를 한다.
	de qch(음악)	Elle a joué du violon. 그녀는 바이올린을 연주하였다.

L로 시작하는 동사구문

❃ laisser : 남기다, …인 채 그대로 두다, …이 …하게 내버려 두다

laisser	qch/qn	Il a laissé la moitié de son dessert. 그는 디저트의 반을 남겼다.
	qch à qn	Je laisse ma clé à la concierge. 나는 열쇠를 수위에게 맡긴다.
	qn + inf	Je laisse les enfants finir leur repas. 나는 아이들이 식사를 끝내도록 내버려 둔다.
	qn + adj	Elle laisse ses vêtements mouillés. 그녀는 옷을 젖은 채 그대로 둔다.

✽ lancer : 던지다, 내뻗다

lancer	qch + 장소	Le joueur lance le ballon dans le panier. 선수는 바구니에 공을 던진다.
	qch à qn	Le professeur lance un regard à l'élève turbulent. 선생님은 소란스러운 학생에게 눈길을 던진다.
	qn	Il lance son apprenti dans le spectacle. 그는 수습생을 공연에 끌어들인다.

✽ laver : 씻다, 세탁하다, 자신의 신체일부를 씻다

laver	qch/qn	Nous lavons nos chaussures après avoir couru. 우리는 뛰고 난 후, 신발을 씻는다.
	se ~	Le chat se lave toute la journée. 고양이는 하루 종일 씻는다.
	se ~ + 신체	Il faut que je me lave les cheveux. 나는 머리를 감아야만 한다.

✽ lever : 들다, 올리다, 잠자리에서 일어나다

lever	qch	Je lève la main pour demander la parole. 나는 벌언권을 얻기 위해 손을 든다.
	se ~	Demain nous allons nous lever tôt. 내일 우리는 일찍 일어날 것이다.

✽ lire : 읽다

lire	qch	Ma petite amie lit un roman. 내 여자친구는 소설을 읽는다.
	que + ind	J'ai lu que le président allait proposer une nouvelle loi. 나는 대통령이 새 법안을 제안한다는 것을 읽었다.
	qch à qn	Je lis un conte à mes enfants. 나는 아이들에게 동화를 읽어준다.

✽ loger : 묵다, 숙박시키다

loger	+ 장소	Il loge souvent chez ses cousins durant les vacances. 그는 바캉스 동안 자기 사촌 집에서 자주 묵는다.
	qn	Mon amie m'a logé chez elle pendant une semaine. 내 친구는 나를 그녀의 집에 일주일 동안 묵게하였다.

✽ louer : (방, 건물, 물건을) 세놓다, 임대하다

louer	qch	Nous louons des chambres aux étudiants. 우리는 학생들에게 방들을 세놓는다.

M로 시작하는 동사구문

❃ manger : 먹다

manger	~	Il a mangé de bon appétit. 그는 실컷 먹었다.
	qch	Ils mangent des frites à tous les repas. 그들은 식사 때마다 감자튀김을 먹는다.

❃ manquer : 놓치다, 없다, 부족하다

manquer	~	Les occasions ne manquent pas. 기회는 얼마든지 있다.
	de qch	Je manque de temps. 나는 시간이 없다.
	à qn	Il manque beaucoup à sa femme. 그는 자기 부인에게 대단히 무례하게 굴었다.
	Il manque (à qn/qch) + 명사	Il manque une page à ce livre 이 책은 두 페이지가 누락되어 있다.
	de + inf	Il a manqué de tomber. 그는 넘어질뻔 하였다.

❃ marcher : 걷다, 작동하다, 잘 진행되다, 밟고 가다

marcher	~	Nous marchons en zigzag. 우리는 지그재그로 걷는다.
	sur (dans) + 장소	Nous marchons dans la rue. 우리는 거리를 걷는다.

❃ se marier : 결혼하다

se marier	avec qn	Je me marie avec ma petite amie l'année prochaine. 나는 내년에 여자 친구와 결혼한다.
	avec bien, mal avec qch	Cette musique se marie bien avec la soirée. 이 음악은 파티와 잘 어울린다.

❃ mettre : 놓다, 넣다, 착용하다, 시작하다

mettre	qch	Le grand-père met son manteau. 할아버지는 외투를 입는다.
	qch/qn + 장소	Je mets les fruits dans le réfrigérateur. 나는 과일들을 냉장고에 넣는다.
	시간 + pour + inf	L'avion met beaucoup de temps pour décoller. 비행기는 이륙하기 위해 많은 시간을 소비한다.

mettre	se ~ à qch	Je me mets à la dance classique. 나는 고전무용을 시작한다.
	se ~ à + inf	Il se met à radoter. 그는 허튼소리를 해대기 시작한다.

✻ monter : 오르다, 들어 올리다

monter	~	Les prix ne cessent de monter. 물가가 계속 오른다.
	+ 장소	Je monte à bicyclette. 나는 자전거에 탄다.
	qch + 장소	Je monte les affaires au grenier. 소지품들을 다락방에 들어 올린다.

✻ montrer : 보여주다, 드러내다, 제시하다, 지적하다

montrer	qch à qn	Nous montrons le résultat aux clients. 우리는 결과를 손님들에게 보여준다.
	(à qn) que + ind	Je montre à mon fils qu'il ne faut pas mentir. 나는 아들에게 거짓말을 하지 말아야 한다는 것을 알려준다.
	où, comment + ind	Je lui montre où aller. 나는 그에게 어디로 가야하는지 제시한다.

✻ se moquer : 비웃다, 빈정거리다, 개의치 않다

se moquer	de qn	Les enfants se moquent de lui. 아이들은 그를 비웃는다.
	se ~ de + inf	Il se moque de tromper ses employés. 그는 자기 직원들을 아무렇지도 않게 속여먹는다.

✻ mourir : 죽다, …으로 죽을 지경이다

mourir	~	Il est mort dans un accident d'auto. 그는 자동차 사고로 죽었다.
	de qch de + inf	Je meurs d'envie de manger une glace. 나는 아이스크림을 먹고 싶어 죽을 지경이다.

N로 시작하는 동사구문

✻ nager : 수영하다

nager	~	Nous nageons à la plage. 우리는 해변에서 수영한다.
	qch	Il nage la brasse à la piscine. 그는 수영장에서 평영으로 수영한다.

✽ naître : 태어나다

naître	Ils sont tous nés en décembre. 그들 모두 12월에 태어났다.

✽ neiger : 눈이 내리다

neiger	Il a neigé très tôt cette année. 올해는 눈이 일찍 내렸다.

✽ nettoyer : 청소하다, 깨끗이 하다

nettoyer	qch	Je nettoie mes lunettes. 나는 내 안경을 닦는다.

O로 시작하는 동사구문

✽ obéir : …에 복종하다, …을 따르다

obéir	à qn	Le chien obéit à son maître. 개는 주인에게 복종한다.
	à qch	J'obéis aux lois. 나는 법을 준수한다.

✽ obliger : 강제하다, 구속하다, 책임을 지다

obliger	qn à + inf	Le mauvais temps oblige les marins à rentrer au port. 나쁜 날씨는 선원들을 항구로 다시 들어오게 한다.
	qn à + qch	La situation m'oblige à un départ précipité. 나는 급히 떠날 수밖에 없는 상황이다.
	s'~ à + inf	Il s'oblige à lui parler, même s'il ne l'aime pas. 그가 그를 좋아하지 않을 지라도, 그에게 말을 해야만 한다.

✽ occuper : 차지하다, 고용하다, 종사하다, 돌보다

occuper	qch	Ce meuble occupe beaucoup d'espace. 이 가구는 많은 공간을 차지한다.
	qn	Ce travail l'occupe énormément. 그는 이 일 때문에 엄청난 시간을 들인다.
	s'~ de qch/qn	Nous nous occupons de cette affaire. 우리는 이 일에 전념한다.
	s'~ à + inf	Vous vous occupez à lire. 당신은 책을 읽는데 몰두한다.
	s'~ de + inf	Je m'occupe de sortir les poubelles. 나는 휴지통을 버리는 것을 담당한다.

✽ offrir : 주다, 제공하다, 제안하다

offrir	qch à qn	Mon ami a offert un bouquet de fleurs à ma mère. 내 남자 친구가 나의 어머니에게 꽃 한 다발을 주었다.
	à qn de + inf	Le patron offre à ses ouvriers de leur permettre de travailler plus longtemps. 사장은 자기 직공들에게 더 오래도록 일을 하도록 제의한다.

✽ opérer : 작용하다, 수행하다, 수술하다

opérer	qn (de qch)	Le médecin opère le patient de l'appendicite. 의사는 환자의 맹장을 수술한다.

✽ organiser : 조직하다, 개최하다, 준비하다

organiser	qch	Mon père organise un voyage. 아버지는 여행을 준비한다.

✽ oser : 단행하다, 감히 …하다

oser	+ inf	Il a osé dire la vérité. 그는 용감하게 진실을 말했다.

✽ oublier : 잊다, 두고 오다

oublier	qch/qn	J'oublie facilement les détails. 나는 세부적인 것들을 쉽게 잊는다.
	de + inf	J'ai oublié de te prévenir. 나는 너에게 알리는 것을 잊었다.
	que + ind	Ils oublient que nous avons déjà gagné. 그들은 우리가 이미 승리했다는 것을 잊고 있다.

✽ ouvrir : 열다

ouvrir	~	Ça ouvre à 9 heures. 9시에 연다.
	sur qch	La fenêtre ouvre sur une belle cour intérieure. 이 창문은 예쁜 안뜰로 나 있다.
	qch	J'ouvre mes cadeaux maintenant. 나는 지금 내 선물들을 열어본다.

P로 시작하는 동사구문

✽ paraître : 나타나다, …처럼 보이다

paraître	~	Son nouveau roman est paru. 그의 새 소설이 나왔다.
	+ 형용사	Il paraît malade. 그는 아픈 듯이 보인다.
	+ inf	Ma fille paraissait l'aimer. 내 딸은 그를 사랑하는 듯 했다.

✽ parler : 말하다, 이야기하다

parler	qch (une langue)	Ils parlent le Chinois. 그들은 중국어를 한다.
	de qch	Il parle d'un accident. 그는 사고에 대해 이야기 한다.
	(de qch) avec qn	Elle parle de cuisine avec sa voisine. 그녀는 이웃집 여자와 요리에 관해 이야기 한다.
	(de qch) à qn	Il parle d'économie à ses étudiants. 그는 자기 학생들에게 경제에 관해 논한다.

✽ participer : …에 참가하다, 함께하다

participer	à qch	Nous participons à cette réunion. 우리는 이 모임에 참가한다.
	à qch	Je participe au chagrin d'un ami. 나는 친구의 슬픔을 함께 나눈다.

✽ partir : 떠나다, 출발하다

partir	~	Nous partons avec hate. 우리는 급히 떠난다.
	pour + 장소	L'avion part pour New York. 비행기는 뉴욕을 향해 떠난다.
	de + 장소	Il part de la boulangerie maintenant. 그는 지금 빵집을 나온다.
	+ inf	Je pars chercher mes amis à la gare. 나는 내 친구들을 역으로 맞이하러 간다.

✽ passer : 지나가다, 통과하다, 합격하다, 지내다, 건네주다

passer	~	Je passe en voiture. 나는 자동차를 타고 지나간다.
	+ 장소	Il passe chez moi. 그는 내 집을 들른다.
	+inf	Je passe à la banque retirer de l'argent. 나는 돈을 찾기 위해 은행에 들른다.

passer	qch	Je passe la journée sur internet. 나는 하루를 인터넷을 하며 보낸다.
	sur qch	Elle passe sur les fautes de sa soeur. 그녀는 자기 여동생의 잘못을 눈감아 준다.
	à qch	J'ai passé à l'examen. 나는 시험에 합격하였다.
	qch à qn	Il passe son crayon à son camarade. 그는 연필을 자기 친구에게 넘겨준다.
	se ~	Le voyage se passe tranquillement. 여행은 조용하게 진행된다.
	se ~ de	Je me passe d'argent. 나는 돈 없이 지낸다.

✻ payer : 지불하다, (을) 사다, 비용을 내주다

payer	~	La banque ne peut plus payer. 그 은행은 이제 지불 능력이 없다.
	qch	Je paie mes dettes. 나는 내 빚들을 갚는다.
	qch + 가격	Elle paie sa voiture dix mille euros. 그녀는 자동차를 만 유로에 산다.
	qch à qn	Mon patron me paie des vacances. 사장은 나에게 바캉스 비용을 대준다.

✻ penser : 생각하다

penser	à qch/qn	Je pense à ma petite amie. 나는 내 여자 친구를 생각한다.
	à + inf	Je n'ai pas pensé à vous avertir. 나는 당신에게 알려야 한다는 것을 생각하지 못했다.
	que + ind	Elle pense qu'il faut acheter de nouveaux vêtements à son fils. 그녀는 자기 아들에게 새 옷을 사주어야 한다고 생각한다.
	+ inf	Ils pensent avoir réussi. 그들은 합격했다고 생각한다.

✻ perdre : 잃다, 상실하다

perdre	qch	Il a perdu sa maison dans un incendie. 그는 화재로 집을 잃었다.
	qn	Nous perdons notre mentor. 우리는 우리의 조언자를 잃는다.

✻ permettre : (…에게 …하도록) 허락하다

permettre	qch	La police permet le passage. 경찰관은 통행을 허락한다.
	qch à qn	L'armée permet des vacances aux soldats. 군대는 군인들에게 휴가를 허락한다.
	à qn de + inf	Je permets à mon fils de rentrer tard. 나는 내 아들에게 늦게 들어와도 된다고 허락한다.

✽ peser : 무게를 달다, 무게가 나가다, …에게 참기 힘들다, …을 괴롭히다

peser	+ 무게	Ce sac de farine pèse dix kilogrammes. 이 밀가루 부대는 10킬로가 나간다.
	qch/qn	Le poissonnier pèse mes crabes. 생선장수는 게를 단다.
	à qn	Cette douleur pèse beaucoup à ta mère. 이 고통은 너의 어머니를 많이 힘겹게 한다.

✽ placer : 놓다, 배치하다

placer	qch/qn + 장소	Il place une pendule sur une cheminée. 그는 벽난로 위에 추시계를 놓는다.

✽ plaindre : 불쌍히 여기다, 불평하다, 신음하다

plaindre	qn	Je plains mon ami sans l'excuser. 나는 내 친구를 불쌍히 여기지만 용서하지 않는다.
	se ~	Vous vous plaignez de douleur. 당신은 고통으로 신음한다.
	se ~ de qn	Le locataire se plaint de son propriétaire. 세든 사람은 집주인을 불평한다.
	se ~ à qn	Je me plains à mon supérieur. 나는 내 상사에게 항의한다.

✽ plaire : …의 마음에 들다

plaire	à qn	Ce garçon ne me plaît pas du tout. 이 아이는 전혀 내 마음에 들지 않는다.

✽ pleurer : 울다

pleurer	Le bébé pleure toute la journée. 아이는 하루 종일 운다.

✽ pleuvoir : 비가 오다

pleuvoir	Il pleuvait beaucoup hier. 어제 비가 많이 왔다.

✽ porter : 들다, 착용하다, 가져오다

porter	qch/qn	Elle porte une écharpe. 그녀는 스카프를 맨다.
	qch + 장소	Je porte la bonne nouvelle chez mes parents. 나는 부모님 댁에 좋은 소식을 전달한다.

porter	qn à + inf	Tout cela me porte à croire qu'il a raison. 그 모든 것으로 보아 그가 옳다고 믿게 된다.

✽ poser : 놓다, 제기하다

poser	qch	Elle pose des rideaux. 그녀는 커튼을 단다.
	qch + 장소	Nous posons notre dossier à la poste. 우리는 우체국에 서류들을 제출한다.
	qch à qn	Je pose la question à mon collaborateur. 나는 내 동업자에게 질문을 던진다.

✽ pouser : 밀다, 추진하다, 부추기다

pousser	~	Je pousse sur le bouton. 나는 버튼을 누른다.
	qch/qn	Ils poussent la voiture. 그들은 자동차를 민다.

✽ pouvoir : …할 수 있다, …일 수 있다

pouvoir	+ inf	Il ne peut (pas) le soulever tout seul. 그는 그것을 혼자 들 수 없다.
	se ~ + que + sub	Il se peut que je parte plus tard. 나는 더 늦게 떠날지도 모른다.

✽ préférer : 더 좋아하다, 선호하다

préférer	qch/qn	Je préfère ces fruits. 나는 이 과일들이 더 좋다.
	qch à qch	Je préfère les fruits au chocolat. 나는 초코렛보다 과일을 좋아한다.
	que + sub	Elle préfère que son fils ne mange pas cette soupe. 그녀는 자기 아들이 이 스프를 먹지 않았으면 한다.
	+ inf	Dans ces conditions, je préfère rester à la maison. 그런 조건이라면, 나는 집에 남아 있겠다.

✽ prendre : 잡다, 먹다, 빼앗다, 착각하다

prendre	qch	La grand-mère prend des médicaments. 할머니는 약을 복용한다.
	qch à qn	La banque prend des intérêts aux clients. 은행은 손님들에게서 이자를 뗀다.
	qn pour qn	J'ai pris cette personne pour un ami. 나는 이 사람을 친구로 착각하였다.

✽ préparer : 준비하다, 각오하게 하다

préparer	qch	Je prépare un projet. 나는 계획을 세운다.

préparer	qch à (pour) qn	Elle prépare une chambre pour un invité. 그녀는 손님을 위해 방을 갖추어 놓는다.

✽ présenter : 소개하다, 제출하다, 발표하다

présenter	qn à qn	Je présente ma petite amie à mes parents. 나는 내 여자 친구를 부모님에게 소개한다.
	se ~	Ils se présentent devant tout le monde. 그들은 모든 사람들 앞에 자신을 소개한다.

✽ prêter : 빌려주다, 주다

prêter	qch à qn	L'enfant prête son ballon à son ami. 이 아이는 자기 친구에게 공을 빌려 준다.

✽ prévenir : 알리다, 예고하다

prévenir	qn	Il prévient les pompiers. 그는 소방서에 신고한다.
	qn de qch	Ce panneau prévient les automobilistes du danger. 이 표시판은 자동차 운전사에게 위험을 경고한다.
	qn que + ind	Je préviens mes parents que je partirai demain. 나는 내일 떠날 것이라는 것을 부모님에게 알린다.

✽ prévoir : 예상하다, 예정하다

prévoir	qch	Il prévoit la victoire de ce cheval. 그는 이 말의 승리를 예견한다.
	que + ind	Nous prévoyons que le prix du pétrole va rapidement augmenter. 우리는 석유가격이 빠르게 상승할 것이라고 예상한다.

✽ prier : 기도하다, 간청하다

prier	qn de + inf	Le professeur prie les étudiants de se taire. 선생님은 학생들에게 조용히 하라고 부탁한다.
	pour qn/qch	Elle prie pour la réussite de ses examens. 그녀는 시험의 합격을 위해 기도한다.

✽ produire : 생산하다, (현상, 결과를) 야기하다, 일어나다

produire	qch	Ce pays produit du riz et du blé. 이 나라는 쌀과 보리를 생산한다.

✽ profiter : (…을 하기 위해) …을 이용하다, 유익하다

profiter	de qch	Je profite de la situation. 나는 상황을 이용한다.
	à qn/qch	Cette situation profite beaucoup au patron. 이 상황은 사장에게 많은 도움이 된다.

✽ promettre : 약속하다

promettre	qch à qn	Il promet un cadeau aux enfants. 그는 아이들에게 선물을 주겠다고 약속한다.
	de + inf	Il promet de finir ses devoirs avant de manger. 그는 식사 전에 숙제를 끝마치겠다고 약속한다.
	que	Il promet qu'il ne recommencera pas. 그는 다시 시작하지 않겠다고 약속한다.

✽ prononcer : 발음하다, (말, 연설 따위를) 하다

prononcer	qch	Il prononce son discours. 그는 연설을 한다.

✽ proposer : 제안하다, 추천하다, 작정하다

proposer	qch/qn	Nous proposons un plan de restructuration. 우리는 재구성 계획을 제안한다.
	qn à qn	Il me propose sa soeur comme secrétaire. 그는 나에게 자기 누이를 비서로 추천한다.
	qch à qn	Il propose un concert à ses fans. 그는 자기 팬들에게 콘서트를 제의한다.
	de + inf	Il propose de cuisiner ce soir. 그는 오늘 저녁 요리를 하겠다고 제안한다.
	+ que	Nous proposons que le patron démissionne. 우리는 사장이 사직하기를 제안한다.

Q로 시작하는 동사구문

✽ quitter : 떠나다, 헤어지다, 그만두다

quitter	qch/qn	Elle quitte l'aéroport. 그녀는 공항을 떠난다.

R로 시작하는 동사구문

✽ raconter : 이야기하다, 서술하다

raconter raconter	qch	Les médias racontent ce qui s'est passé hier. 미디어들은 어제 일어난 일을 이야기한다.
	qch à qn	Il raconte des mensonges à tout le monde. 그는 모든 사람들에게 거짓말을 한다.
	que + ind	Vous racontez que cet homme est un voleur. 당신은 이 남자가 도둑이라고 말한다.

✽ ramasser : 줍다, 수집하다

ramasser	qch	Le vieillard ramasse des pommes dans son jardin. 이 노인은 자기 정원에서 사과를 줍는다.

✽ ramener : 다시 데려오다, (어떤 상태로) 돌아오게 하다

ramener	qch/qn	Je vous ramène chez vous en voiture. 나는 당신을 차로 당신 집까지 데려다 준다.
	qn à qch	Je ramène le patient à l'hôpital. 나는 환자를 병원에 데려다 준다.
	qch à qch	Le professeur ramène la classe au silence. 선생님은 교실을 조용하게 한다.

✽ rappeler : 다시 부르다, 기억하다

rappeler	qn	Il rappelle son chien en sifflant. 그는 휘파람으로 개를 다시 불러온다.
	qch à qn	Il me rappelle l'arrivée du facteur. 그는 나에게 우체부가 온다는 것을 상기시킨다.
	à qn que + ind	Nous rappelons à notre fils qu'il doit réussir ses examens. 우리는 아들에게 시험에 합격해야 한다는 것을 잊지 않게 한다.

✽ recevoir : 받다, (사람을) 맞이하다, 접대하다

recevoir	~	Le médecin reçoit de 10 h à 12 h. 의사는 10시에서 12시까지 환자를 받는다.
	qch	Ils reçoivent un colis. 그들은 소포를 받는다.
	qn	Nous recevons nos invités. 우리는 손님들을 맞이한다.

✽ recommencer : 다시 시작하다, 다시 하다

recommencer	qch	Nous recommençons un récit à partir du début. 우리는 이야기를 처음부터 다시 시작한다.
	à + inf	Il recommence à mentir. 그는 거짓말을 다시 시작한다.

✽ reconnaître : 알아보다, 식별하다, 인정하다, 승인하다

reconnaître	qn/qch	Tu reconnais cet endroit? 너는 이 장소를 알아보겠니?

✽ réfléchir : 심사숙고하다

réfléchir	~	Ils réfléchissent avant de parler. 그들은 말하기 전에 깊이 생각한다.
	à qch	Nous réfléchissons à ce sujet. 우리는 이 주제에 관해 깊이 생각한다.
	que	Je réfléchis que ta présence peut nous être utile. 나는 너의 참석이 우리에게 유리할 수 있다고 생각한다.

✽ refuser : 거절하다, 거부하다

refuser	qch/qn	Vous refusez une invitation. 당신은 초대에 응하지 않는다.
	que + sub	Nous refusons qu'il le fasse. 우리는 그가 그것을 하는 것을 허락하지 않는다.
	de + inf	Nous refusons de faire demi-tour. 우리는 되돌아가는 것을 거부한다.
	qch à qn	Ils refusent la liberté au détenu. 그들은 수감된 사람에게 자유를 허락하지 않는다.

✽ ragarder : 바라보다, 관찰하다

regarder	qch/qn	Il regarde cette belle fille. 그는 이 예쁜 소녀를 바라본다.
	qch/qn + inf	Le chien regarde le chat s'échapper. 개는 고양이가 도망치는 것을 바라본다.

✽ regretter : 아쉬워하다, 유감스럽게 여기다

regretter	qch/qn	Je regrette ma décision. 나는 내 결정을 후회한다.
	que + sub	Vous regrettez que le voyage soit aussi court. 당신은 여행이 짧다는 것을 아쉬워한다.
	de + inf	Elle regrette d'être venue ici. 그녀는 여기에 온 것을 후회하고 있다.

✽ remarquer : 알아차리다, 주목하다, 지적하다

remarquer	qch/qn	Je n'ai pas remarqué l'accident. 나는 사고를 알아차리지 못했다.
remarquer	que + ind	Le chat remarque que la souris est à côté de lui. 고양이는 쥐가 자기 옆에 있다는 것을 알아차린다.

✽remercier : …에게 …을 감사하다, 고마워하다

remercier	qn	Je remercie un ami qui m'a rendu service. 나는 도움을 준 친구에게 감사의 말을 전한다.
	qn de qch	Ma mère vous remercie de votre hospitalité. 나의 어머니는 당신이 환대해주어서 고맙다고 한다.
	qn de + inf	J'ai remercié mon père de m'aider. 나는 아버지에게 나를 도와주어서 고맙다고 했다.

✽ remettre : 다시 놓다, 되돌려놓다, 다시 몸에 걸치다, 첨가하다

remettre	qch	Vous remettez la télévision en place. 당신은 텔레비전을 제자리에 도로 갖다 놓는다.
	qch à qn	Je remets sa culotte à un enfant. 나는 아이에게 반바지를 다시 입힌다.

✽ remonter : 거슬러 다시 올라가다, (어떤 시대에) 기원을 두다

remonter	+ 장소	Il remonte dans la montagne. 그는 산을 다시 올라간다.
	+ une côte	Je remonte une côte. 나는 언덕을 다시 오른다.
	qch (avoir)	Je remonte ma montre. 시계의 태엽을 감는다.
	à + 날짜	Cet accident remonte à trois ans. 이 사고는 3년 전에 일어났다.

✽ remplacer : 대체하다, 바꾸다, 대신하다

remplacer	qch/qn	Je remplace un carreau cassé. 나는 깨친 창유리를 간다.
	qch par qch	Je remplace une vieille nappe par une neuve. 나는 낡은 식탁보를 새 것으로 바꾼다.

✽ rencontrer : 만나다, 직면하다

rencontrer	qn	Il la rencontre souvent. 그는 그녀를 자주 만난다.
	qch	Elle rencontre des difficultés. 그녀는 난관에 봉착한다.

❋ rendre : 돌려주다, 되게 하다, 가다

rendre	qch (à qn)	Tu rends le portefeuille à son propriétaire. 너는 지갑을 지갑 주인에게 돌려준다.
	qn/qch + 형용사	Je rends mes parents heureux. 나는 나의 부모님들을 행복하게 한다.
	se ~ + 속사	Elle se rend célèbre. 그녀는 유명하게 되다.
	se ~ + 장소	Ils se rendent à l'hôpital. 그들은 병원에 간다.

❋ renseigner : 정보를 제공하다, 알리다, 문의하다

renseigner	qn	Je renseigne ce passant. 나는 행인에게 길을 가르쳐준다.
	qn sur	Ce panneau nous renseigne sur les horaires d'ouverture. 이 표시판은 개관시간을 우리에게 알려준다.(이 표시판을 보면 개관시간을 알 수 있다.)

❋ réparer : 수리하다, 바로잡다

réparer	qch	Il répare ma montre. 그는 내 시계를 수리한다.

❋ répartir : 나누어 주다, 분산시키다

répartir	qch en qch	L'entraineur répartit les joueurs en deux équipes. 코치는 선수들을 두 팀으로 나눈다.
	qch entre qn	L'instituteur répartit les bonbons entre les enfants. 이 교사는 사탕을 아이들에게 똑같이 분배한다.

❋ repasser : 다시 통과하다, (시험을) 다시 치다

repasser	~	Je repasse par le même chemin. 나는 같은 길을 지나간다.
	qch	Je repasse mon permis de conduire. 나는 운전면허시험을 다시 친다.

❋ répéter : 반복하다, 되풀이하다, 연습하다

répéter	qch	Il répète toujours la même chose. 그는 늘 같은 말을 되풀이 한다.
	qch à qn	Le coach répète les instructions à ses joueurs. 코치는 자기 선수들에게 지시사항을 반복한다.
	à qn que	Je répète à mon voisin que je vais déménager. 나는 내 이웃에게 내가 이사할 것이라는 것을 반복하여 말한다.
	de + inf	Nous répétons de ne pas passer cette porte. 우리는 이 문을 통과할 수 없다는 것을 반복하여 말한다.

✽ répondre : 대답하다, (질문에 대한 답으로서) …하도록 하다, 책임을 지다

répondre	à qch/qn	Je réponds à une lettre. 나는 편지에 답장을 쓴다.
	(à qn) que + ind	Nous vous répondons que nous ne voulons pas le faire. 우리는 그것을 하고 싶지 않다는 것을 당신에게 대답한다.
	de + inf	Il a répondu de sortir le plus vite possible. 그는 가능한 한 빨리 외출하라고 말했다.
	de qch/qn	Je réponds de la bonne foi de ma soeur. 나는 내 여동생의 성실성을 보증한다.

✽ reposer : …의 위에 세워지다, 쉬다

reposer	sur qch/qn	La maison reposait sur un grand rocher. 집은 큰 바위 위에 세워져 있었다.
	se ~	Je me repose d'un travail. 나는 일을 해서 피곤해져 휴식을 취한다.

✽ ressembler : 닮다

ressembler	à qn	Tu ressembles à cet acteur. 너는 이 배우를 닮았다.
	se ~	Toutes les grandes villes se ressemblent. 대도시는 모두가 다 비슷하다.

✽ rester : (같은 장소에) 있다, (같은 상태에) 있다, (을) 계속하고 있다

rester	+ 속사	Elle reste célibataire. 그녀는 여전히 독신으로 있다.
	+ 장소	Il reste chez lui. 그는 자기 집에 있다.
	à + inf	Nous restons à regarder ce film jusque tard dans la nuit. 우리는 밤 늦게 까지 이 영화를 본다.
	Il reste qch/qn (à qn)	Il me reste encore du temps pour vous décider. 결단을 내리기까지는 나에게 아직 약간의 시간이 있다.
	Il reste à qn + à inf	Il me reste à faire la vaisselle. 나에게는 아직 설거지가 남아있다.

✽ retenir : 붙잡다, 잡아매다

retenir	qch	Elle retient ses cheveux par un ruban. 그녀는 리본으로 머리를 묶는다.
	qn	La grève nous retient à l'aéroport. 우리는 파업으로 공항에 묶여있다.

✽ retirer : 꺼내다, 끌어내다, 인출하다

retirer	qch	Je retire le bouchon. 나는 병마개를 빼낸다.

retirer	qn de qch	Il retire ses enfants de ce programme éducatif. 그는 이 교육 프로그램에서 자기 아이들을 빼낸다.
	qch à qn	Le maire retire les allocations aux fraudeurs. 시장은 불법을 행하는 사람에게서 수당을 박탈한다.

✽ retourner : 돌아오다, 반송하다, 뒤집다

retourner	+ 장소	Il retourne à l'hôpital. 그는 병원으로 돌아온다.
	qch	Le paysan retourne le foin. 농부는 건초를 뒤집는다.
	qch à qn	Je retourne ce colis à l'expéditeur. 나는 이 소포를 발신인에게 반송한다.

✽ retrouver : 다시 찾다, 다시 만나다, (어떤 상태에 있는)…을 다시 보다

retrouver	qch/qn	J'ai retrouvé mes clefs. 나는 내 열쇠들을 다시 찾았다.
	qn/qch + 속사	On l'a retrouvé mort. 그는 시체로 발견되었다.

✽ réussir : 성공하다, 출세하다, 좋은 결과를 얻다

réussir	~	Il a réussi dans la vie. 그는 출세하였다.
	qch	J'ai réussi un examen. 나는 시험에 합격했다.
	à + inf	Ils ont réussi à battre cette équipe. 그들은 이 팀을 물리치는데 성공했다.
	à qn	Ce régime ne vous réussit pas. 이 식이요법은 당신에게 별 도움이 되지 않는다.

✽ réveiller : 잠을 깨우다, 잠을 깨다

réveiller	qch/qn	Le bruit réveille les voisins. 이웃집 사람들은 소음에 잠을 깬다.
	se ~	Je me réveille très tard. 나는 아주 늦게 잠에서 깨어난다.

✽ revenir : 다시 오다, 돌아오다

revenir	~	Je reviens dans une mimute. 곧 돌아오겠다.
	de + 장소	Ils reviennent de l'étranger. 그들은 외국에서 돌아온다.

✽ rêver : …의 꿈을 꾸다, 열망하다, 동경하다

rêver	de	Nous rêvons d'un avenir meilleur. 우리는 더 좋은 미래를 꿈꾼다.
	que	J'ai rêvé que je m'envolais. 나는 공중을 나는 꿈을 꾸었다.

✽ revoir : 다시보다

revoir	qch/qn	Je revois ce film pour la troisième fois. 나는 이 영화를 세 번째 다시 본다.

✽ rire : 웃다, 비웃다

rire	de qch/qn	Je ris de cette situation. 나는 이 상황을 비웃는다.

✽ risquer : 위태롭게 하다, (목숨을) 걸다, …할 위험이 있다

risquer	qch	Il risque sa vie. 그는 자기 목숨을 건다.
	de + inf	Le bébé risque d'attraper froid. 이 아기는 감기들 위험이 있다.

✽ rouler : 굴리다, (바퀴 달린 물건을) 밀다, 차가 달리다

rouler		L voiture roule à 100 à l'heure. 이 자동차는 시속 100킬로로 달리고 있다.
	qch	Nous roulons une table. 우리는 이동식 탁자를 민다.

S로 시작하는 동사구문

✽ sauter : 뛰어오르다, 뛰어넘다, 폭발하다

sauter	~	Ils sautent dans l'eau. 그들은 물속으로 뛰어든다.
	qch	Elle saute souvent un repas. 그녀는 자주 식사를 거른다.
	sur qch	Je saute sur l'occasion. 나는 기회를 놓치지 않으려고 덤벼든다.

✽ sauver : 구하다, 구출하다

sauver	qch/qn	Je sauve ma famille. 나는 나의 가족을 구한다.
	qn de qch	Le pompier sauve la petite fille de la noyade. 소방관은 이 어린 소녀를 익사에서 구출한다.

✽ savoir : 알다, …할 줄 알다

savoir	qch	Je sais la chance que j'ai. 나는 내가 가진 행운을 안다.

savoir	que + ind	Nous savons que cette équipe va gagner. 우리는 이 팀이 우승할 것이라는 것을 안다.
	si + ind	Je sais si tu chantes bien ou pas. 나는 네가 노래를 잘 하는지 아닌지를 안다.
	+ inf	Il ne sait pas cuisiner. 그는 요리할 줄 모른다.

✽ sembler : …인 듯하다, …인 것 같다

sembler	+ ,형용사	Ils semblent impatients. 그들은 초조한 듯하다.
	que + sub	Il semble que le train soit en retard. 기차가 늦어질 것 같다.
	à qn + 형용사	Elle m'a semblé fatiguée. 내게는 그녀가 피곤해 보이는 듯하다.
	que + ind	Il me semble que c'est assez grave. 내게는 꽤 심각해 보인다.

✽ sentir : 느끼다, 냄새가 나다

sentir	qch	Je sens la douleur. 나는 고통을 느낀다.
	부사	Le chien sent mauvais. 이 개에서 악취가 난다.
	que + ind	Je sens que je suis prêt. 나는 준비가 다 됐음을 느낀다.
	qch/qn + inf	Je sens mes jambes fléchir. 나는 내 다리가 휘청하는 것을 느낀다.
	qn + adj	Le psychologue sent son patient nerveux. 심리학자는 자기 환자가 신경질적이라는 것을 느낀다.

✽ servir : 봉사하다, (음식을) 내놓다, …에 소용되다, …을 사용하다

servir	~	Elle a servi comme domestique. 그 여자는 하녀로 일했었다.
	qch/qn	Je sers un desset. 나는 디저트를 내놓는다.
	à qn	Ce marteau sert à tout le monde. 이 망치는 모든 사람들에게 쓸모가 있다.
	qch à qn	Il sert un café à tous les clients. 그는 모든 손님들에게 커피를 내놓는다.
	de qch	Ce chemin sert de passage entre les deux pays. 이 길은 두 나라 사이의 통로 구실을 한다.

✽ soigner : 마음을 쓰다, 치료하다, 보살피다

soigner	qch/qn	Le médecin soigne très bien ses patients. 이 의사는 자기 환자들을 아주 잘 보살핀다.

✽ songer : …을 생각하다, 유념하다

songer	à qch	Je songe à mon ami pendant le voyage. 나는 여행하는 동안 내 남자친구를 생각한다.
	à + inf	Il songe à quitter son pays. 그는 자기 나라를 떠날 생각이다.

✽ sortir : 나가다, 외출하다, 꺼내다

sortir	~	Je sors discrètement. 나는 몰래 나간다.
	de + 장소	Nous sortons du restaurant. 우리는 레스토랑에서 나온다.
	qch/qn	Il sort sa voiture du garage. 그는 차고에서 차를 꺼낸다.

✽ souffrir : 고통을 느끼다

souffrir souffrir	~	J'ai souffert toute ma vie. 나는 일생동안 고통을 겪는다.
	de qch	Nous souffrons du manque d'oxygène. 우리는 산소 부족으로 고생한다.
	de + inf	Je souffre de ne plus la voir. 나는 그를 더 이상 보지 못하는 것을 괴로워한다.

✽ souhaiter : 기원하다, 소원하다

souhaiter	qch	Les enfants souhaitent la venue du père Noël. 아이들은 산타 할아버지가 오는 것을 소망한다.
	qch à qn	Vous souhaitez le bonheur à votre fils. 당신은 아들에게 행복을 빌어준다.
	+ inf	Ils souhaitent partir tôt. 그들은 일찍 떠나기를 바란다.
	que + sub	Nous souhaitons qu'il fasse beau demain. 우리는 내일 날씨가 화창하기를 바란다.

✽ se souvenir : 회상하다, 기억하다

se souvenir	de qch/qn	Il se souvient des jours anciens. 그는 지난 날이 기억난다.
	de + inf	Je me souviens d'être venu ici dans mon enfance. 나는 어린 시절에 여기에 왔던 것이 기억난다.

✽ suffire : 충분하다

suffire	~	Un seul mot peut suffire. 단 한마디면 충분할 수 있다.
	à qch/qn	Cela me suffit. 나는 그것으로 족하다.
	à qn pour + inf	Trois jours me suffiront pour terminer ce travail. 내가 이 일을 끝내는데 사흘이면 충분할 것이다.

✽ suivre : 뒤따라가다, 쫓아가다, 강의를 수강하다

suivre	qch/qn	Le taxi suit cette voiture bleue. 택시는 이 파란색 자동차를 뒤따라간다.

✽ supposer : 가정하다, 추측하다

supposer	qch + 속사	Il suppose le problème résolu. 그는 문제가 해결된 것으로 가정한다.
	que + sub	Ils supposent qu'ils prennent le bus. 그들은 버스를 탄다고 가정한다.
	qch	Je suppose la défaite de mon équipe. 나는 내 팀의 패배를 가정한다.

✽ suiveiller : 감시하다, 감독하다, 지켜보다

surveiller	qch	Le gardien surveille les entrées et sorties. 관리인은 입구와 출구들을 감시한다.

T로 시작하는 동사구문

✽ taper : 때리다, 두드리다, 쓰다

taper	qch	Je tape mon fils. 나는 내 아들을 때린다.
	qch à qn	Je tape une lettre à mon frère. 나는 남동생에게 편지를 쓴다.

✽ téléphoner : 전화하다

téléphoner	~	Il est difficile de téléphone ici. 여기서는 전화하기가 어렵다.
	à qn	Nous téléphonons à notre patron. 우리는 사장에게 전화한다.
	qch à qn	Je téléphone les résultats de la course à mon ami. 나는 친구에게 경기 결과를 전화로 알려준다.

❋ tenir : 잡다, 유지하다, …에 애착을 갖다. …하고 싶다

tenir	~	Le beau temps tiendra jusqu'au week-end. 좋은 날씨가 주말까지 계속될 것이다.
	qch	Je tiens mon fils par la main. 나는 아들을 손으로 잡는다.
	à qch	Je tiens à l'argnet. 나는 돈에 애착을 갖는다.
	à + inf	Je tiens à avoir une belle maison. 나는 예쁜 집을 갖고 싶다.

❋ terminer : 끝마치다, 완료하다

terminer	qch	Il termine son travail. 그는 일을 마친다.
	qch par qch	Nous terminons notre voyage par une visite du Louvres. 우리는 여행을 루브르 박물관을 방문하는 것으로 마친다.

❋ tirer : …을 잡아당기다, 끌어내다

tirer	sur qch/qn	Le policier tire sur la cible. 경찰관은 과녁을 향해 쏜다.
	qch de qch	Je tire facilement des informations d'internet. 나는 정보를 인터넷에서 쉽게 얻는다.

❋ tomber : 넘어지다, 떨어지다, …이 되다

tomber	~	Il tombe par terre. 그는 땅에 쓰러진다.
	dans qch	Je tombe dans le piège. 나는 함정에 빠진다.
	+ 형용사	Elle tombe amoureuse. 그녀는 사랑에 빠진다.

❋ toucher : 만지다, 손대다, (사람을) 감동시키다

toucher	qch/qn	Ils touchent un objet. 그들은 물건을 만진다.
	à qch/qn	Cet enfant touche à tout. 이 아이는 뭐든지 손을 댄다.

❋ tourner : 돌다, 향하게 하다, 촬영하다

tourner	~	La terre tourne autour du soleil. 지구는 태양 주위를 돈다.
	qch	Il tourne le robinet d'eau froide. 그는 찬물 수도꼭지를 돌린다.
	+ 방향	Nous tournons par ici. 우리는 이쪽으로 돈다.

❋ travailler : 일하다, 공부하다, 다듬다, …하려고 애쓰다, 작용하다

travailler	~	Je travaille dur. 나는 열심히 일한다.
	+ 장소	Elle travaille au bureau. 그녀는 사무실에서 일한다.
	qch	Le président travaille son discours. 대통령은 그의 연설문을 다듬는다.
	à qch/inf	Il travaille à sa réélection. 그는 재선을 위해 열심히 뛰고 있다.
	pour qn	Le temps travaille pour nous. 시간은 우리에게 유리하게 작용한다.

❋ traverser : 가로질러 건너다, 통과하다

traverser	qch	Ils traversent le pays. 그들은 그 나라를 통과한다.

❋ tromper : 속이다, 배신하다, …에 관해서 잘못 생각하다

tromper	qn	Tu trompes tes clients dans un marché. 너는 거래에서 손님들을 속인다.
	se ~ sur	Tu te trompes sur lui. 너는 그를 잘못 생각한다.
	se ~ de	Nous nous sommes trompés de date. 우리는 날짜를 착각했다.

❋ trouver : 발견하다, 생각하다

trouver	qch/qn	J'ai trouvé une place pour garer. 나는 주차할 장소를 발견했다.
	qch/qn + 속사	Il te trouve stupide. 그는 너를 어리숙하다고 생각한다.
	que + ind	Il trouve que tu es amusant. 그는 네가 재미있다고 생각한다.

V로 시작하는 동사구문

❋ valoir : (의) 값이 나가다, 가치가 있다

valoir	qch	Ce meuble ancien vaut deux mille euros. 이 오래된 가구는 2천 유로이다.

❋ vendre : 팔다

vendre	qch	Nous vendons notre voiture. 우리는 우리 차를 판다.
	qch à qn	Le marchand vend des fruits aux clients. 이 상인은 손님들에게 과일을 판다.

✱ venir : 오다, 출신이다, 방금 … 하다

venir	~	Il vient à pied. 그는 걸어서 온다.
	+ 방향	Je viens vers toi. 나는 네 쪽으로 간다.
	de + 장소	Elle vient de Corée du Sud. 그녀는 한국 출신이다.
	de + inf	Nous venons de répondre à la question. 우리는 방금 질문에 대답했다.

✱ visiter : 방문하다, 여행하다

visiter	장소	Ils visitent la Corée. 그들은 한국을 방문한다.

✱ vivre : 살다, 겪다, (때, 시대를) 보내다, …으로 삶을 영위하다

vivre	~	Ma mère vit heureuse. 나의 어머니는 행복하게 산다.
	qch	Il vit des moments difficiles. 그는 힘든 순간들을 보낸다.
	+ 장소	Elle vit à la campagne. 그녀는 시골에서 산다.
	+ 기간	Le chat vit environ quinze ans. 고양이는 약 15년 산다.
	de qch	Je vis de mes rentes. 나는 연금으로 살아간다.

✱ voir : 보다, 목격하다, 인정하다, 알다

voir	qch/qn	Elle voit son enfant pour la première fois. 그녀는 처음으로 자기 아이를 본다.
	que + ind	Il voit bien que tu mens. 그는 네가 거짓말을 한다는 것을 잘 안다.
	qch/qn + inf	Je vois le train arriver. 나는 기차가 도착하는 것을 본다.

✱ vouloir : 바라다, …하고 싶어 하다

vouloir	qch	L'enfant veut du chocolat. 이 아이는 초콜릿을 원한다.
	que + sub	Il veut que tu partes. 그는 네가 떠나기를 바란다.
	+ inf	Je veux sortir. 나는 외출하고 싶다.

김선미

경기대학교 불어불문학과를 졸업하고 프랑스 엑스-마르세이유 I 대학에서 언어학 박사학위를 취득하였다. 현재 경기대학교 프랑스어문학과 교수로 재직 중이다.

저서로는 『언어와 언어학 이론』, 『프랑스어로 읽는 동화』, 『거리에서 배우는 프랑스어』(공저), 『DELF A1』(공저), 『DELF A2』(공저), 『난생 처음 프랑스어 쓰기』, 『쉽게 익히는 프랑스어 회화』, 『매일 프랑스어 일기쓰기』가 있으며, 『토끼와 나』, 『몸의 시학』, 『거부할 수 없는 아름다움』(공역), 『그림 형제 동화집』을 번역하였다.

주제별 프랑스어 생활작문

초판 1쇄 발행 _ 2009년 3월 29일
초판 6쇄 발행 _ 2019년 8월 20일

지 은 이 | 김 선 미
발 행 인 | 정 현 걸
발 행 | 신 아 사
인 쇄 | 대명프린팅
출판등록 | 1956년 1월 5일 (제9-52호)
주 소 | 서울특별시 은평구 통일로 59길 4 (2F)
전 화 | (02)382-6411 • **팩스** (02)382-6401
홈페이지 | www.shinasa.co.kr
E-mail | shinasa@daum.net

ISBN 978-89-8396-629-2 (93760)
저자와의 협의로 인지를 생략합니다.

정가 **14,000**원